Sophie Stackmann
Integrität und kulturelles Erbe

Cultural Heritage Studies | Band 3

Sophie Stackmann ist Denkmalpflegerin und Kunsthistorikerin. Sie arbeitet am Kompetenzzentrum Denkmalwissenschaften und Denkmaltechnologien (KDWT) an der Otto-Friedrich-Universität Bamberg. Sie forscht zu theoretischen Fragestellungen, die die kritische Reflexion der Geschichte der europäischen Denkmalpflege und Fragen nach der Kanonisierung von kulturellem Erbe umfassen. Daneben beschäftigt sie sich auch mit Fragen nach Autorschaft und Kreativität in der Architekturtheorie.

Sophie Stackmann
Integrität und kulturelles Erbe
Das Bedürfnis nach Unversehrtheit und Eindeutigkeit
in den Denkmalwissenschaften

[transcript]

Diese Arbeit hat der Fakultät Geistes- und Kulturwissenschaften der Otto-Friedrich-Universität Bamberg als Dissertation vorgelegen.
Ich danke für die Unterstützung durch den Open-Access-Publikationsfonds der Otto-Friedrich-Universität Bamberg und das Kompetenzzentrum Denkmalwissenschaften und Denkmaltechnologien (KDWT).

Bibliografische Information der Deutschen Nationalbibliothek
Die Deutsche Nationalbibliothek verzeichnet diese Publikation in der Deutschen Nationalbibliografie; detaillierte bibliografische Daten sind im Internet über http://dnb.d-nb.de abrufbar.

Dieses Werk ist lizenziert unter der Creative Commons Attribution 4.0 Lizenz (BY). Diese Lizenz erlaubt unter Voraussetzung der Namensnennung des Urhebers die Bearbeitung, Vervielfältigung und Verbreitung des Materials in jedem Format oder Medium für beliebige Zwecke, auch kommerziell.
Die Bedingungen der Creative-Commons-Lizenz gelten nur für Originalmaterial. Die Wiederverwendung von Material aus anderen Quellen (gekennzeichnet mit Quellenangabe) wie z.B. Schaubilder, Abbildungen, Fotos und Textauszüge erfordert ggf. weitere Nutzungsgenehmigungen durch den jeweiligen Rechteinhaber.

Erschienen 2023 im transcript Verlag, Bielefeld

© Sophie Stackmann

Umschlaggestaltung: Maria Arndt, Bielefeld
Druck: Majuskel Medienproduktion GmbH, Wetzlar
https://doi.org/10.14361/9783839464939
Print-ISBN 978-3-8376-6493-5
PDF-ISBN 978-3-8394-6493-9
Buchreihen-ISSN: 2752-1516
Buchreihen-eISSN: 2752-1524

Gedruckt auf alterungsbeständigem Papier mit chlorfrei gebleichtem Zellstoff.
Besuchen Sie uns im Internet: *https://www.transcript-verlag.de*
Unsere aktuelle Vorschau finden Sie unter *www.transcript-verlag.de/vorschau-download*

Inhalt

I.   Auftakt: »With or Without Cover« 7
I.1   Integrität und Erbe 15
I.2   Fragestellung und Ziele 22
I.3   Forschungsstand 26

II.   Integrität in theoretischen Texten
      über den Umgang mit kulturellem Erbe 29
II.1 Das Fragment im Spannungsverhältnis zu Vorstellungen von Ganzheit 30
      John Ruskin: The Seven Lamps of Architecture (1849) 31
      Alois Riegl: Der moderne Denkmalkultus (1903) 43
      Die Sehnsucht nach der Integrität des Fragments bei Ruskin
      und Riegl 64
II.2 Die Herstellung von Integrität durch den Akt der Restaurierung 66
      Eugène-Emmanuel Viollet-Le-Duc: Dictionnaire raisonné
      de l'architecture (1854-1868) 67
      Cesare Brandi: Teoria del Restauro (1963) 77
      Die Herstellung von Integrität bei Viollet-Le-Duc und Brandi 95
II.3 Die Vermittlung von Einheit und Fragment 96

III. Integrität als Kriterium zur Bewertung von UNESCO-Welterbe 101
III.1 Die Einführung von Integrität und die Reform
      der Welterberichtlinien: Ein widersprüchlicher Prozess? 103
      Global Strategy (ab 1994) und die anthropologische Wende 105
      Die Einführung von Integrität in den Operational Guidelines 112
      Integrität und Holismus: Zwischen Repräsentation,
      Ganzheitlichkeit und Brandis potenzieller Einheit? 116
III.2 Integrität in Dokumenten
      der internationalen städtebaulichen Denkmalpflege 120

      Charta von Venedig (1964), Welterbekonvention (1972) und
      die Charta von Nairobi (1976): Integrität und Ensembleschutz 121
      Konflikte um Integrität und urbanes Welterbe 128
      Integrität als Kriterium für den ästhetischen und
      materiellen Schutz eines Areals 130
III.3 Das Kriterium Integrität und dessen Anwendung auf
      Weltkulturerbe: Analyse von Statements of Integrity 2005–2021 131
      Definition räumlicher Grenzen 135
      Taxieren von Risiken und negativen Einflüssen 138
      Historische Entwicklungslogiken und Kontinuitäten 142
      Visuelle Integrität 152
      Soziale, funktionale und strukturelle Integrität 159
      Die Anwendung von Integrität auf Weltkulturerbe 165
III.4 Integrität und UNESCO-Welterbe: Bedeutungen und Latenzen bei
      der Beurteilung von Weltkulturerbe.. 169

IV. Das Konzept der kulturellen Integrität und die Verhandlung von Heritage .. 175
IV.1 Die Unmöglichkeit der Integrität von Erbe 177
IV.2 Kulturelle Integrität als Beschreibung für eine kulturelle Normierung 179
      Kulturelle Integrität bei Edward Said 180
      Die kulturelle Integrität des autorisierten Heritage-Diskurses 185
IV.3 Kulturelle Integrität und der Schutz von Identitäten 191
      Kulturelle Integrität von Heritage Communities........................ 191
      Heritage als Produktion und die Vervielfältigung
      kultureller Integritäten 192
IV.4 Integrität und Heritage 198

V. Schlussüberlegung: Integrität wahren und Sinn stiften 201

Dank 209

Abkürzungsverzeichnis 211

Literatur 213

I. Auftakt: »With or Without Cover«

Im Oktober 2020 strahlte der Fernsehprogrammanbieter *Home Box Office* (HBO) die Dokuserie *How To with John Wilson* aus. Der Dokumentarfilmer John Wilson macht sich in Interviews und Alltagseindrücken Gedanken zu unterschiedlichen Themen, die von Risottokochen bis zum Aufstellen von Baugerüsten reichen. In einer Folge beschäftigt sich Wilson damit, wie man Möbel vor Beschädigungen schützen kann *(How To Cover Furniture with John Wilson)*. Er trifft in dieser Folge ausschließlich auf Personen, die Objekte nicht aufgrund ihrer Gebrauchsspuren oder ihrer besonderen Geschichte wertschätzen, sondern auf solche Menschen, die die Integrität ihres wertvollsten Besitzes bewahren möchten, um ihr Eigentum möglichst lange Zeit in einem perfekten Zustand zu erhalten und es mit einem größtmöglichen Wert zu vererben. Nach dieser Darstellung ist die Integrität der Objekte ausschlaggebend, um sie als bedeutsam wahrzunehmen und als Erbe zu identifizieren. Es gelingt Wilson, unterschiedliche Motivationen und Zugänge zu veranschaulichen, die mit einem Streben nach Integrität zusammenhängen. Sein Film bietet zahlreiche Anknüpfungspunkte, um ein erstes Verständnis dafür zu bekommen, welche Bedeutungen Integrität für (kulturelles) Erbe haben kann. Auch die vorliegende Untersuchung beschäftigt sich mit der Bedeutung von Integrität im Zusammenhang mit der Weitergabe von kulturellem Erbe und nimmt den zitierten Dokumentarfilm als Ausgangspunkt, um sich dem Begriff »Integrität« anzunähern. Dabei ist es das Anliegen dieses Buchs zu zeigen, dass Integrität ein Schlüsselbegriff ist, um nachzuvollziehen, wie sich ganz unterschiedliche Logiken und Bedürfnisse nach der Ordnung und der Kontrolle kulturellen Erbes tief in Theorien und Perspektiven auf die Weitergabe von Erbe eingeschrieben haben. Die diversen Bedeutungen des Ideals Integrität und dessen Beziehungen zum kulturellen Erbe reichen von einem – teils implizit – formulierten Wunsch nach Unversehrtheit bis hin zu einer in zahlreichen Chartas und Deklarationen festgeschriebenen Norm für UNESCO-Weltkulturerbe.

Zu Beginn von Wilsons Dokumentation zerkratzt seine Katze Wilsons Möbel. Innerhalb kurzer Zeit sieht jedes seiner Möbelstücke abgenutzt aus.[1] Als er nach einer Lösung für seine zerkratzten Möbel sucht, stößt er auf die Möglichkeit, Einrichtungsstücke mit Plastik zu verkleiden, um sie vor äußeren Eingriffen zu schützen.[2] Um die Praxistauglichkeit solcher Verkleidungen in Erfahrung zu bringen, besucht er zwei Familien, die ihre Einrichtung in Plastik einschweißen ließen. Zunächst ist er bei einem älteren Ehepaar zu Gast, das ihm stolz seine Couch zeigt, die seit 40 Jahren sicher verpackt ist und unter der Plastikfolie noch wie neu aussieht.[3] Die zweite Familie hat ihre aus Italien importierten Wohnzimmermöbel ebenfalls mit Plastik überzogen. Die Tochter berichtet, sie habe im Sommer Eiscreme über das verkleidete Sofa verschüttet.[4] Daraufhin betont ihr Vater: »The single most important thing is the protection of the furniture. So, we can have furnitures that we can keep for 40 to 50 years!«[5] Zum Beweis entkleidet die Familie einen Stuhl und führt vor, dass sich auf dem Möbel nicht einmal Staub abgesetzt hat.[6] Wilson überzeugt die Präsentation der Familien und so kauft er sich einen Sessel, den er mit Plastik verkleiden lässt.[7] Es scheint also ein nachvollziehbares Bedürfnis zu sein, Möbel mit Plastiküberzügen zu schützen. Auf diese Weise wird die Abnutzung so lange wie möglich hinausgezögert. Das Verwenden von Plastiküberzügen ist in den USA eine verbreitete Praxis, sodass Wilson hier keine Einzelfälle dokumentiert. Dort nutzten in den 1960er- und 1970er-Jahren vor allem Familien von Einwanderer*innen Verkleidungen, um ihre wertvollsten Möbelstücke zu schützen.[8]

Im Englischen steht »integrity« für viele Effekte, die sich die Familien und Wilson von ihren Plastiküberzügen erhoffen. Beispielsweise nennt das *Oxford English Dictionary* (OED) mehrere Bedeutungsebenen, auf die »integrity« verweist, unter anderem ein ungebrochener oder ungeteilter Zustand (»undivided or unbroken state«) und ein perfekter Originalzustand (»original

---

1 Wilson 2020, 00:00:21-00:01:53.
2 Ebd., 00:01:59-00:03:00.
3 Ebd., 00:03:01-00:03:39.
4 Ebd., 00:03:40-00:04:08.
5 Ebd., 00:04:08-00:04:16.
6 Ebd., 00:04:19-00:04:39.
7 Ebd., 00:06:11-00:06:52.
8 Tenement Museum 2018.

perfect state«).[9] Somit umschreibt Integrität semantisch genau das, was die genannten Familien von ihren Möbeln erwarten: Neuwertigkeit, Reinheit und Vollständigkeit. Für historische Objekte, die ein kulturelles Erbe darstellen, scheint ein solcher Zustand auf den ersten Blick wenig wünschenswert. Zwar sollen historische Objekte konserviert werden, doch wird eine gealterte und bruchstückhafte Wirkung oftmals als konstituierend für das Historische angenommen. Neuwertigkeit oder Unversehrtheit scheinen dieser Doktrin zu widersprechen. Deshalb geht die Untersuchung unter anderem der Frage nach, inwiefern der Umgang mit historischen Objekten als kulturelles Erbe immer im Spannungsfeld zwischen dem Wunsch nach Integrität im Sinne einer Lesbarkeit, Unberührtheit und Geschlossenheit sowie der Erwartungshaltung einer Fragmentarität und Alterung steht.

Der Widerspruch zwischen einem perfekten Erhalt und der Historizität eines Objekts lässt sich anhand von Konflikten aufgrund einer Anwendung von Integrität auf das UNESCO-Weltkulturerbe[10] nachvollziehen.[11] Denn seit 2005 ist Integrität neben dem *Outstanding Universal Value* (OUV) und Authentizität eine *Qualifying Condition* für das Weltkulturerbe. Das heißt, für jedes Weltkulturerbe muss die Integrität begründet werden, um die individuelle Stätte als Welterbe einzutragen.[12] Anlass für Konflikte um die Integrität eines Weltkulturerbes sind häufig Bauvorhaben, die das Welterbekomitee kritisch bewertet, weil sie beispielsweise einen Eingriff in Sichtachsen darstellen und in der Folge das historische Bild stören könnten. In diesen Fällen wird die visuelle Integrität als möglicherweise beeinträchtigt diskutiert. Allein zwischen 2004 und 2012 befasste sich das Welterbekomitee mit 120 Fällen, bei denen die visuelle Integrität vermeintlich gefährdet war. In 92 Prozent dieser Fälle wurde das Kulturerbe als tatsächlich gefährdet eingestuft.[13] Insbesondere in urbanen

---

9   Oxford English Dictionary 2017.
10 Die offizielle Bezeichnung im deutschsprachigen Raum ist »UNESCO-Weltkulturerbe«. Bei den Begriffen »Welterbekonvention«, »Welterbestätten«, »Weltnaturerbe« und »Weltkulturerbe« handelt es sich nämlich um Bezeichnungen, die im Rahmen des UNESCO-Welterbeprogramms geprägt wurden. Aus Gründen der Lesbarkeit wird im Folgenden jedoch auf den Zusatz »UNESCO« verzichtet.
11 Inwiefern Integrität in Bezug auf urbane Räume kritisch diskutiert wird, wird in Kapitel III.2. detailliert analysiert.
12 Dies schreiben die Operational Guidelines in § 87 vor: UNESCO 2021, § 87. Die Rolle von Integrität bei der Nominierung von Welterbe wird ausführlich in Teil III der Dissertation dargestellt.
13 UNESCO 2013, S. 16–17.

Räumen, die sich stetig wandeln, führte das Kriterium zu Eintragungen auf die Rote Liste des gefährdeten Welterbes. Die Gründe dafür, weshalb Integrität so viel Konfliktpotenzial bietet, liegen dabei einerseits in einer fehlenden allgemeinen Begriffsklärung[14] und andererseits in restriktiven Interpretationen, die die konsequente Anwendung von Integrität mit einer Unveränderlichkeit des Bestands assoziieren.

Nachdem der Dokumentarfilmer Wilson seinen Sessel zu Hause aufgestellt hatte, werden ihm nach kurzer Zeit die Nachteile einer Plastikverpackung klar: Der Sessel ist zu einer Art Fremdkörper geworden, auf dem man nicht gerne sitzt – insbesondere, wenn im Sommer die Zimmertemperatur hoch ist.[15] Aufgrund des Sesselüberzugs bleiben Geruch, Haptik und Sitzkomfort den Nutzer*innen vorenthalten. Aus dieser Perspektive scheint das radikale Wahren der Integrität lebensfremd, weil die alltägliche Nutzung des Objekts eingeschränkt wird. Integrität erfordert nicht nur für Wilsons Sessel Einbußen in der Nutzbarkeit, sondern auch für als Welterbe eingetragene Städte, denn Integrität kann Forderungen danach unterstützen, ein Areal zumindest ästhetisch nicht mehr zu verändern, um den Welterbestatus zu erhalten. Dann scheinen sich Stadtentwicklung und Integrität für das Weltkulturerbe einander auszuschließen. In diesem Fall wird das Dilemma deutlich, dass Integrität eine Idealvorstellung ist, die nicht völlig erreichbar sein kann und stets mit der Realität des Lebens vereinbart werden muss.[16] Diesem Spannungsverhältnis geht Martin Benjamin in seinem Aufsatz nach, der über die Möglichkeiten und Grenzen von Integrität in der Ethik reflektiert. Dabei kommt er zu dem Schluss, das konsequente Verfolgen *(consistency)* eines Wertesystems ohne Ausnahmen führe möglicherweise zur Integrität, schließe jedoch eine Anpassung an Innovationen aus. Zudem müssten bei einer solchen Einstellung persönliche Bedürfnisse oder Gefühle unterdrückt werden, die der Integrität widersprächen.[17] So verhindert die Verpackung zwar die Abnutzung des Sessels, zugleich macht diese ›perfekte‹ Integrität den Sessel für die alltäglichen Bedürfnisse zum Teil unbrauchbar. Damit

---

14 Beispielsweise verweist eine Fußnote in den Operational Guidelines darauf : »Examples of the application of the conditions of integrity to properties nominated under criteria (i)–(vi) are under development« (UNESCO 2021, § 89). Ausführlich wird dieser Umstand in Teil III diskutiert.
15 Wilson 2020, 00:07:01–00:07:47.
16 Pollmann 2005, S. 20.
17 Benjamin 1990, S. 55–57.

entsteht ein Konflikt zwischen dem radikalen Erhalt und der Funktion des Sessels. Folglich erscheint es wenig realistisch, einen Sessel angemessen zu benutzen und ihn dabei nicht zu verschleißen, genauso wie es unrealistisch erscheint, urbanes Weltkulturerbe vor jeder Veränderung zu bewahren. Dieses auch als Musealisierung bezeichnete Problem wird in der Literatur zum Thema Welterbe regelmäßig benannt, etwa von der Kunsthistorikerin Kavita Singh.[18] Demnach ist Integrität ein Konzept, das einerseits von Wünschen und Idealen handelt und andererseits Widersprüche und Konflikte entstehen lässt.

Da sich Wilsons Lösung mit dem eingeschweißten Sessel als wenig hilfreich herausgestellt hat, kommt er auf die Idee, seiner Katze die Krallen zu entfernen. Allerdings lehnt er diese Lösung ab, weil er ihr diese gewaltsame Prozedur nicht zumuten möchte. Schließlich trifft er auf einem Spaziergang Personen, die gegen die Beschneidung von männlichen Neugeborenen demonstrieren. Da Wilson selbst beschnitten ist, überlegt er, ob ihm durch seine Beschneidung etwas fehle und wie dieser Umstand sich dazu verhalte, dass er seiner Katze die Krallen nicht entfernen möchte. Er fragt sich, ob die Gesellschaft nicht permanent auf unsere Körper einwirke, ohne dass wir dies kontrollieren könnten oder jede*r Einzelne ein Mitspracherecht habe.[19] In der Ethik umschreibt Integrität unter anderem das Recht auf körperliche Unversehrtheit.[20] Dabei hängt die Möglichkeit eines integren Lebens nicht allein von der individuellen Lebensführung ab, sie ist zugleich eine Frage der gesellschaftlichen Rahmenbedingungen.[21] In den USA ist die Beschneidung von Männern eine verbreitete Praxis, die kurz nach der Geburt durchgeführt wird.[22] Somit hängt die Entscheidung für oder gegen einen Eingriff in den eigenen Körper nicht

---

18 Singh 2015, S. 39.
19 Wilson 2020, 00:15:04-00:18:06.
20 Beispielsweise wird für ein Recht auf körperliche Integrität gekämpft, um die Beschneidung als Entfernung eines funktionsfähigen und gesunden Körperteils zu vermeiden (Svoboda 2006, S. 151). In Art. 2, Abs. 2 des deutschen Grundgesetzes wird auf die körperliche Unversehrtheit verwiesen: »(2) Jeder hat das Recht auf Leben und körperliche Unversehrtheit. Die Freiheit der Person ist unverletzlich. In diese Rechte darf nur auf Grund eines Gesetzes eingegriffen werden« (Bundesministerium für Justiz und Verbraucherschutz 2020, Art. 2 Abs. 2).
21 Pollmann 2005, S. 164.
22 David L. Gollaher vollzieht in einem Artikel nach, wie die Beschneidung seit der Mitte des 19. Jahrhunderts in den USA unter der Ärzteschaft zu einer anerkannten Praxis wird und im Rahmen der Hygienebewegung an Bedeutung gewinnt. Anfang des 20. Jahrhunderts wurde die Beschneidung zu einer gesellschaftlichen Sitte in den USA

nur von dem individuellen Willen ab, sondern auch von den Traditionen und Werten der Gesellschaft.

Als Wilson weiter über seinen unbrauchbaren Sessel nachdenkt, fällt ihm auf, dass sich das Bedürfnis, Dinge in Ordnung zu halten, auch auf Räume bezieht. In New York City gibt es beispielsweise zahlreiche Maßnahmen, um Mensch und Tier von bestimmten Orten fernzuhalten, damit sie unverändert bleiben: etwa durch Einfriedungen um Bäume oder die Unterteilung von U-Bahn-Bänken mit Lehnen, damit man nicht liegend auf diesen schlafen kann. Früher hat Wilson immer eine Abkürzung auf dem Weg zur Arbeit genommen. Jetzt sorgt eine Absperrung dafür, dass das Privatgrundstück, über das die Abkürzung verläuft, nicht mehr betreten werden kann. Räume in einem unversehrten Zustand zu halten, meint damit auch, Grenzen abzustecken und Hierarchien zu wahren oder wiederherzustellen. Wie im Fall der Abkürzung kann dies bedeuten, Eigentum zu verteidigen und vor fremden Übergriffen zu schützen. Im internationalen Recht sieht die territoriale Integrität vor, die Souveränität eines Staats zu wahren, indem dessen Staatsgrenzen unangetastet bleiben.[23] Räumliche Integrität zu schützen, kann deshalb vorsehen, die Hoheit über einen Raum zu schützen. In diesem Sinn bedingt Integrität immer auch eine Einteilung in ein Innen und ein Außen sowie einen Ein- und einen Ausschluss.

Wilson fällt auf, es könne vielleicht eine Belastung sein, wenn bestimmte Gegenstände jemanden zu wichtig seien.[24] Das ist eine richtige Beobachtung, weil eine starke Bindung zu einem Gegenstand große Verlustängste bedeutet. Ein Schutz oder eine Abdeckung gibt uns umgekehrt eine Illusion von Kontrolle, selbst wenn unsere Umgebung langsam auseinanderfällt.[25] So ist Integrität immer auch eine Reaktion auf Desintegrationserfahrungen und Ängste vor Verlust und Fragmentierung.[26] Dabei verstehe ich unter Desintegrationserfahrungen soziale Einschnitte, die gewohnte gesellschaftliche Ordnun-

---

(Gollaher 1994). Bis 2010 wurden ungefähr 50 bis 60 Prozent aller männlichen Neugeborenen beschnitten (Owings/Uddin/Williams 2013).

23   In der Charta der UN verweist Art. 2 Abs. 4 auf das Recht auf die territoriale Integrität eines souveränen Staats: »All Members shall refrain in their international relations from the threat or use of force against the territorial integrity or political independence of any state, or in any other manner inconsistent with the Purposes of the United Nations« (United Nations 2015, Art. 2 Abs. 4).
24   Wilson 2020, 00:13:26-00:13:35.
25   Ebd., 00:21:40-00:22:06.
26   Pollmann 2005, S. 12.

gen infrage stellen wie etwa die Industrialisierung, Kriege oder Naturkatastrophen. Als Reaktion auf diese Desintegrationserfahrungen entstehen Bedürfnisse nach einer geheilten Welt. Trotzdem ist eine absolute Ganzheit oder Vollständigkeit nicht erreichbar.[27] Dementsprechend sind Ängste vor Verlust und Fantasien von einer absoluten Ordnung zentrale Motive, die Wünsche nach einer Integrität von Erbe auslösen. Diese Motive können auch als eine Form der Verdrängung angesichts einer bedrohlichen und komplexen Umwelt interpretiert werden. Entsprechend werden Verlust oder Zerstörung teils zu omnipräsenten Gefahren stilisiert, wenn ein kulturelles Erbe erhalten werden soll: »Deterioration and loss, from a conservation perspective, are destructive and negative conditions deemed detrimental to the visual and structural integrity of the work.«[28] Auf diese Weise liefert Integrität das heilsame Gegenbild zu einer täglich drohenden Zerstörung. In allen Teilen der vorliegenden Arbeit werden daher Verlusterfahrungen oder Angst vor Verlust und Formen von Integrität miteinander in Verbindung gebracht.

Am Ende der Dokumentation findet Wilson eine Lösung, um seine Möbel zu schützen:

> »I finally felt confident heading into the future with or without cover. Nature gives things character. And anything that happens to our stuff along the way is evidence of a well lived life. And for the first time I wasn't worried at all about my furniture getting destroyed because I hired a fabricator to make a commissioned reproduction of my chair that is an identical copy of the original piece. So now, while my cat slowly annihilates the replica chair that sits in my apartment, I can finally rest easy knowing that the original that I love is safe and secure in a temperature-controlled storage facility in Canarsie. And even though I may never sit in it ever again, at least I know that I could.«[29]

In der Ironie, mit der Wilson den Zuschauer*innen die Erkenntnis näherbringt, Veränderung gehöre zum Leben dazu, zeigt sich die Absurdität, die darin liegt, Dinge vor jeglicher Veränderung zu bewahren. Wilson verleiht das Wissen Beruhigung, dass der Originalsessel sicher in einem Lager steht. Für die angenommene Integrität des Sessels scheint der eigentliche Zweck des Objekts nicht von ausschlaggebender Bedeutung zu sein. Schließlich genügt Wilson der Glaube, der Sessel sei sicher weggesperrt, um beruhigt zu sein.

---

27   Ebd., S. 20.
28   Matero 2011, S. 80.
29   Wilson 2020, 00:23:09-00:24:03.

Er muss ihn hierfür nicht sehen oder benutzen. Stattdessen befriedigt nun die Kopie, mit der er ›zusammenlebt‹, seine alltäglichen Bedürfnisse. Am Ende stellt sich möglicherweise die Frage, ob das Original oder die abgenutzte Kopie die eigentliche Geschichte davon erzählt, welche Bedeutung das Bild des Sessels in Wilsons Leben hat. Aus dieser Perspektive geht es nicht nur um eine tatsächliche Unversehrtheit des Objekts, sondern auch um das Gefühl, dass das Original unverändert bleibt, selbst wenn man es nicht unmittelbar sieht.

Im Lauf seiner Dokumentation ist Wilson bei einer Familie zu Gast, in deren Wohnzimmer eine Vitrine mit einem Paar roter Schuhe steht, das nie getragen worden zu sein scheint. Es sind die Lieblingsschuhe der Gastgeber*innen.[30] Beim Abschied fragt Wilson in Bezug auf die Schuhe:

> »John Wilson: ›Why do you think people wanna keep things in perfect condition?‹
> Person 1: Who wants something beat up and destroyed? Then its meaningless, you know. The opportunity or the ability to kind of keep it intact and in its original shape; to then pass it on to other generations or ...
> Person 2: Or to have it as a showcase. And then talk about when we have people over. And people could see it. And love it. Appreciate it.«[31]

So begründen die beiden Personen ihre Schuhvitrine und deren Inhalt damit, dass die neuwertig wirkenden Schuhe zu ihrem sozialen Status beitragen und sie die Schuhe vererben möchten. Schäden oder Zerstörung implizieren für sie dagegen einen Bedeutungsverlust. In diesem Sinne ist es die Integrität der Schuhe – ihre Vollständigkeit, Neuwertigkeit und Unversehrtheit –, die die Fußbekleidung in den Augen der Interviewpartner*innen überhaupt erst zu einem Erbe machen, das etwas bedeutet und das sie weitergeben möchten. Deshalb diskutiere ich auch im Rahmen der vorliegenden Untersuchung, inwiefern sich über Integrität die Argumente und Praktiken sichtbar machen lassen, die weniger auf konkrete Relikte oder Hinterlassenschaften der Vergangenheit verweisen als vielmehr auf abstrakte Bedeutungen der Vergangenheit aufmerksam machen, um Identitäten zu stiften.

Schließlich scheint der Wunsch nach der Integrität eines Objekts eine Bedeutung für ein konsumorientiertes Denken zu haben, das Erneuerbarkeit und Reproduzierbarkeit anstrebt. Denn der Gedanke, der Verlust des Sessels

---

30   Ebd., 00:11:12–00:11:34.
31   Ebd., 00:11:36–00:12:08.

müsse vermieden werden, führt dazu, dass Wilson verschiedene Produkte – wie etwa die Plastikverkleidung – erwirbt und sogar dazu übergeht, den Sessel zu vervielfältigen. Alle diese Handlungen zielen darauf, die Neuwertigkeit zu erhalten. Diese Neuwertigkeit kann als eine Ästhetik interpretiert werden, die Waren ausmacht. In der Literatur wird unter den Schlagwörtern »Spät- und Postmoderne« erörtert, inwiefern Erbe eine beschleunigte Kapitalisierung und Homogenisierung erfährt.[32] So vertritt Miles Glendinning die These, die angenommene Homogenisierung sei (paradoxerweise) gleichbedeutend mit einer Pluralisierung von Erbe, durch die Fakt und Fiktion sowie Original und Fälschung nicht mehr voneinander unterscheidbar seien.[33] Diese These reflektiere ich anhand des Welterbe-Labels und dem Bewertungskriterium Integrität. Außerdem wird der Begriff »Erbe« bereits seit dem 18. Jahrhundert in ökonomischen und geschichtsphilosophischen Diskursen verhandelt, die sich mit Fragen nach der Weitergabe von Eigentum beschäftigen.[34] Deshalb wird zusätzlich untersucht, inwiefern Erbe als Aneignung und Ökonomisierung sowie Integrität und ein Wunsch nach Neuwertigkeit einander ergänzen.

Die geschilderten Motive und skizzierten Bedeutungen, denen Wilson in seinem Film begegnet und die in Verbindung mit weiteren Kontexten gebracht wurden, werden ausführlich untersucht. Es werden in Diskursen um Erbe über das Konzept Integrität Motive und Effekte sichtbar gemacht, die eine Vollständigkeit, Ganzheitlichkeit oder Geschlossenheit in Überlieferungen der Vergangenheit projizieren. Diese Projektionen sollen sowohl hinsichtlich ihrer Erwartungshaltungen erforscht werden, die sie an die Beschaffenheit und den Umgang mit historischen Objekten oder Praktiken stellen, als auch hinsichtlich abstrakter Werte und Ordnungen, über die die Bedeutung von ›Erbe‹ begründet wird.

I.1 Integrität und Erbe

Zunächst möchte ich die skizzierten Bedeutungen anhand der Etymologie des Begriffs »Integrität« systematisieren und verdichten. Diese semantische Untersuchung bildet die Grundlage für die hier aufgestellten Ziele und Fragen,

---

32 Ausführlich zur Entwicklung von Heritage in der Spätmoderne: vgl. Harrison 2013, S. 80–89.
33 Glendinning 2013, S. 417–448.
34 Willer 2014, S. 60–65.

die im Anschluss dargelegt werden. »Integrität« leitet sich vom lateinischen Lemma *integer* ab. *Integer* kann »unangetastet, unberührt«, »unversehrt«, »ungeschwächt, unbefleckt, unentehrt« oder auch »ganz« bedeuten.[35] Seit dem 18. Jahrhundert existiert Integrität auch im deutschen Sprachgebrauch. Laut dem *Digitalen Wörterbuch der Deutschen Sprache* (DWDS) bedeutet Integrität »Ganzheit, Vollständigkeit, Unversehrtheit« beziehungsweise »Lauterkeit, Rechtschaffenheit, Unbescholtenheit«.[36] Der Philosoph Arnd Pollmann erforschte den Begriff ausführlich in seiner Dissertation und zeigte, dass Integrität als theoretisches Konzept erst im letzten Drittel des 20. Jahrhunderts vermehrt auftaucht.[37] Es handelt sich also wahrscheinlich im Deutschen um ein vergleichsweise junges Fremdwort, das erst spät in häufigeren Gebrauch kam, wie es auch die Verlaufskurve des DWDS zur Verwendung von Integrität in deutschsprachigen Texten belegt.[38]

Anhand der lateinischen und deutschen Lexikoneinträge ergeben sich vier Bedeutungsdimensionen von Integrität, die sich teilweise überlappen: Ganzheit oder Vollständigkeit, Unversehrtheit oder Unberührtheit, eine moralische Unbescholtenheit sowie ein Zustand der Zurechnungsfähigkeit beziehungsweise Gesundheit. Allen diesen Wortbedeutungen haftet die Suggestion einer Passivität an.[39] Es wird ein Zustand benannt, der vorhanden ist und doch aus sich heraus nichts bewirkt wie etwa Unberührtheit. Zugleich veranschaulicht

---

35 Stichwort »integer« 1939; Stichworte »integer«, »integritas« und »integro« 2013.
36 Daneben gibt es weitere Angaben zu Integrität in verschiedenen Wörterbüchern. In einem Fremdwörterbuch von 1871 wird Integrität als »Ganzheit, Unversehrtheit, Unverdorbenheit, sittliche Reinheit« beschrieben (Stichwort »Integrität« 1871). Im *Deutschen Fremdwörterbuch* von 1913 taucht der Begriff nicht direkt auf. Hier ist nur von »intakt« beziehungsweise »integrierend« die Rede. Dabei wird »intakt« als »unberührt« beschrieben, während »integrierend« »zur Vollständigkeit erforderlich, notwendig« ist (Stichworte »intakt« und »integrierend« 1974). In einem etymologischen Wörterbuch von 1997 findet man unter »integrieren« auch »Integrität«, der die Bedeutungen »Unversehrtheit, Reinheit« zugewiesen werden (Stichwort »Integrität« 1997). Diesem Wörterbuch zufolge fand »Integrität« um 1800 Eingang in die deutsche Sprache. Es leite sich vom lateinischen *integritas* ab und könne auch aus dem Französischen übernommen worden sein. Momentan wird das *Deutsche Fremdwörterbuch* neu bearbeitet. Bisher wurden die Begriffe »integer« und »Integrität« noch nicht bearbeitet (Institut für Deutsche Sprache 2022).
37 Pollmann 2005, S. 14.
38 Berlin-brandenburgische Akademie der Wissenschaften 2019.
39 Pollmann 2005, S. 14.

die Bedeutung »Unberührtheit«, dass ein integrer Zustand nicht unbedingt intentionell erlangt werden kann, wohl aber durch äußere Einflüsse verloren gehen kann (berührt werden). So wird die geistige Zurechnungsfähigkeit (beziehungsweise die geistige Frische oder die Lauterkeit) einer Person gesellschaftlich zugewiesen, wobei sie bei Fehlverhalten wieder entzogen werden kann. Demnach verhandelt Integrität nicht unbedingt einen Zustand, den sich ein Subjekt aneignen kann, sondern einen, der ihm zugewiesen wird oder der als dessen originärer Bestandteil angesehen wird. Mitangelegt in der Etymologie ist schließlich eine Unterscheidung zwischen gesund und krank, moralisch und amoralisch sowie unberührt und berührt.

Die offiziellen Sprachen, in denen die Dokumente des Welterbeprogramms in der Regel verfasst sind, sind Englisch und Französisch. Außerdem wurden die Texte der europäischen Denkmaltheorie, die hier besprochen werden, auf Englisch, Deutsch, Französisch und Italienisch geschrieben. Dementsprechend gebe ich einen Einblick in den Gebrauch des Konzepts Integrität in diesen Sprachen. Im Englischen erwähnt der Artikel »integrity« des OED die lateinische Herkunft von *integritas*, das mit »wholeness, entireness, completeness, integrity, chastity, purity« übersetzt wird.[40] Das OED unterscheidet zudem unter anderem zwischen drei Bedeutungen:

»1.
a. The condition of having no part or element taken away or wanting; undivided or unbroken state; material wholeness, completeness, entirety. [...]
†b. Something undivided; an integral whole. [...]
2. The condition of not being marred or violated; unimpaired or uncorrupted condition; original perfect state; soundness. [...]
3. In moral sense.
a. Unimpaired moral state; freedom from moral corruption; innocence, sinlessness. Obs. [...] b. Soundness of moral principle; the character of uncorrupted virtue, esp. in relation to truth and fair dealing; uprightness, honesty, sincerity.«[41]

In diesen Erklärungen ist Integrität ebenfalls in erster Linie ein passiver Zustand. Besonders anschaulich machen die angeführten Bedeutungen die ideelle moralische Aufladung der Integrität und ihr Versprechen von Kohärenz, Transparenz und Unschuld, wie etwa die Erklärungen »soundness«

---

40 Oxford English Dictionary 2017.
41 Ebd.

und »not ... being violated« zeigen. Unter anderem nennt das OED ein Zitat des Physikers John Bulwer von 1650, um Integrität zu umschreiben: »Natures constant provision to preserve virginal integrity.«[42] Der Natur oder der Natürlichkeit ist laut diesem Zitat eine Sorge um Integrität immanent.

Le Grand Robert de la langue française unterscheidet vier Definitionen von »intégrité«:

> »1. État d'une chose qui est dans son entier, complète, intégrale, et, spécialt., intacte, inaltérée.
> 2. Vx. ›Qualité d'une personne qui ne se laisse entamer par aucun vice‹.
> 3. État d'une personne intègre.
> 4. Math. Anneau d'intégrité«.[43]

Ähnlich wie im Englischen verweisen die französischen Bedeutungen auf ideelle Botschaften von Integrität. Hervorzuheben ist die Umschreibung, es handele sich um einen unveränderten Zustand handelt (»intaltérée«). Ein solch utopischer Zustand ist im Grunde nur im Moment der Entstehung einer Sache zu erwarten. Im Grand Robert wird ein Zitat des Schriftstellers Théophile Gautier von 1883 aus Souvenirs de théâtre d'art et de critique angeführt:

> »Si le procédé de la peinture sur lave avait été connu et pratiqué au temps de la Renaissance, nous aurions la Cène de Léonard de Vinci dans sa vierge intégrité, aussi fraîche, aussi pure que si le dernier coup de pinceau du maître venait d'y sécher [...].«[44]

Gautier beschreibt hypothetisch die ästhetische Erfahrung des Abendmahls von Leonardo da Vinci als jungfräuliche Integrität, die unmittelbar mit der noch spürbaren Präsenz des*der Künstler*in und einem frischen, ungetrübten Eindruck einhergehe. In dem Zitat beschreibt er Integrität als die Möglichkeit einer ungetrübten Lesbarkeit des Kunstwerks und seines Ursprungs. Somit setzt die Textpassage die Möglichkeit eines unveränderten Zustands mit dem Entstehungsmoment eines Kunstwerks gleich. Das Beispiel von Gautiers Aussagen verdeutlicht, wie Integrität die Fantasie einer Reinheit oder Ursprünglichkeit wecken kann.

Bisher ist unklar, wie die Wörterbucheinträge in Zusammenhang mit einer Verwendung von Integrität und Erbe stehen. Im Italienischen verweist das

---

42   Ebd.
43   Le Grand Robert de la langue française 2017.
44   Ebd.

Wörterbuch *Lo Zingarelli* auf den Zusammenhang zwischen Integrität und kulturellem Erbe. Folgende Bedeutungen von »integritá« werden hier genannt:

»1 stato di ciò che è intero, intatto e completo: integrità fisica; difendere l'integrità del territorio nazionale; salvaguardare l'integrità del patrimonio artistico | (est.) perfezione, purezza: preservare l'integrità di uno stile, di una tradizione

2 (fig.) probità, rettitudine: è un esempio di integrità d'animo | innocenza, onorabilità: difendere l'integrità del proprio nome«[45]

Somit verweist Integrität im Italienischen ebenso auf einen Zustand der Unberührtheit oder Vollständigkeit (»intero, intatto e completo«). Unter 1 wird zudem die Bedeutung angeführt, die Integrität des künstlerischen Erbes zu schützen (»integritá del patrimonio artistico«). Es entsteht der Eindruck, Integrität beziehe sich auf den Schutz eines (ganzen oder vollständigen) Erbes vor äußeren Einflüssen. Eine Assoziation mit Gautiers Zitat ist naheliegend, der den ungetrübten Eindruck eines Kunstwerks mit Integrität umschreibt. Dennoch bleibt unklar, auf welche Eigenschaften eines Erbes sich Integrität genau beziehen könnte.

Das Konzept »Erbe« eröffnet vielfältige theoretische Zugänge. Maßgeblich ist für meine Herangehensweise, dass sich Erbe auf diverse Formen der Übertragung bezieht – auch in einem metaphorischen Sinn.[46] Stefan Willer beschäftigt sich mit dem Aufkommen des Konzepts »Erbe« in der Moderne und lotet dessen erkenntnistheoretischen Potenziale in drei Bereichen aus: in der »biologischen Weitergabe von Eigenschaften«, der »ökonomisch-juristische Vererbung« und in der »kulturellen Traditionsbildung«.[47] Als Voraussetzung für eine Theoretisierung von Erbe nennt Willer die Herausbildung moderner Institutionen wie der Nation oder ein ziviles Eigentumsrecht.[48] Unter anderem untersucht er Erbe als Metapher und zieht den Schluss:

»Daher ist nach dem Durchgang durch die Debatten um das Erbe als Metapher und die Metapher als Erbe zu bekräftigen, dass in der Metaphorizität des Erbe-Begriffs sein eigentliches erkenntnistheoretisches Vermögen liegt. Als prinzipiell übertragener und übertragender lässt er sich nicht disziplinär festlegen; umso mehr wird im Folgenden das Augenmerk darauf liegen,

---

45 Lo Zingarelli 2017.
46 Willer 2014, S. 50–51.
47 Ebd., S. 12–14.
48 Ebd., S. 12–14.

welche Arten von Übertragung als Erbe behauptet, legitimiert und plausibilisiert werden.«[49]

Dem folgend verstehe ich Erbe zunächst allgemein als Erzählungen und Praktiken, die von einer Übertragung handeln und in der »kulturellen Traditionsbildung« angesiedelt sind, wie es Willer nennt. Er spricht auch von Erbe als einer »weit reichenden Logik transgenerationalen Übertragung«.[50]

In Wilsons Film wird der Sessel und dessen Bewahrung in unterschiedliche Kontexte gesetzt wie etwa durch die Plastikverkleidung oder den Stellvertreter des Sessels. Dabei zielt jeder Umgang darauf, den Sessel vor Veränderungen zu schützen. Im Ergebnis ergibt sich jedes Mal ein Zustand, der auf die ein oder andere Art und Weise eine Passivität erfordert. Sei es, wenn der Sessel mit einer Verkleidung abgedeckt oder in einem Lagerhaus abgeschirmt wird. Die Schuhe in der Vitrine werden laut ihren Besitzer*innen erst durch ihre Integrität erbwürdig. All diese Schutzmaßnahmen spiegeln sich auch in der Semantik von Integrität wider, die Passivität insinuiert. Willer verweist insbesondere auf das Streitpotenzial und das Hadern, das sowohl in der Wissensgeschichte des Konzepts Erbe selbst als auch in dessen Übertragungen angelegt ist. Die Rolle von Erblasser*innen, Erb*innen und Ererbtem wird ständig hinterfragt. Deshalb betrachtet Willer das Welterbeprogramm kritisch, weil darin eine Idee von Erbe verankert sei, die Erbe als eine ewige Kontinuität begreife und es in der Folge unangreifbar werde.[51] Aus der Etymologie von Integrität lässt sich noch einmal ableiten, was sich einleitend anhand der Filmanalyse abzeichnete: Integrität scheint sich semantisch auf Konzepte und Aspekte von Erbe zu beziehen, die weniger auf den Streit um ein Erbe ausgerichtet sind, sondern vielmehr auf eine ›natürliche‹ Vererbung, indem man etwas empfängt, das scheinbar unberührt ist. Speziell in Gautiers Beschreibung des Kunstwerks, das noch dieselbe Strahlkraft wie kurz nach seiner Entstehung besitzt, wird deutlich, dass Integrität hier bedeutet, die ästhetische Wirkung eines Erbes lediglich zu empfangen und nicht aktiv damit umzugehen.

Im Folgenden muss somit genau geprüft werden, inwiefern sich Integrität primär auf die Aspekte von Erbe bezieht, die restriktiv sind und Erbe als etwas Eindeutiges und Homogenes konstruieren, das unhinterfragt empfangen wird und unberührt bleiben soll. Gleichzeitig soll geklärt werden, ob Formen

---

49 Ebd., S. 51.
50 Willer 2018, S. 281.
51 Willer 2014, S. 329–331.

von Integrität dennoch notwendig sind, um ein (kulturelles) Erbe zu formieren. Der französische Philosoph Jacques Derrida schreibt über den Umgang mit Erbe:

> »Seine vorgebliche Einheit, wenn sie es gibt, kann nur in der Verfügung stehen, zu reaffirmieren, indem man *wählt*. [...] Wenn die Lesbarkeit eines Vermächtnisses einfach gegeben wäre, natürlich, transparent, eindeutig, wenn sie nicht nach Interpretation verlangen und diese gleichzeitig herausfordern würde, dann gebe es niemals etwas zu erben. Man würde vom Erbe affiziert, wie von einer Ursache – natürlich oder genetisch. Man erbt immer ein Geheimnis – ›Lies mich!‹ sagt es, ›Wirst du jemals dazu imstande sein?‹«[52] [Herv. i. Orig.]

In dem Zitat begreift Derrida die Übertragung der Vergangenheit nicht als Gegebenes. Im Gegenteil: Für ein Verständnis, für eine Lesbarkeit, bedarf es einer intensiven Auseinandersetzung, deren Ergebnis nur eine von vielen Lesarten eines Erbes sein kann. Derrida verhandelt Erbe als Repräsentation der Vergangenheit, die einer permanenten Verschiebung zwischen Repräsentanten (Darstellung der Vergangenheit) und eigentlich Gemeintem (›wahre‹ Vergangenheit) unterliegt. Daher ist eine völlige Erfassung der Vergangenheit in einem Moment und an einem Ort nicht möglich. Man muss immer zwischen vielen Vergangenheiten wählen. Eine Einheit des Erbes unterstellt hingegen die absolute Identität von Repräsentierten und Gemeinten und setzt somit Eindeutigkeit voraus: natürlich und transparent. Bezogen auf Erbe verweist Integrität aus dieser Perspektive auf einen Zustand der völligen Transparenz und Lesbarkeit der Vergangenheit: unversehrt, einheitlich, vollständig. So stellt Integrität eine Vergangenheit in Aussicht, der nichts fehlt und zu der nichts hinzugegeben werden muss (»The condition of having no part or element taken away or wanting.«). In Anschluss an die Überlegungen Derridas hinterfragt diese Arbeit kritisch, ob die Erwartung einer Integrität des Erbes nicht immer zumindest latent eine Einheit unterstellt, die in das Erbe eine Eindeutigkeit projiziert, die im Widerspruch dazu steht, dass Erbe als Übertragungsphänomen immer wieder neu verhandelt werden muss.

Eine grundlegende Herausforderung bei der Beschäftigung mit Diskursen, die sich mit Formen von kulturellem Erbe befassen, ist, dass in diesen Diskursen unterschiedliche Begriffe dazu dienen, Erbe zu beschreiben und sie nur selten voneinander unterschieden werden. Konkret tauchen in der Literatur

---

52 Derrida 2016, S. 32.

als Umschreibung etwa Denkmäler, historische Architektur, Heritage, Welterbe oder Erbe auf. Diese Begriffe werden oftmals sogar synonym verwendet, da alle Konzepte eng miteinander verwandt sind und sich allgemein mit Phänomenen kultureller Übertragung befassen. Im Rahmen der vorliegenden Arbeit verstehe ich ›Erbe‹ im Anschluss an Willer als übergreifendes Konzept, das sich mit Formen der Übertragung befasst. Dabei untersuche ich Kontexte, in denen Erbe als etwas gerechtfertigt wird, das von der Übertragung kultureller Phänomene handelt, die als etwas kontextualisiert werden, das in Zusammenhang mit der Vergangenheit steht und bewahrt werden soll. Die Begriffe »Denkmal«, »Welterbe« beziehungsweise »Heritage« begreife ich in den jeweiligen Teilen als Variationen dieser Übertragungsphänomene und operiere mit den Begriffen, die in den besprochenen Texten selbst vorkommen. So werden im ersten Teil Schriften von John Ruskin, Alois Riegl, Eugène-Emmanuel Viollet-Le-Duc und Cesare Brandi untersucht. Sie verwenden in ihren Texten sowohl den Begriff »Denkmal« als auch »historische Architektur« oder »Kunst«. Ihnen folgend spreche ich ebenso von Denkmälern, historischer Architektur oder Kunst. Im zweiten Teil konzentriert sich die Untersuchung auf das Feld Welterbe beziehungsweise *World Heritage*. Unter Umständen spreche ich nicht nur von Welterbe, sondern auch allgemein von Erbe. Dabei geht es mir primär um eine Differenzierung zwischen einem Erbe, das nicht den Status als Welterbe genießt, und der prämierten Form Welterbe. Im dritten Teil verwende ich den Begriff Heritage, indem ich aufzeige, dass Heritage mit einem spezifischen wissenschaftlichen Diskurs verwoben ist, der sich explizit auf den Begriff »Erbe« in seiner englischen Form (»heritage«) beruft. Somit verwende ich in den drei Teilen jeweils unterschiedliche Begriffe. Unschärfen lassen sich dabei nicht gänzlich vermeiden. Dies begründet sich einerseits in der Metaphorizität des Erbekonzepts und in den besprochenen Diskursen selbst, weil diese die Begriffe regelmäßig miteinander vermischen.

I.2 Fragestellung und Ziele

Anhand von Wilsons parabelartigem Film lässt sich zeigen, inwiefern Integrität auf hohe ethische Werte wie körperliche Unversehrtheit verweist und zugleich Bedürfnisse nach Sicherheit, Ordnung und klaren Hierarchisierungen in Diskurse einschreibt. Deshalb begreife ich Integrität als ein Konzept, über das sich ein wiederkehrender Drang sichtbar machen lässt, den Schutz von Erbe als eine ethische oder moralische Aufgabe zu verstehen, die alle

Menschen angeht. Gleichzeitig artikuliert sich – implizit oder explizit – ein normierender Zwang, Erbe als etwas Ganzheitliches zu imaginieren, das ›althergebrachte‹ Ordnungen und ›angestammte‹ Hierarchien affirmiert. Ähnlich wie bei den verkleideten Möbeln kann das Bedürfnis nach Integrität auf einen Wunsch nach Kontinuität, Vorhersehbarkeit, Kontrolle und Sicherheit hinweisen.

Die grundlegende These dieser Arbeit lautet, dass der Wunsch nach einem integren oder vollständigen Erbe dazu verleitet, die vererbten Objekte oder Prozesse zu homogenen Entitäten zu stilisieren, die eine eindeutige Botschaft vermitteln. Infolge dessen werden Mehrdeutigkeit, Vielfalt, Widersprüchlichkeit und Komplexität zugunsten der Integrität abgewertet oder unterdrückt. Beispielsweise scheint es, als ob es für historische Objekte Voraussetzung sein muss, in irgendeiner Form zu alt wirken und sich die verflossene Zeit insbesondere in ihrer Unvollständigkeit und Zerbrechlichkeit ausdrückt. Allerdings ist eine Reaktion auf diese Zerbrechlichkeit zumindest latent immer auch ein Wunsch nach Ganzheit, Vollständigkeit und Reinheit, der sich aus meiner Sicht als Sehnsucht nach Integrität beschreiben lässt.[53] Diese Sehnsucht verdrängt Erbe als vieldeutigen Prozess. Gleichzeitig ist – wie bei den meisten Dingen – ein Mindestmaß an materieller oder ideeller Kohärenz die Voraussetzung dafür, um ein Erbe überhaupt als solches zu identifizieren beziehungsweise dessen Bedeutung vermitteln zu können. Daraus entsteht ein Spannungsverhältnis zwischen einer in Teilen notwendigen Integrität eines Erbes und der Tatsache, dass ein Erbe der Vergangenheit zu einem Zeitpunkt und an einem Ort nie völlig erfasst werden kann.[54]

Das Spannungsverhältnis zwischen Wünschen nach der Integrität eines Erbes und der Unverfügbarkeit von Erbe unterliegt im 19. und 20. Jahrhundert unterschiedlichen Konjunkturen, weil Disziplinen und Institutionen, die sich mit dem Erhalt von kulturellem Erbe befassen, zu manchen Zeiten stärker die Notwendigkeit einer Integrität in Theorien behandeln und zu anderen Zeiten Erbe stärker als vieldeutiges Phänomen begreifen. Diese Konjunkturen vollziehe ich in drei Bereichen nach, die jeweils einen anderen Diskurskontext kultureller Übertragung behandeln: in theoretischen Texten der europäischen Denkmalpflege (Teil II), Welterbe (Teil III) und Heritage (Teil IV).

---

53 Groth 2015, S. 77.
54 Derrida 2016, S. 32.

Teil II untersucht vier Texte, die in der Denkmalpflege und der Restaurierungswissenschaft vielfach rezipiert wurden und werden: *The Seven Lamps of Architecture* von Ruskin, *Der moderne Denkmalkultus* von Riegl, das *Dictionnaire raisonné de l'architecture* von Viollet-Le-Duc und die *Teoria del Restauro* von Brandi. Diese vier Texte wurden ausgewählt, weil sie einerseits als prägend für Diskurse gelten, die sich im Rahmen der Denkmalwissenschaft mit dem Umgang mit historischen Objekten befassen, und andererseits, weil sie zwei unterschiedliche Zugriffe auf Integrität im Sinn einer Vollständigkeit, Geschlossenheit oder Ganzheitlichkeit ermöglichen. Denn Ruskins und Riegls Texte stellen das Altern historischer Objekte und das Fragmentarische ins Zentrum ihrer Überlegungen, während Viollet-Le-Duc und Brandi für das restauratorische Bewahren und Ergänzen einer ideellen Einheit eintreten. Obwohl die Texte zunächst unterschiedliche Schwerpunkte zu setzen scheinen, wird die These vertreten, dass sie sich auf ähnliche Weise in einem Spannungsverhältnis zwischen dem historischen Objekt in seiner vergänglichen Materialität und dem Bewahren einer Integrität bewegen, die sich sowohl auf die moralische Unantastbarkeit einer Wertordnung (Ruskin), die Ganzheitlichkeit der Geschichte (Riegl) oder die Einheit der ästhetischen Wirkung (Viollet-Le-Duc und Brandi) bezieht.

In Teil III erfolgt zunächst die Untersuchung, wie Welterbe anhand des Kriteriums Integrität beurteilt wird. Dabei liegt für diesen Teil keine allgemeine Theoriebildung vor, sondern ein ungeordnetes Netz aus Chartas und Deklarationen, die vage Vorgaben für Integrität machen. Die Grundannahme für diesen Teil lautet, dass Integrität ein ambivalentes Konzept im Welterbeprogramm ist, das sowohl von einem stetigen Bestreben vieler Akteur*innen handelt, Welterbe als universelles Konzept für alle Kulturen und Menschen anschlussfähig zu gestalten. Andererseits wird dieses Bestreben regelmäßig konterkariert, indem das Welterbe politisch instrumentalisiert wird und es tief verwurzelte Bewertungslogiken gibt, die einen homogenen historischen Bestand privilegieren und eurozentristisch sind. In zwei Kapiteln zeige ich die Widersprüchlichkeit in Bezug auf die Einführung von Integrität auf (Kap. III.1). So wird Integrität mit einer holistischen und ganzheitlichen Perspektive auf Welterbe verknüpft, die den festgestellten Eurozentrismus bei der Nominierung von Welterbe relativieren soll, und gleichzeitig wird Integrität als ein hermetischer Schutz der historischen Substanz und einer als historisch definierten Ästhetik begriffen. Diese zweite Perspektive ist durchwirkt von einer europäisch geprägten Sicht, die sich an Kategorien wie Konservieren und Restaurieren ausrichtet. Insofern verstricken sich Debatten in zwei unterschiedliche Argumentationslinien, die einander widersprechen.

Dies belege ich anhand verschiedener Protokolle und Dokumente zur Einführung von Integrität als *Qualifying Condition*. Anhand des Einflusses der internationalen städtebaulichen Denkmalpflege auf die Konzipierung von Integrität im Welterbeprogramm reflektierte ich schließlich, inwiefern sich in Chartas und Deklarationen unmittelbare Textbezüge zwischen europäische Denkmaltheorien und Welterbe nachweisen lassen (Kap. III.2). Um ein Verständnis für die Anwendung von Integrität zu gewinnen, das nachvollziehbar und belastbar ist, habe ich 275 Welterbenominierungen und ihre Begründung der Integrität qualitativ untersucht (Kap. III.3). Dafür analysierte ich, welche Argumentationsstrategien mit welchem Wording in den Begründungen auftauchen und inwiefern sich diese Argumentationsstrategien in Vorgaben des Welterbeprogramms und Protokollen des Welterbekomitees wiederfinden. Zusätzlich konnte ich meine Untersuchung mit einer quantitativen Studie von Sophia Labadi abgleichen. Ihre Studie *Representations of the Nation and Cultural Diversity* geht ebenso der Frage nach, welche Argumente in Begründungen von Welterbe gebraucht werden, um Welterbestätten als Welterbe zu legitimieren.[55]

Zuletzt wird eine wissenschaftliche Perspektive auf Heritage untersucht, die Heritage als eine Form der Produktion oder Kreation beschreibt (Teil IV). Dabei verweist der spezifische Begriff »Heritage« einerseits auf einen wissenschaftlichen Diskurs, in dem explizit von dem englischen Begriff »Heritage« (Erbe) die Rede ist, und andererseits auf eine globale Industrie, die Heritage vermarktet. Grundlage für diese Analyse ist Edward Saids Definition von kultureller Integrität, die beschreibt, wie der kolonialistische Westen sich selbst zu einer unanfechtbaren kulturellen Entität stilisiert. Ganz ähnlich kritisieren Autor*innen der *Heritage Studies* eine kulturelle Dominanz des Westens in Diskursen, die sich mit Heritage befassen. Es werden vor allem Autor*innen analysiert, die sowohl die Denkmalpflege als auch das Welterbe als ein dominierendes und kritikwürdiges System ansehen, das von europäischen Vorstellungen durchwirkt ist. Allerdings erzeugen bestimmte Argumentationsmuster der Autor*innen der *Heritage Studies*, die die Geschlossenheit des hegemonialen Diskurses anprangern, selbst eine Perspektive, die sich als unberührt vom überkommenen Diskurs wähnt oder zumindest die eigene Verwobenheit mit den in Europa geprägten Theorien stellenweise übersieht. In der Folge schreibt sich auch in die Argumente dieser Autor*innen latent ein

---

55 Labadi 2007.

Wunsch nach Integrität ein, der die eigene Unberührtheit vom repressiven europäischen Diskurs beschreibt.

I.3 Forschungsstand

Bisher befasst sich primär Literatur aus der Philosophie mit dem Begriff »Integrität«.[56] Eine Grundlage, um Integrität als Konzept zu beurteilen, war Pollmanns Monografie *Integrität – Aufnahme einer sozialphilosophischen Personalie*.[57] Für den Bereich des kulturellen Erbes gibt es bisher keine größer angelegten Abhandlungen über Integrität. In einigen Beiträgen zum Welterbe wird Integrität problematisiert,[58] daneben wird das Konzept »kulturelle Integrität«[59] in der Literatur genannt. Daher leistet die vorliegende Arbeit die erste umfangreiche Untersuchung des Begriffs in Bezug auf Erbe oder kulturelle Kontexte. Dabei verwende ich einen breiten Integritätsbegriff, der allgemein Thematisierungen und Logiken von einer Ganzheit, Ganzheitlichkeit, Unversehrtheit oder Vollständigkeit umfasst. Das kann sich sowohl an die materielle Beschaffenheit eines Objekts richten als auch an abstrakte Vorstellungen.

Für die Einordnung innerhalb der Dissertation existiert eine Reihe von monografischen Biografien, die sich mit dem Kunstkritiker Ruskin befassen.[60] Dessen 200. Geburtstag gab 2019 den Anlass für eine Ausstellung und begleitende Publikationen.[61] Im Gegensatz zu diesen ist in der Literatur zu Riegl weniger eine biografische Herangehensweise auffallend, als vielmehr

---

56 Die *Stanford Encyclopedia of Philosophy* beschreibt Integrität als eine der wichtigsten Tugenden im philosophischen Diskurs. In dem Artikel wird Integrität in die Nähe von moralisch handelnden Personen gerückt, wobei diese Moral nicht zwangsläufig als positiv zu bewerten sei. An dem Lexikoneintrag wird durch den breiten Forschungsstand, der präsentiert wird, deutlich, dass oftmals die Legitimität von Wertverschiebungen in Bezug auf Integrität erörtert wird (Stanford Encyclopedia of Philosophy 2017).
57 Pollmann 2005.
58 Jokilehto, Considerations on Authenticity and Integrity 2006; Nezhad/Eshrati/Eshrati 2016; Stovel 2007.
59 Groth 2015, S. 77; Said 1994, S. 108–110.
60 Ballantyne 2015; Hewison 2007; Kemp 1987; MacDonald 2018.
61 Zur Jubiläumsausstellung *Unto This Last*: vgl. Barringer u.a. 2019. Beispielsweise widmete das *Journal of Art Historiography* Ruskin eine Sonderausgabe (Journal of Art Historiography 2020).

eine detaillierte Analyse seiner Texte und Theorien.[62] Ähnliches trifft auf Brandi zu.[63] Der Lektüre seiner auf Italienisch verfassten Restaurierungstheorie konnte die von Dörthe Jakobs und Ursula Schädler-Saub herausgegebene deutsche Übersetzung mit einem ausführlichen Glossar zugrunde gelegt werden.[64] In Viollet-Le-Ducs Rezeption dominiert weder eine biografische noch eine theoretische Herangehensweise. Beide Aspekte werden in der Literatur miteinander verwoben.[65] Die Rezeption in der Denkmalwissenschaft wird in den Kapiteln zu jedem der vier Autoren vorgestellt. Die vollständige Wiedergabe der Forschungsstände ist aber nicht das Anliegen der Arbeit, sondern eine genaue Lektüre der Primärtexte, um die Bedeutung von Integrität für die jeweiligen Theorien herauszuarbeiten. Dennoch wurde versucht, die Text nicht isoliert aus dem Blickwinkel einer Disziplin – etwa der Denkmalpflege – zu betrachten, sondern beispielsweise auch die Perspektive der Wissenschaftsgeschichte einzubeziehen.

Es gibt zahlreiche Studien, die sich mit dem Welterbe befassen. Die Herangehensweisen reichen von Untersuchungen einzelner Welterbestätten vor Ort, der Analyse der Dokumente des Welterbeprogramms, Studien zum Verhalten einzelner Akteur*innen bis hin zu Überblicksgeschichten.[66] Die vorliegende Untersuchung versuchte, Literatur aus allen diesen Richtungen zu berücksichtigen. Für die Analyse des Welterbeprogramms sind vor allem Aurélie Élisa Gfellers, Gfellers und Jaci Eisenbergs, Lynn Meskells, Rodney Harrisons und Christoph Brumanns Publikationen ausschlaggebend, aber auch die von

---

62 Eine Auswahl von Schriften, die sich entweder in der Wissenschaftsgeschichte, der Kunstgeschichte oder der Denkmalpflege mit Riegls Theorien beschäftigen: Dolff-Bonekämper 2010; Euler-Rolle 2005; Feichtinger 2010; Georg Dehio und Alois Riegl 1988; Grunsky 2006; Gubser 2006; Iversen 1993; Kemp 1999; Reichenberger 2003; Sauerländer 1999; Saunders 2016.

63 Basile/Cecchini 2011; Matero 2011; Meraz 2008; Muñoz Viñas 2015; Scarrocchia 2010; Schädler-Saub 2010; Verbeeck 2019.

64 Brandi, Cesare Brandi 2006.

65 Attanucci 2020; Bressani 2016; Brevern, Blicke von Nirgendwo 2012; Brevern, Zeichnen, um zu wissen 2012; Emery 2018.

66 Zu individuellen Welterbestätten gibt es eine kaum überschaubare Zahl an Untersuchungen. Beispielsweise untersucht Middleton die Auswirkungen von Welterbe auf Quito (Middleton 2009). Mager untersucht die Bewertung von Welterbe unter dem Aspekt Authentizität (Mager 2016). Nikola Braun setzt sich mit der sogenannten Global Strategy auseinander (Braun 2007). Größer angelegte Überblicke geben: Brumann 2014; Duedahl 2016; Gfeller 2015; Meskell 2018.

Labadi 2007 veröffentlichte quantitative Inhaltsanalyse der Welterbebegründungen.[67] Außerdem dienen wenige Artikel zur Integrität und zum Welterbe als Ausgangspunkte für die Untersuchung in Teil III.[68]

Für die Analyse von Heritage und kultureller Integrität stellt die grundlegende Literatur Saids Definition der kulturellen Integrität dar.[69] Ferner veröffentlichte Stefan Groth einen Beitrag, der sich unter anderem mit Integrität und Heritage beschäftigt.[70] Auch hier ergaben sich wichtige Bezüge zur vorliegenden Arbeit. Allgemein für die Auseinandersetzung mit der Heritage-Forschung waren Harrisons Monografie *Heritage – Critical Approaches*, Sharon Macdonalds *Memorylands* und verschiedene Publikationen der Heritage-Forscherin Laurajane Smith entscheidend.[71]

---

67 Brumann 2014; Gfeller 2015; Gfeller/Eisenberg 2016; Harrison 2013, S. 140–165; Labadi 2007; Meskell 2018.
68 Jokilehto, Considerations on Authenticity and Integrity 2006; Nezhad/Eshrati/Eshrati 2016; Stovel 2007.
69 Said 1994, S. 108–110.
70 Groth 2015.
71 Harrison 2013; Macdonald 2013. Bedeutend ist im Fall von Smith insbesondere ihre Publikation *Uses of Heritage* (Smith 2006). Außerdem gab Smith eine vierbändige Anthologie zur Heritage-Forschung heraus. Für die Arbeit wurde vor allem Band 1 der Reihe verwendet, der einen historischen Überblick gibt (Smith 2007).

II. Integrität in theoretischen Texten über den Umgang mit kulturellem Erbe

In diesem Teil bespreche ich nacheinander Texte von John Ruskin, Alois Riegl, Eugène-Emmanuel Viollet-Le-Duc und Cesare Brandi. Alle vier Autoren stellen kanonisierte Persönlichkeiten der europäischen Denkmalpflege dar. In den Texten werden zwei unterschiedliche Formen der Integrität thematisiert: Ruskin und Riegl verhandeln das Fragmentarische in Abgrenzung zum vollständigen historischen Objekt beziehungsweise zum erneuerten historischen Objekt. Viollet-Le-Duc und Brandi diskutieren die Grenzen und Möglichkeiten, die eine ideelle Einheit als Richtschnur für Restaurierungen bieten kann.

Hervorzuheben ist die Beobachtung, dass für jede Theorie der vier Autoren einschneidende historische Ereignisse relevant waren. Alle Autoren erfahren soziale Umbrüche und Verluste – seien sie materieller Natur wie Kriegszerstörungen oder ideeller Art wie durch die Erosion tradierter Wertsysteme. Daher interpretiere ich die Konzepte von Integrität, die in den Texten der ausgewählten Autoren vorkommen, nicht nur als abstrakte Theoriegebilde, sondern auch als Reaktionen auf Erfahrungen sozialer Veränderungen. Ihre Antworten orientieren sich daran, überkommene Strukturen, Institutionen und Werte zu bewahren oder zu aktualisieren.

Paradoxerweise werden die Formen von Integrität, die in den Theorien eingeführt werden, nicht unbedingt als Reaktionen auf gesellschaftliche Umstände begründet, sondern als Werte eingeführt, die einem historischen Objekt oder einer historischen Architektur innewohnen. Das Ausklammern der Desintegrationserfahrungen liegt bei Ruskin, Viollet-Le-Duc und Brandi vor allem daran, dass sie davon ausgehen, den historischen Objekten wohne eine Wirkmächtigkeit inne, die von den Objekten selbst ausgeht und die ihnen nicht von außen, von der Gesellschaft, zugeschrieben wird. Durch diese Grundannahme wird das Soziale von vornherein als Kategorie der Reflexion unterdrückt, weil nicht die Menschen den Objekten Werte zuschreiben, sondern die Werte den

Objekten inhärent sind. Einzig Riegl stellt die Rezeption historischer Objekte und die damit einhergehende Bedeutungszuschreibung in den Vordergrund. Ein zentrales Ergebnis, das ich im ersten Teil belege, ist, dass der Wunsch nach Integrität in Texten der europäischen Denkmalpflege aus einem Gefühl der sozialen Entwurzelung erwächst. Allerdings wird dieser Zusammenhang in den Texten selbst nicht immer offensiv adressiert, sondern bleibt häufig im Hintergrund.

II.1 Das Fragment im Spannungsverhältnis zu Vorstellungen von Ganzheit

Auf den ersten Blick scheint es offensichtlich zu sein: Ein Fragment kann niemals integer sein. Schließlich entzieht sich das Fragmentarische bereits äußerlich einer Vorstellung von Integrität. Um als historisch gelten zu können, müssen Objekte über ein gewisses Alter verfügen und einen Verfall oder Alterungsprozess erfahren haben. Somit scheint insbesondere das historische Objekt unwiderruflich mit dem Fragmentarischen verknüpft zu sein und entzieht sich dadurch einer materiellen Vollständigkeit. Im Folgenden werden Texte von Ruskin und Riegl analysiert, die die Bedeutung des Alterns für historische Objekte diskutieren und die Würdigung von Denkmälern als fragmentierte Objekte in der Denkmalpflege erst theoretisch verankert haben.[1] Bei beiden Theoretikern ist nämlich eine zentrale Voraussetzung für die Inwertsetzung einer historischen Architektur oder eines Denkmals, dass diese Objekte nicht vollständig sind, sondern uns als Fragmente wahrnehmbar sind. Gleichzeitig sind in Ruskins und Riegls Texten vielfältige – teils implizite – Bezüge zur Integrität historischer Objekte – beispielsweise im Sinne einer materiellen Vollständigkeit oder als Projektionsfläche für eine angenommene ganzheitliche Ordnung der Dinge – enthalten, die sich aus dem jeweiligen Verständnis von Alterung und Fragmentierung ergeben.[2]

---

1   Hubel 2011, S. 44–47; Meier 2008, S. 356; Scheurmann 2018, S. 225.
2   Einzelne Aspekte meiner Analyse zur Rolle von Integrität in den Schriften von John Ruskin und Alois Riegl wurden 2021 bereits veröffentlicht: Stackmann 2021.

II. Integrität in theoretischen Texten über den Umgang mit kulturellem Erbe

John Ruskin: The Seven Lamps of Architecture (1849)

Nach sieben Jahren Manuskriptarbeit veröffentlichte der Brite Ruskin (1819–1900) 1849 sein Werk *The Seven Lamps of Architecture*. Zu diesem Zeitpunkt hatte er sich durch das Erscheinen des ersten Bands seines Werks *Modern Painters* (1843) bereits einen Namen als Kunst- und Kulturkritiker erworben.[3] 1869 wurde Ruskin auf die Slade-Professur der Schönen Künste an der Universität in Oxford berufen.[4] Sein Gesamtwerk umfasst insgesamt 39 Bände und belegt seine lebenslange publizistische Tätigkeit.[5] Seine wichtigsten Werke zur Architektur, *The Seven Lamps of Architecture* (1849) und *The Stones of Venice* (1851–1853), markieren mit ihrem Erscheinen eine Periode in Ruskins Leben, in der er sich intensiv mit der gebauten Umwelt befasste.[6] Allgemein fallen beide Werke in eine Zeit, in der in Großbritannien zahlreiche Abhandlungen zur Architekturgeschichte erschienen – vor allem von Architekten des *Gothic Revivals* wie Augustus Welby Northmore Pugin.[7] Allerdings setzte Ruskin den Schwerpunkt seiner Ausführungen auf die moralische und ästhetische Bewertung von Architektur, die auch für interessierte Laien verständlich sein sollte – im Gegensatz zu seinen Zeitgenossen, die überwiegend Fachliteratur schrieben. Ruskin richtete sich mit seinen Schriften zu Kunst und Architektur weniger an das Fachpublikum als an eine im England des 19. Jahrhunderts neu entstandene ehrgeizige Mittelschicht, die sich für Kunst und Kultur zwar interessierte, aber der es noch an Bewertungskriterien fehlte. So verstand Ruskin seine Publikationen als Möglichkeit für deren Rezipient*innen, ihr eigenes Geschmacksurteil zu schärfen.[8] Dadurch und auch durch den Namen, den sich Ruskin schon zuvor als Kunstkritiker gemacht hatte, fand *The Seven Lamps of Architecture* schon kurz nach seinem Erscheinen regen Anklang in der Öffentlichkeit.[9] Für Andrew Ballantyne und Gill Chitty liegt Ruskins Leistung

---

3   Chitty 2003, S. 40.
4   Hewison 2007, S. 87.
5   Sämtliche Schriften John Ruskins können online abgerufen werden: University of Lancaster 2021.
6   Chitty 2003, S. 30.
7   Birch 2020, S. 4; Chitty 2003, S. 32–33; Glendinning 2013, S. 117. Ruskin selbst las architekturhistorische Werke von englischen Autor*innen aus dieser Zeit mit Interesse: Ballantyne 2015, S. 118–119.
8   Chitty 2003, S. 30.
9   Ebd., S. 40–43.

in *The Seven Lamps of Architecture* gerade darin, eine Idee davon zu entwickeln, wie Architektur mit moralischen Maßstäben bewertet werden konnte.[10]

Die Abhandlung zu den *Lamps (Leuchtern)* ist seit ihrer Veröffentlichung ein in der Denkmalpflege viel gelesenes und viel zitiertes Werk, weil Ruskin sich darin unter anderem mit der Restaurierung von historischen Gebäuden befasst.[11] Ein weiteres Thema des Buchs, das auf die Denkmalpflege bezogen werden kann, ist die Angst vor dem Verlust wertvoller historischer Architektur durch die Industrialisierung, vor allem aus dem Mittelalter.[12] Die Rezeption der Schriften Ruskins im Kontext der Denkmalpflege begann schon kurz nach ihrer Veröffentlichung – auch aufgrund von Ruskins Beziehung zum *Arts and Crafts Movement*. So stand er in Kontakt mit William Morris, der 1877 die Society for the Protection of Ancient Buildings gründete und sein Gründungsmanifest für die Organisation auf Ruskins Beitrag zur Architekturtheorie bezog.[13] In der denkmalpflegerischen Rezeption wird Ruskin bis heute als jemand hervorgehoben, der den fragmentarischen Charakter und das Altern historischer Architektur als wertvoll begriff.[14]

Im Folgenden werde ich mich damit auseinandersetzen, ob das gealterte und fragmentierte Objekt bei Ruskin immer auch in Beziehung zu einer moralischen Integrität und Formen einer ideellen Ganzheit steht. Meine These lautet: Das Fragmentarische bei Ruskin erhält insbesondere dadurch seine Bedeutung, indem er es in Bezug zu einer festen moralischen und weltanschaulichen Ordnung setzt – auch wenn es zunächst so scheinen mag, als ob er vor allem die Unregelmäßigkeiten, die Unvollständigkeit und die kontingenten Altersspuren eines Objekts wertschätzt.

Inhaltlich beschäftigt sich Ruskin in *The Seven Lamps of Architecture* mit den seiner Ansicht nach grundlegenden Prinzipien guter Baukunst, die er als Leuchter bezeichnet.[15] Er widmet daher jedem Leuchter einen langen Textab-

---

10 Ballantyne 2015, S. 141–142; Chitty 2003, S. 50.
11 Chitty 2003, S. 37–44.
12 Ballantyne 2015, S. 118.
13 Chitty 2003, S. 44; Fagence Cooper 2020, S. 4; Hubel 2011, S. 44. Ausführlich zeichnet Stephanie Herold die Rezeption John Ruskins im Kontext der Architekturtheorie nach und befasst sich mit Ruskins Wahrheitsbegriff: Herold 2018, S. 181–186. Außerdem stellt Herold die Rezeption Ruskins und William Morris' im Kontext der Kunstpädagogik dar: Herold 2018, S. 318–330.
14 Fagence Cooper 2020, S. 4; Mager 2016, S. 65–66; Meier 2008, S. 356; Scheurmann 2018, S. 225.
15 Ruskin, The Seven Lamps of Architecture 1903, S. 20–23.

schnitt, der mit dem Namen des Leuchters überschrieben ist, der thematisiert wird:

- The Lamp of Sacrifice
- The Lamp of Truth
- The Lamp of Power
- The Lamp of Beauty
- The Lamp of Life
- The Lamp of Memory
- The Lamp of Obedience

Vor allem in der *Lamp of Memory* begründet Ruskin die Bedeutung des Alterns für historische Architektur und seine Ablehnung der Restaurierung. Bevor ich darauf eingehe, analysiere ich zunächst die *Lamp of Truth*, weil Ruskins Ablehnung der Restaurierung und seine Wertschätzung für das gealterte Gebäude sich über einen Anspruch nach Wahrhaftigkeit legitimieren, der dort erläutert wird.

In der *Lamp of Truth* schildert Ruskin »Wahrhaftigkeit« als grundlegendes Prinzip der Baukunst, das vorsieht, dass alle Künstler*innen und Handwerker*innen beim Bau eines Gebäudes wahrhaft handeln sollen.[16] Dabei gibt es seiner Meinung nach zwei Kategorien falschen Handelns: wenn ein Fundament oder ein Material vorgetäuscht werde, das eigentlich nicht verwendet worden sei, sowie das Verbauen von maschinell gefertigten Ornamenten.[17] Vor allem das falsche Ornament ist für Ruskin Ausdruck einer Lüge:

> »Down with it to the ground, grind it to powder, leave its ragged place upon the wall, rather; you have not paid for it, you have no business with it, you do not want it. Nobody wants ornaments in this world, but everybody wants integrity. All the fair devices that ever were fancied, are not worth a lie. Leave your walls as bare as a planed board, or build them of baked mud and chopped straw, if need be; but do not rough-cast them with falsehood.«[18]

Wie das Zitat belegt, ist bei Ruskin ein zentraler Aspekt in Zusammenhang mit Wahrheit die Integrität. Integrität steht in seiner Beschreibung für eine Reinheit und Ehrlichkeit im Handeln. Für die mittelalterliche Architektur

---

16 Ebd., S. 57.
17 Ebd., S. 60.
18 Ebd., S. 83.

führt Ruskin aus, was seiner Meinung nach geschieht, wenn das Bauen nicht mehr integer ist:

»So fell the great dynasty of mediaeval architecture. It was because it had lost its own strength, and disobeyed its own laws – because its order, and consistency, and organization, had been broken through – that it could oppose no resistance to the rush of overwhelming innovation. And this, observe, all because it had sacrificed a single truth. From that one surrender of its integrity, from that endeavour to assume the semblance of what it was not, arose the multitudinous forms of disease and decrepitude, which rotted away the pillars of its supremacy.«[19]

Ruskin nennt in dieser Textpassage mehrere Gründe, weshalb die mittelalterliche Architektur unterging. Kern seiner Aussage ist, sie missachtete ihre eigenen Gesetze und habe sich einem überwältigenden und gewaltsamen Fortschritt hingegeben. Das Ergebnis dieser Entwicklung bezeichnet Ruskin als krankhaft. Dieser Anspruch nach Wahrhaftigkeit, den er in der *Lamp of Truth* formuliert, übte Einfluss auf seine Überlegungen in der *Lamp of Memory* aus. Denn in der *Lamp of Memory* prangert er die Restaurierung an, weil sie die unehrliche Abkehr von der wahrhaftigen Architektur sei: »Do not let us talk then of restoration. The thing is a lie from beginning to end.«[20]

Ruskin versteht die Restaurierung als Lüge, weil sie in seiner Vorstellung die Spuren der Erbauer*innen der Originalarchitektur aus der Materialität des Gebäudes verdrängt: »That which I have above insisted upon as the life of the whole, that spirit which is given only by the hand and eye of the workman, can never be recalled.«[21] Restaurierung bedeutete für ihn demnach, ein Originalwerk zu verfälschen, indem die Spuren der ursprünglichen und unwiederbringlichen Handarbeit beseitigt werden. An anderer Stelle im Text betont Ruskin, die Menschen hätten kein Recht, Architektur aus der Vergangenheit anzufassen, weil sie nicht deren Urheber*innen seien. Eine Restaurierung lösche die Arbeit der eigentlichen Urheber*innen aus. Man könne historische Architektur lediglich durch Reparaturen erhalten.[22] Somit bezieht sich Ruskin bei seiner Kritik an der Restaurierung in der *Lamp of Memory*, ähnlich wie bei seiner Ablehnung falscher Ornamente, darauf, es

---

19 Ebd., S. 98.
20 Ebd., S. 244.
21 Ebd., S. 242.
22 Ebd., S. 245–246.

handele sich nicht um echte Handarbeit, sondern um ein unrechtmäßiges Übertünchen des Originals.

Außerdem lehnt Ruskin die Restaurierung ab, weil sie das Alter einer historischen Architektur kaschiere. Er argumentiert die Bedeutung des Alterns für historische Gebäude folgendermaßen:

> »For, indeed, the greatest glory of a building is not in its stones, or in its gold. Its glory is in its Age, and in that deep sense of voicefulness, of stern watching, of mysterious sympathy, nay, even, of approval or condemnation, which we feel in walls that have long been washed by the passing waves of humanity.«[23]

Er beschreibt hier, wie das Alter einem Gebäude erst seine Lebendigkeit verleiht. Dieser Lebendigkeit eines gealterten Gebäudes spricht er eine besondere Qualität zu:

> »Whereas, even when so sought, it [the picturesque] consists in the mere sublimity of the rents, or fractures, or stains, or vegetation, which assimilate the architecture with the work of Nature, and bestow upon it those circumstances of colour and form which are universally beloved by the eye of man.«[24]

Das Altern integriere historische Architektur wieder in die Natur und aus diesem Aufgehen in der Natur entstehe eine anregende ästhetische Erscheinung. Ruskin nennt diesen Prozess auch »parasitäre Erhabenheit« (»parasitical sublimity«).[25] Die parasitäre Erhabenheit komme dann zustande, wenn der Zufall walte und sich etwa durch die zufälligen Spuren des Alterns eine ästhetische Erscheinung ergebe.[26]

Somit steckt laut Ruskin eine besondere Qualität im (zufälligen) Zerfall der Architektur. Dies ist dem Bauen von Gebäuden entgegengesetzt, indem das Vergehen eines Gebäudes nicht menschengemacht ist, sondern sich aus dem Wirken der Natur ergibt. Ruskin geht von zwei unterschiedlichen Sphären aus: dem Werden eines Gebäudes, das an ehrliche und kunstvolle Handarbeit gebunden ist, und dem Vergehen eines Originalwerks, das durch das (göttliche)

---

23 Ebd., S. 233.
24 Ebd., S. 241.
25 Ebd., S. 236.
26 Ruskin erklärt das Phänomen der parasitären Erhabenheit anhand von verschiedenen Kunstwerken: ebd., S. 236–237.

Wirken der Natur herbeigeführt wird und sich der Kontrolle des Menschen entzieht.[27] Die Restaurierung hintergeht bei Ruskin die unumstößlichen Prinzipien der Baukunst, indem sie historische Architektur erneuert und somit in das Altern eingreift. Die Zusammenschau der vorgestellten Textpassagen legt die Folgerung nahe, dass ein ›richtiger‹ Umgang mit dem gealterten Objekt bei Ruskin moralische Überlegenheit und Integrität bedeutet. Dabei sind die Voraussetzungen für Integrität das wahrhafte Handeln und die Akzeptanz eines gesetzlichen Kreislaufs von Werden und Vergehen. Historische Architektur als Fragment erhält aus meiner Sicht bei Ruskin erst dann ihre Bedeutung, wenn sie ins Verhältnis zu einer ganzheitlichen Ordnung gesetzt wird.

Nicht nur in der *Lamp of Memory* beschäftigt sich Ruskin mit der Rolle der Natur und ihrem Verhältnis zur Kultur. Die genaue Beobachtung der Natur ist ein wiederkehrendes Element in seinen Schriften und Kunstwerken – auch vor dem Hintergrund seiner Religiosität, wie ich im nächsten Punkt noch ausführlicher darlege.[28] Ruskin kritisiert die Zerstörung der Natur durch die Industrialisierung und die Dekadenz des modernen Kapitalismus.[29] Allgemein ist die Verwüstung europäischer Städte, die von der Industrialisierung im 19. Jahrhundert ausgeht, eine wichtige Motivation für Ruskin, sich in seinem Schreiben überhaupt mit Architektur zu befassen.[30] Dieser Zerstörung gegenüber verteidigte er historische Architektur, die aus seiner Sicht genauso schützenswert ist wie die Natur und in ihren Eigenschaften mit dieser vergleichbar.[31] Beispielsweise gewinnt eine historische Architektur bei Ruskin durch Altersspuren eine parasitäre Erhabenheit, die die Architektur wieder der Natur annähert und ihr Lebendigkeit verleiht. Auf diese Weise unterscheidet er historische Architektur implizit von der Leblosigkeit des Maschinellen.

---

27 Aus folgendem Zitat geht zusätzlich hervor, dass Ruskin das Wirken der Menschen beim Bau eines Gebäudes eng mit dem Anspruch der Wahrhaftigkeit verknüpft: »[...] so i would have the Spirit or Lamp of Truth clear in the hearts of our artists and handicraftsmen, not as if the truthful pracitce of could far advance the cause of truth, but because I would fain see the handicrafts themselves urged by the spurs of chivalry: and it is, indeed marvellous to see what power and universality there is in this single principle, and how in the consulting or forgetting of it lies half the dignity or decline of every art and act of man.« Ruskin, The Seven Lamps of Architecture 1903, S. 57.
28 Barringer 2019, S. 13–15.
29 Ebd., S. 16–17.
30 Chitty 2003, S. 30–31.
31 Ebd., S. 43–45.

Außerdem verunsicherten Ruskin die politischen Unruhen in Europa, die von den Aufständen um 1848 ausgelöst wurden. In der Folge verstand er *The Seven Lamps of Architecture* auch als einen Versuch, angesichts der Gefährdung historischer Architektur an deren Wert zu erinnern. So sind die *The Seven Lamps of Architecture* zugleich ein Ergebnis der Zukunftsängste Ruskins, die sowohl die Zerstörung des historischen Erbes durch Restaurator*innen als auch durch Revolutionär*innen betreffen.[32] Im letzten Abschnitt der *Lamp of Memory* spricht er von der Trauer, die der Mob verursacht habe, der die Kathedrale von Avranches zerstörte, und nimmt direkt Bezug auf die Aufstände.[33] Somit haben *The Seven Lamps of Architecture* in mehrfacher Hinsicht einen zeitgenössischen Bezug, indem Ruskin aus seiner Sorge um die gesellschaftlichen und politischen Umbrüche heraus argumentiert und Wertordnungen bewahren möchte. Das Gebot der Integrität entspringt bei ihm daher nicht nur einer Angst um die authentische historische Architektur, sondern einer Überforderung mit den sich ändernden gesellschaftlichen Verhältnissen. In der Folge projiziert Ruskin in die fragmentierte Architektur eine ganze Reihe von Erwartungen, die mit einem Wunsch nach der Unberührtheit der tradierten Werte und Objekte verbunden sind.

Die Jungfräulichkeit des Fragments

»Unlike the detailed enquiries of modern philosophers into the existence or non-existence of natural law as a viable doctrine, Ruskin acknowledged the term in a straightforward way. Natural law was something shaped by the larger and incomprehensible workings of the Divine Wisdom.¹¹ The principle was self-evidently at work in both social and scientific spheres and it amounted to a given in the underpinnings of all worlds of experience. To acknowledge the reality of natural law was to acknowledge the persistence of a universal ordering of things in the midst of perpetual states of change, of that ›being and passing away‹ so well understood by many of the ancients.«[34]

Der Historiker Graham A. MacDonald beschreibt in diesem Zitat Ruskins Glaube an allgemeingültige Naturgesetze. In *The Seven Lamps of Architecture* arbeitet Ruskin ebenso mit allgemeingültigen Prinzipien, die er Leuchter nennt und die nicht gebrochen werden dürfen. In dem vorher angeführten Zitat

---

32 Ebd., S. 36–38.
33 Ruskin, The Seven Lamps of Architecture 1903, S. 245–246.
34 MacDonald 2018, S. 224.

zum Untergang der mittelalterlichen Architektur spricht Ruskin etwa davon, der Bruch der eigenen Gesetze und der Verlust der eigenen Integrität habe in den Untergang des Mittelalters geführt.[35] Seine Ausführungen zum Altern historischer Objekte verweisen zugleich auf die Notwendigkeit, die universale Ordnung vom Werden und Vergehen als unveränderliches Naturrecht aufrecht zu erhalten. Dabei hängt das Naturrecht mit Ruskins Glauben an eine höhere göttliche Ordnung zusammen. Zugleich zweifelte er sein ganzes Leben lang an seinem christlichen Glauben. Insbesondere in der Zeit der Niederschrift von *The Seven Lamps of Architecture* haderte er mit seinem Glauben, wie ein Brief von 1848 an seinen Vater belegt.[36] Schon in frühen Jahren hatte sich Ruskin für Geologie und Erdgeschichte interessiert. Sein Studium der Wissenschaft beeinflusste ab den späten 1830er-Jahren zusätzlich seinen Glauben.[37] Ruskin erscheint die Bibel angesichts der erdgeschichtlichen Erkenntnisse Charles Darwins oder Charles Lyells nicht mehr als glaubwürdige Quelle. Dennoch blieb die Bibel eine zentrale Orientierung für Ruskins ethisches Denken.[38] Auch in *The Seven Lamps of Architecture* erscheinen christliche Motive, wie ich im Folgenden argumentiere. In der *Lamp of Memory* schreibt er:

> »Of more wanton or ignorant ravage it is vain to speak; my words will not reach those who commit them, and yet, be it heard or not, I must not leave the truth unstated, that it is again no question of expediency or feeling whether we shall preserve the buildings of past times or not. *We have no right whatever to touch them.*«[39] [Herv. i. Orig.]

Ruskin spricht darin der Gegenwart das Recht ab, historische Architektur zu berühren, und legt fest, die historische Architektur gehöre ihren Urheber*innen und den zukünftigen Generationen, die die Gebäude erben. Die Menschen der Gegenwart werden nicht in dieser Art und Weise miteinbezogen oder zumindest dürfen sie die historische Architektur nur verwahren und nicht aktiv mit ihr umgehen.[40] Ruskin gesteht seinen Zeitgenoss*innen lediglich die Rolle von Treuhänder*innen zu. Der Kulturkritiker umschreibt immer wieder Wünsche nach Reinheit, Unbeflecktheit und Unantastbarkeit: »but truth forgives

---

35   Ruskin, The Seven Lamps of Architecture 1903, S. 98.
36   MacDonald 2018, S. 61–62.
37   Ebd., S. 10.
38   Ebd., S. 2–3.
39   Ruskin, The Seven Lamps of Architecture 1903, S. 245.
40   Ebd.

no insult, and endures no stain.«[41] In dieser Formulierung lehnt er Eingriffe in das Innere der Dinge oder die Anwendung von Prinzipien ab und argumentiert dafür, Integrität im Sinne einer Unversehrtheit zu wahren.

MacDonald bescheinigt Ruskin eine ausgeprägte Tendenz, Dinge von außen zu betrachten, weniger von innen:

»A man famous for extolling the virtues of ›seeing correctly‹ and of using the eye, rather oddly avoided the lessons of the microscope. This reluctance to look at ›the creature within‹ remained a permanent part of his disposition and is explained in part by what Quentin Bell justifiably implied was a domestically conditioned ›fear of the flesh‹, a trait well recognized in his art criticism.«[42]

Auch in Bezug auf die fragmentierte Architektur schreibt Ruskin über die Beobachtung eines Vergehens aus einer Distanz heraus und nicht über ein physisches beziehungsweise haptisches Erleben. Daraus ergibt sich eine Assoziation mit einer zumindest christlich inspirierten Trennung von Körper und Geist. Ruskin projiziert in gewisser Weise eine angestrebte Jungfräulichkeit in die historische Architektur.

Aus der etymologischen Herleitung des Worts »Integrität« geht hervor, dass es eng mit christlichen Vorstellungen von Jungfräulichkeit verwoben ist.[43] So bedeutet das lateinische *integritas* in Verbindung mit *virginalis* auch »Jungfernschaft«.[44] Aus einer feministischen Sicht hängt am Ideal der Jungfräulichkeit eine patriarchale Unterscheidung zwischen der körperlich gebärenden Frau, die ihren Körper aufsparen muss, und dem Mann, der das exklusive Recht hat, diesen Körper zu versehren. Mit diesen Gedanken verstrickt sich eine christlich geprägte Unterscheidung – aufbauend auf der Erbsünde – zwischen Körper und Geist sowie zwischen Mann und Frau. So ist in der Unterscheidung von berührten und unberührten Körpern nach christlich geprägten Vorstellungen auch eine moralisierende Hierarchisierung angelegt, die Genderfragen aufwirft.[45] Den unmittelbaren Zusammenhang zwischen der Integrität der Architektur und Jungfräulichkeit bei Ruskin verdeutlicht der Beitrag der Literaturwissenschaftlerin Linda M. Austin, die sich mit

---

41 Ebd., S. 55.
42 Ebd., S. 62.
43 Pollmann 2005, S. 124.
44 Stichwort »integritas« 2013.
45 Warner 2016, S. 74–76.

der Bedeutung von Konstruktionen von Weiblichkeit in Ruskins Schreiben auseinandersetzt.

Austin zeichnet in ihrem Aufsatz nach, wie Ruskin sich ab den 1860er-Jahren zunehmend mit jungen Frauen beschäftigte und sich in seinem Werk mit einer idealen Frau beschäftigte, auf die er seine ethischen und ästhetischen Ansprüche projizierte. Einerseits sei diese Frau übermächtig und moralisch überlegen, andererseits mache Ruskin sie für alle Ungerechtigkeit auf der Welt verantwortlich.[46] Austin analysiert die Eigenschaften, die Ruskin in *Queen of the Air* (1869) auf seine Figur Athena überträgt:

> »With her white skin, blue eyes, helmet and crest of gold, and robe of crocus draped by an aegis of purple, Athena is another medieval triptych, Pre-Raphaelite visage, and Turnerian landscape. Dazzlingly regaled, she signifies prudence, justice, fortitude, temperance, and force, the traditional virtues represented on countless buildings Ruskin admired in *The Stones of Venice*.«[47] [Herv. i. Orig.]

Demnach übertrug Ruskin in seinen Schriften ständig ein Idealbild in die Themen, die er analysiert, unabhängig davon, ob es sich um Gebäude oder Menschen handelte. Dieses Idealbild ist aus meiner Sicht aufgeladen mit einer Fantasie von Ordnung und Reinheit – mit der Vision einer weiblich konnotierten Integrität.

Deutlich wird die Gleichsetzung einer idealen Weiblichkeit mit einer idealen Architektur in dem Kapitel in *Stones of Venice*, in dem Ruskin die Tugenden der Architektur beschreibt. Einleitend bemerkt er, er erwarte dieselben Tugenden von Menschen wie von Gebäuden.[48] Dazu zählen ihm zufolge drei Eigenschaften:

> »(1.) That it act well, and do the things it was intended to do in the best way.
> (2.) That it speak well, and say the things it was intended to say in the best words.
> (3.) That it look well, and please us by its presence, whatever it has to do or say.«[49]

---

46 Austin 1987, S. 33.
47 Ebd., S. 35.
48 Ruskin, The Stones of Venice I 1903, S. 60.
49 Oxford English Dictionary 2017.

II. Integrität in theoretischen Texten über den Umgang mit kulturellem Erbe 41

Demnach muss ein Gebäude in jeder Hinsicht moralisches Wohlgefallen auslösen: egal, ob es sich um sein Verhalten, seine Sprache oder seine Erscheinung handelt. Ohne das Wissen um den Kontext könnte man annehmen, Ruskin spreche nicht von Gebäuden, sondern von seinen Erwartungen an eine ›wohlerzogene‹ Frau. Austin fasst Ruskins Erwartungshaltung an die ideale Frau folgendermaßen zusammen:

»In other words, typical beauty begins with the static outward forms – a woman's dress and visage. Vital beauty entails action. In addressing young women, Ruskin consistently translates the fulfillment of function into a notion of duty amounting to the exercise of imaginative sympathy. It is the chief attribute of the exemplary artist, which the ideal woman displays through acts that fuse (or confuse) aesthetics and ethics. The selflessness, submission, strength, energy and charity of the model woman and great artist emanate from an imagination synonymous with moral instinct.«[50]

Frauen und Architektur vermitteln im Bestfall die moralische Integrität der Baumeister und Künstler, indem sie als formbare Medien fungieren, die die Handschrift des Baumeisters oder des Künstlers tragen. In beiden Fällen sind Frauen bei Ruskin zu Passivität und Konformität verurteilt, indem sie empfangen und vermitteln.

Vor diesem Hintergrund lässt sich die bereits zitierte Passage zum Untergang mittelalterlicher Architektur neu interpretieren:

»So fell the great dynasty of mediaeval architecture. It was because it had lost its own strength, and disobeyed its own laws – because its order, and consistency, and organization, had been broken through – that it could oppose no resistance to the rush of overwhelming innovation. And this, observe, all because it had sacrificed a single truth. From that one surrender of its integrity, from that endeavour to assume the semblance of what it was not, arose the multitudinous forms of disease and decrepitude, which rotted away the pillars of its supremacy.«[51]

Ruskin formuliert seine Ausführungen hier so, als ob die mittelalterliche jungfräuliche Architektur regelrecht durch den Fortschritt vergewaltigt werde. Laut Austin erinnert sein Frauenideal an Jungfrauen an Figuren in Tizians

---

50   Austin 1987, S. 31.
51   Ruskin, The Seven Lamps of Architecture 1903, S. 98.

und Tintorettos Werken, die über Heim und Herd wachen.[52] In ähnlicher Weise erwartet Ruskin auch von Architektur eine jungfräuliche Unverdorbenheit. Tatsächlich begab Ruskin sich in Waisenhäusern und Schulen auf die Suche nach dem beschriebenen weiblichen Idealbild. Diese groteske Suche scheiterte an der Realität, die seinen Ansprüchen nicht gerecht werden konnte.[53]

1848, ein Jahr vor dem Erscheinen der *Lamps*, heiratete Ruskin Effie Gray. Die Ehe wurde nach sechs Jahren geschieden, weil sie nicht vollzogen wurde.[54] An dieser unglücklichen Ehe arbeitete sich die Literatur immer wieder ab.[55] Auf der Hand liegt zunächst, dass Ruskins persönliche Eheprobleme in seiner Einstellung zu historischer Architektur als Unberührtes eine unmittelbare Entsprechung gefunden haben könnten. Wie Wolfgang Kemp ausführlich schildert, war Ruskin mit seiner Sexualität überfordert, wie es symptomatisch für die viktorianische Zeit war. Die moralisch übersteigerte Erwartungshaltung an die Geschlechterverhältnisse, die Ruskin in das Fragment hineinprojiziert, ist aus Kemps Sicht nicht nur seinem persönlichen Schicksal geschuldet, sondern den Wertvorstellungen einer ganzen Gesellschaft.[56]

Ruskin betont mit dem Konzept der parasitären Erhabenheit, dass die zufälligen Spuren des Verfalls eine ästhetische Qualität hervorbringen und historische Architektur an die Natur annähern. Einerseits scheint es sich daher um eine Ästhetik zu handeln, die insbesondere von einer kontingenten Unvollständigkeit abhängig ist. Andererseits bezieht sich Ruskin auf eine natürliche Ordnung vom Werden und Vergehen einer Architektur, um die fragmentierte Architektur ideell aufzuwerten. So können seine Aussagen in *The Seven Lamps of Architecture* als frühe Aufrufe zum Schutz des Individuums und zur Sorge um Nachhaltigkeit und Umweltschutz gelesen werden, weil er Missstände in der Gesellschaft früh erkannte und kritisierte.[57] Wenn man sich aber mit seinem Verständnis von Wahrheit und Integrität beschäftigt, wird deutlich, dass Ruskin andererseits eine normative Ordnung verteidigte und zu einem unantastbaren Idealbild stilisierte, das auf einem unumstößlichen Naturrecht basierte

---

52 Austin 1987, S. 29.
53 Ebd., S. 36–38.
54 Kemp 1987, S. 129–131.
55 Ebd., S. 128–129.
56 Ebd., S. 135–136.
57 Chitty 2003, S. 50–52.

und einer tiefen Verunsicherung gegenüber der Moderne entsprang. Tim Barringer erläutert zu Ruskins Weltanschauung:

»We acknowledge that Ruskin is, perhaps, more important for the questions he raises than for the solutions he proposed for them. The answers Ruskin offered for social problems often seem prescribed in the limitations of the Victorian world which they were conceived: his notions of the codings and the comportments of gender and the restrictions of social class chafe against hard-won freedoms of our time. His instincts were sometimes authoritarian; his approach to questions of race, slavery, and colonialism is frankly repulsive to the modern reader. The nature of his emotional attachments and, perhaps, sexual desires, as far as we can understand them, is profoundly disturbing.«[58]

Diese Probleme und Herausforderungen, die in Ruskins Theorien angelegt sind, gilt es zu reflektieren. Analysiert man sein Werk auf die seiner Meinung nach bestehende Bedeutung gealterter Architektur, muss seine Wertschätzung für historische Architektur als Unvollständiges und vielleicht sogar Unperfektes hervorgehoben werden. Zugleich ist diesem Unvollständigen eine tiefe und stellenweise toxische Sehnsucht nach Unversehrtheit und Vollständigkeit einbeschrieben, die weiblich kodiert ist.

Alois Riegl: Der moderne Denkmalkultus (1903)

In deutscher Übersetzung erschien Ruskins *The Seven Lamps of Architecture* im Jahr 1900.[59] In der Folge beeinflussten seine Positionen die zeitgenössischen Debatten um eine moderne Denkmalpflege in Deutschland.[60] Drei Jahre später erschien 1903 die Schrift *Der moderne Denkmalkultus – Sein Wesen und seine Entstehung* von Alois Riegl (1858–1905). Er definiert darin unterschiedliche Denkmalwerte, um die Werte eines Denkmals zu ermitteln. Eines dieser Kriterien ist der Alterswert, der sich auf die Wahrnehmung von Altersspuren an einem Denkmal bezieht. Angesichts der zeitlichen Nähe zur Übersetzung Ruskins und der inhaltlichen Überschneidung – beide Autoren setzten sich mit der Relevanz des Alterns für Architektur beziehungsweise Denkmäler auseinander – werden der *Denkmalkultus* und die *Lamps* etwa bei Mager und

---

58 Barringer 2019, S. 15–16.
59 Ruskin 1900.
60 Euler-Rolle 2005, S. 28; Hubel 2011, S. 43–44.

Ingrid Scheurmann in einen Zusammenhang gestellt.[61] Tatsächlich gibt es inhaltliche Überschneidungen zwischen Riegl und Ruskin. Dennoch unterscheiden sich beide darin, wie sie das Denkmal beziehungsweise historische Architektur in ihren Schriften als bedeutungsvoll begründen. Während Ruskin von unumstößlichen moralischen Werten bei der Einordnung von historischer Architektur ausgeht, entwickelt Riegl auf kluge Weise unterschiedliche Werte, die ein Denkmal ausmachen und gegeneinander abgewogen werden können. Entscheidend ist außerdem, dass Riegl nicht wie Ruskin annimmt, dass die Denkmalwerte intrinsisch in Objekten angelegt sind, sondern, dass die Werte von außen zugeschrieben werden. Bevor der *Denkmalkultus* im Detail analysiert wird, werden einführend grundlegende Aspekte zur großen Relevanz von Riegl in den Denkmalwissenschaften und in der Kunstgeschichte erläutert.

Riegl war ab 1894 Professor für Kunstgeschichte an der Universität Wien.[62] Er übernahm 1902 das Amt als Generalskonservator der Zentralkommission für die Erforschung und Erhaltung der Kunst- und historischen Denkmale der k.-u.-k.-Monarchie.[63] Die Zentralkommission war nur eine von mehreren Institutionen, die sich ab Mitte des 19. Jahrhunderts im Habsburger Reich mit dem gebauten Erbe auseinandersetzte. Allerdings war die Zentralkommission die einzige Institution, die sich mit sämtlichen Denkmälern im Habsburger Reich befasste und keinen regionalen Schwerpunkt hatte.[64] Hintergrund des *Denkmalkultus* war die Planung eines österreichischen Denkmalschutzgesetzes. Die Bemühungen um eine rechtliche Festlegung begannen 1894. Riegl beabsichtigte mit seiner Schrift eine Begründung für die Notwendigkeit eines Denkmalschutzgesetzes zu liefern und einen Vorschlag für dessen Ausformulierung zu machen. *Der moderne Denkmalkultus* war daher Bestandteil einer längeren Schrift zur Begründung eines österreichischen Denkmalschutzgesetzes.[65]

In der Kunstgeschichte gilt Riegl bis heute als einer der wichtigsten Akteur*innen der Wiener Schule. Ab Mitte des 19. Jahrhunderts etablierte sich in Wien das Österreichische Institut für Geschichtsforschung. Im Umkreis

---

61 Mager 2016, S. 78; Scheurmann 2018, S. 225.
62 Feichtinger 2010, S. 191–192. Das genaue Datum der Ernennung ist nicht eindeutig. Bacher schreibt, dass Riegl im Frühjahr 1903 Generalkonservator wird (Bacher, Vorwort 1995, S. 14). Reichenberger geht von 1904 aus (Reichenberger 2003, S. 69).
63 Feichtinger 2010, S. 191–192.
64 Rampley 2013, S. 193.
65 Bacher, Vorwort 1995, S. 16–17.

II. Integrität in theoretischen Texten über den Umgang mit kulturellem Erbe   45

dieses Instituts lehrte eine Reihe von Kunsthistorikern, die als Begründer einer wissenschaftlich orientierten Kunstgeschichtsforschung gelten. Bis heute wird dieser Gelehrtenkreis als entscheidender Impulsgeber für die Verwissenschaftlichung und Professionalisierung der Kunstgeschichte angesehen.[66] Dabei wird die Wiener Schule überwiegend als fortschrittliche Richtung der Kunstgeschichte rezipiert. Insbesondere Riegl gilt als »kosmopolitisch«, »progressiv« und ästhetisch aufgeschlossen.[67] Zu Riegls zentralem Projekt der Verwissenschaftlichung der Kunstgeschichte und Denkmalpflege gehörte, nicht im Sinne einer normativen Ästhetik zu argumentieren, sondern Ästhetik als ein sich wandelndes historisches Phänomen zu begreifen, das sich empirisch erforschen lässt.[68]

In der denkmalwissenschaftlichen Forschung und von Akteur*innen der Denkmalpflege wird Riegl ebenfalls stark rezipiert. Norbert Huses Anthologie von 1984 *Denkmalpflege. Deutsche Texte aus drei Jahrhunderten* gibt den *Denkmalkultus* verkürzt in dieser knappen Auswahl kanonischer Texte wieder.[69] 1988 veröffentlichte Marion Wohlleben eine ausführlicheren Auszug aus dem *Denkmalkultus* und belebte die Riegl-Rezeption in der deutschsprachigen Denkmalpflege zusätzlich.[70] Schließlich edierte Bacher 1995 Riegls Schriften zur Denkmalpflege und integrierte darin auch den ungekürzten *Denkmalkultus*.[71] Heute fehlt in jeder größeren Abhandlung zur Geschichte der Denkmalpflege im deutschen Sprachraum nie ein Verweis auf Riegls *Denkmalkultus*.[72] In der vierbändigen Anthologie *Cultural Heritage – Critical Concepts in Media and Cultural Studies*, herausgegeben von Smith, wurde eine längere Passage des *Denkmalkultus* in englischer Sprache abgedruckt.[73] Somit ist Riegl der einzige Autor

---

66 Feichtinger 2010, S. 189; Rampley 2010, S. 237–238.
67 Rampley 2010, S. 237–238.
68 Feichtinger 2010, S. 189–190.
69 Huse 1984.
70 Georg Dehio und Alois Riegl 1988.
71 Vgl. Kunstwerk oder Denkmal? 1995. Vor diesen beiden Quelleneditionen wurde vor allem eine gekürzte Version des *Denkmalkultus* von 1928 rezipiert, die Karl Maria Swoboda mit einem Vorwort von Hans Sedlmayr herausgab (Höhle 2010, S. 64): Riegl, Gesammelte Aufsätze 1928.
72 Herold 2018, S. 48–57; Mager 2016, S. 14–15; Scheurmann 2018, S. 218–228.
73 Riegl 2007.

aus der Gründungszeit der deutschsprachigen Denkmalpflege, der auch in der Heritage-Forschung kanonisiert wurde.[74]

Inhaltlich steht in der denkmalwissenschaftlichen Forschung Riegls theoretische Aufwertung des Subjektiven im Vordergrund und seine Systematik zur Bewertung von Denkmälern. Huse begreift etwa Riegls zentrale Leistung als die Subjektivierung der Denkmalbewertung.[75] Allerdings betrachtet er Riegls Ansätze kritisch, weil dieser das Denkmal zu einem bloßen Auslöser für die Gefühle des Subjekts gemacht habe. Das Denkmal als Objekt verliere bei Riegl fast gänzlich seine Relevanz.[76] Aus ähnlichen Gründen sieht Tino Mager Riegl kritisch: Sein Subjektfokus blende die authentischen Eigenschaften aus, die dem Denkmal intrinsisch und objektiv innewohnten.[77] Georg Mörsch betrachtet Riegl zumindest mit Vorsicht, weil dieser das Denkmal mit einem Naturwerk habe gleichsetzen wollen und in der Folge das Denkmal nicht mehr als vom Menschen geschaffenes Werk betrachtet habe.[78] Kritiker*innen befürchten also, Riegls Alterswert beziehungsweise sein vermeintlicher Fokus auf das subjektive Wahrnehmen des gealterten Denkmals könne zu einer Diskreditierung eines objektbezogenen Denkmalbegriffs führen.

Vor allem in jüngerer Zeit gibt es eine positive Rezeption, die Riegls Leistung dahingehend würdigt, einen zentralen Beitrag zur Theoriebildung in der Denkmalpflege geleistet zu haben, und sie begründet dies mit seiner rezeptionsästhetischen Perspektive.[79] Außerdem betonen diese Beiträge das Potenzial des *Denkmalkultus* für eine zeitgemäße Denkmalpflege beziehungsweise die ungebrochene Aktualität der Schrift. Gabi Dolff-Bonekämper beschreibt etwa, es gebe einen ganzen Kreis in der Denkmalwissenschaft, der weniger an einer historischen Einordnung Riegls interessiert sei als vielmehr an dessen Aktualisierung und der Anwendung des *Denkmalkultus* in der Gegenwart.[80]

In der Kunstgeschichte sind also Riegls Wissenschaftlichkeit und seine Überlegungen zur Wahrnehmung von Kunst zentrale Themen der Rezeption. In den Denkmalwissenschaften wird die Frage nach der Subjektivität bei der

---

74 Detaillierte Ausführungen zu Heritage und zur Heritage-Forschung: vgl. Teil IV in der vorliegenden Arbeit.
75 Huse 1996, S. 126.
76 Ebd., S. 126–128.
77 Mager 2016, S. 15.
78 Mörsch 2010.
79 Eine Auswahl an Beiträgen, die auf Riegl verweisen: Dolff-Bonekämper 2010; Euler-Rolle 2005; Glendinning 2003; Lamprakos 2014; Petzet 1994; Vinken 2017.
80 Dolff-Bonekämper 2010, S. 28.

II. Integrität in theoretischen Texten über den Umgang mit kulturellem Erbe

Wahrnehmung eines Denkmals eingehend rezipiert und Riegls Erkenntnis gewürdigt, dass den Denkmälern ihre Werte von außen zugeschrieben werden. Vielfach wird sein *Denkmalkultus* zudem auf seine Anschlussfähigkeit für aktuelle Fragestellungen hin überprüft. Weniger stark wird in den Denkmalwissenschaften auf Riegls Rolle als Wissenschaftler eingegangen, der nach objektivierbaren Kriterien für die Einordnung historischer Objekte suchte. Die denkmalwissenschaftlichen und kunsthistorischen Perspektiven zeigen auf, dass Riegls Schriften viel Raum für Interpretation bieten, weil er sich in seinen Schriften sowohl auf die Objektivierbarkeit der Geschichte als auch auf die Subjektivität der Wahrnehmung berief. Vor allem im *Denkmalkultus* argumentiert Riegl teils gleichzeitig in unterschiedliche Richtungen.[81]

Im *Denkmalkultus* beschreibt Riegl zwei verschiedene Wertkategorien: die Gegenwartswerte und die Erinnerungswerte. Dabei sind den Gegenwartswerten der Gebrauchswert und der Kunstwert zugeordnet. Als Erinnerungswerte definiert er den Alterswert, den historischen Wert und den gewollten Erinnerungswert. Für den Gegensatz Fragment und Einheit sind insgesamt vier Kategorien aus Riegls Wertesystem relevant: der Alterswert, der historische Wert, der Gebrauchswert und der Kunstwert. Bei der Beschreibung dieser vier Werte wägt Riegl zwischen dem Wert der materiellen Integrität für ein Denkmal und dem sichtbaren Altern des Denkmals als Fragment ab. Allerdings verwendet er nicht den Begriff Integrität, sondern umschreibt mit dem Begriff der »Geschlossenheit« eine ganze Reihe von Eigenschaften, die semantisch mit Integrität zusammenhängen und stets im Spannungsverhältnis zum Alterswert des Denkmals stehen.

In einer längeren Textpassage beschreibt Riegl den Alterswert folgendermaßen:

> »[...] aber der Erinnerungswert haftet da nicht an dem Werke in seinem ursprünglichen Entstehungszustande, sondern an der Vorstellung der seit seiner Entstehung verflossenen Zeit, die sich in den Spuren des Alters sinnfällig verrät. [...] das Denkmal bleibt nun mehr ein unvermeidliches sinnfälliges Substrat, um in seinem Beschauer jene Stimmungswirkung hervorzubringen, die in modernen Menschen die Vorstellung des gesetzlichen Kreislaufs von Werden und Vergehen, des Auftauchens des Einzelnen aus dem Allgemeinen und seines naturnotwendigen allmählichen Wiederaufgehens im Allgemeinen erzeugt. Indem diese Stimmungswirkung keine

---

81 Wohlleben 1988, S. 26.

wissenschaftlichen Erfahrungen voraussetzt, sondern insbesondere zu ihrer Befriedigung keiner durch historische Bildung erworbenen Kenntnisse zu bedürfen scheint, sondern daraus sofort als Gefühl äußert, glaubt sie den Anspruch erheben zu können, sich nicht allein auf die Gebildeten, auf die die historische Denkmalpflege notgedrungen beschränkt bleiben muss, sondern auf die Massen, auf alle Menschen ohne Unterschied der Verstandesbildung zu erstrecken. In diesem Anspruch auf Allgemeingültigkeit den er mit den religiösen Gefühlswerten gemeinsam hat, beruht die tiefe und in ihren Folgen noch nicht übersehbare Bedeutung dieses neuen Erinnerungs-(Denkmal) Wertes, der im Folgenden als ›Alterswert‹ bezeichnet werden soll.«[82]

Riegl nennt mehrere Eigenschaften, die den Alterswert ausmachen: Zunächst zeigen Altersspuren ein »naturnotwendiges« Werden und Vergehen. Außerdem stellt er fest, der Alterswert könne unabhängig von der sozialen Klasse erfahren werden, und vergleicht ihn mit religiösen Gefühlswerten. Er bezeichnet den Alterswert im *Denkmalkultus* sogar als »ästhetisches Heil«[83]. Somit hält Riegl wie auch Ruskin das gealterte historische Objekt für etwas, das einen emotionalen Zugang zur Vergänglichkeit der Dinge und dem Kreislauf des Lebens ermöglicht. Dabei bezieht sich Riegl explizit auf die »modernen Menschen«, die den Alterswert wahrnehmen. Ruskin hingegen distanzierte sich betont von der Moderne (vgl. John Ruskin: The Seven Lamps of Architecture (1849)). Somit begründet Riegl den Wert des Denkmals zunächst vor allem aus dessen sichtbarer Zersetzung und Fragmentcharakter heraus und nicht aufgrund der materiellen Integrität eines Denkmals. Im Gegenteil: Riegl grenzt den Alterswert als privilegierten Erinnerungswert in dem Zitat gleich zu Beginn von der Ursprünglichkeit, von der materiellen Vollständigkeit des Denkmals ab.

Als Gegensatz zum Alterswert führt Riegl nämlich den Begriff »Geschlossenheit« ein, der eine materielle Integrität umschreibt. Jede »bildende Tätigkeit der Menschen« zeichne sich durch das Zusammenfassen von Elementen zu »einem geschlossenen, durch Form und Farbe begrenzten Ganzen« aus.[84] Entgegen dieses »Geschlossenheitscharakters« verlange der Alterswert einen »Mangel an Geschlossenheit«, weil für den Alterswert ein Zerfall, also

---

82   Riegl 1995, S. 59–60.
83   Riegl 1995, S. 73.
84   Riegl, Der moderne Denkmalkultus 1928, S. 160.

eine Unvollständigkeit konstituierend sei.[85] Riegl beschreibt Geschlossenheit (Integrität) in seinen Überlegungen zum Kunstwert ausführlicher. Dabei unterteilt er den Kunstwert in den Neuheitswert und den relativen Kunstwert. Riegl hält einleitend zum Neuheitswert fest: »Da jedes Denkmal je nach seinem Alter und der Gunst oder Ungunst anderer Umstände in höherem oder minderem Maße die auflösende Wirkung der Natureinflüsse erfahren haben muß, ist die Geschlossenheit in Form und Farbe, welche der Neuheitswert fordert, dem Denkmal schlankweg unerreichbar.«[86] Somit sieht Riegl das Denkmal als etwas stets Unvollständiges und Fragmentarisches, das einen Gegensatz zu einem neuwertigen zeitgenössischen Kunstwerk bildet. Unklar bleibt an dieser Stelle, in welchem Verhältnis der Kunstbegriff zum Denkmalbegriff steht. Auch der Neuheitswert kann laut Riegl von allen Menschen wahrgenommen werden:

»Die Abgeschlossenheit des Neuen, frisch Gewordenen, die sich in dem einfachsten Kriterium ungebrochener Form und reiner Polychromie – äußert, kann von jedermann beurteilt werden, wenn er auch jeglicher Bildung bar ist. [...] Die Menge hat seit jeher dasjenige erfreut, was sich offenkundig für neu gab; sie begehrte somit allezeit an den Werken der Menschenhand bloß das schöpferische siegreiche Wirken der Menschenkraft und nicht das zerstörende Wirken der dem Menschenwerk feindlichen Naturkraft zu sehen.«[87]

In dieser Aussage charakterisiert Riegl die materielle Integrität des Neuen als Fetisch der Menge. Dagegen grenzt er das zerstörende Wirken als etwas ab, das von den Menschen nicht unbedingt genauso wie das Neue anerkannt werde, weil der Verfall die menschliche Arbeit zerstöre. Somit behauptet Riegl an dieser Stelle paradoxerweise, das Neue erfahre von den Massen Anerkennung, während das Vergehen weniger von Interesse sei. In Bezug auf den Alterswert unterstellt Riegl aber auch, der Alterswert und das Vergehen der Dinge sei ein Genuss für alle. Er löst diesen Widerspruch auf, indem er erläutert, der Alterswert sei erst im 19. Jahrhundert aufgekommen. Die Konsequenz sei ein Konkurrenzverhältnis zwischen dem Alterswert, der sich seitdem ausbreite, und dem bereits bestehenden Neuheitswert. Riegl beschreibt diese Konkurrenz als

---

85 Ebd.
86 Ebd., S. 178.
87 Ebd., S. 179.

einen regelrechten Kampf um eine Vorherrschaft in der Gesellschaft.[88] Allerdings hält er den Neuheitswert und den Alterswert nicht für unvereinbar. Da in der »modernen Anschauung« Kunst eine »tadellose Geschlossenheit« aufweisen müsse, ergebe sich eine klare Trennung zwischen dem Alterswert eines historischen Denkmals und dem Neuheitswert zeitgenössischer Kunst. Beide Werte seien also insbesondere durch ihre Unterschiedlichkeit miteinander vereinbar.[89]

Außerdem erkennt Riegl an, es sei bei manchen Denkmälern nachvollziehbar, wenn sie aufgrund der »Würde des Eigentümers« eine gewisse Unversehrtheit bzw. Integrität verlangen würden – hier nennt er Schlösser, Rathäuser und Kirchen.[90] Diesen Gedanken greift er auch bei seiner Beschreibung des Gebrauchswerts auf, der wie der Kunstwert Element der Gegenwartswerte ist. Der Gebrauchswert umschreibe die Funktionalität eines Denkmals. Denkmäler müssen nach Riegl instand gehalten werden, damit sie ohne Gefahr von Bewohner*innen oder Besucher*innen genutzt werden können. Riegl meint, es sei unmöglich, Denkmäler von ihrem Gebrauch zu entbinden, weil es nicht realistisch sei, für jedes teils aufwendig hergestellte Denkmal einen Ersatz anzufertigen.[91] Allerdings sei dies nicht der ausschlaggebende Grund für die Notwendigkeit einer Nutzung:

> »Nehmen wir aber nun selbst an, daß für alle gebrauchsfähigen Denkmale wirklich ein moderner Ersatz geschaffen werden könnte, so daß die alten Originale ohne Restaurierung, aber allerdings infolgedessen auch ohne jede praktische Brauchbarkeit und Benutzung ihr natürliches Dasein ausleben dürften, – wäre damit den Anforderungen des Alterswerts gedient? Die Frage ist nicht allein berechtigt, sondern sogar schlankweg zu verneinen; denn ein wesentlicher Teil jenes lebendigen Spiels der Naturkräfte, dessen Wahrnehmung den Alterswert bedingt, würde mit dem Hinwegfall der Benutzung des Denkmals durch den Menschen in unersetzlicher Weise verloren gehen.«[92]

Demnach plädiert Riegl nicht für eine radikale Musealisierung der Denkmäler, um dem Alterswert gerecht zu werden. Vielmehr differenziert er, ein Neben-

---

88 Ebd., S. 181.
89 Ebd., S. 181.
90 Ebd., S. 180. Für Kirchen legt Riegl dies ausführlich dar: ebd., S. 184–187.
91 Riegl 1995, S. 81–82.
92 Ebd., S. 83.

einander von Nutzung und Vergehen ermögliche es erst, den Alterswert wahrzunehmen. Eine gewisse (materielle) Integrität und Nutzbarkeit der Denkmäler ist in diesem Sinne Voraussetzung für die Wertschätzung des Alterswerts.

Insgesamt unterscheidet Riegl ebenso wie Ruskin das Werden der Dinge, das in Menschenhand liegt, vom Vergehen der Dinge, das die Natur bewirkt. Diesen Gegensatz erläutert Riegl über den Neuheitswert und den Alterswert. Allerdings differenziert er dieses Verhältnis stärker und beschreibt das Aufkommen des Alterswerts als Ergebnis eines zivilisatorischen Prozesses, der im 19. Jahrhundert stattfand. Durch diesen Prozess wird das Fragment als Relikt einer verlorengegangenen Zeit im Gegensatz zur Aktualität und Integrität moderner Kunst wahrgenommen. Außerdem erläutert Riegl in Bezug auf den Gebrauchswert, es sei eine lebendige Umgebung nötig, um den Alterswert überhaupt wahrzunehmen. Somit stehen Fragmentierung und materielle Ganzheit (Integrität) bei seinen Denkmalwerten in einem steten Wechselverhältnis und bedingen einander.

Kritik äußert Riegl an der Restaurierungspraxis des 19. Jahrhunderts, die eine Stileinheit von Denkmälern zugunsten einer Geschlossenheit angestrebt habe.[93] Außerdem nennt er neben der Stileinheit eine zweite Bestrebung, die die Restaurierungspraxis im 19. Jahrhundert dominiert habe, nämlich eine Stilursprünglichkeit herzustellen, die mit dem historischen Wert zusammenhinge.[94] Denn in seiner Theorie betrifft Integrität nicht nur den Neuheitswert und die Gegenwartswerte, sondern auch den historischen Wert als Bestandteil der Erinnerungswerte:

> »Der historische Wert eines Denkmals ruht darin, daß es uns eine ganz bestimmte, gleichsam individuelle Stufe der Entwicklung irgendeines Schaffensgebietes der Menschheit repräsentiert. Von diesem Standpunkte interessieren uns am Denkmal nicht die Spuren der auflösenden Natureinflüsse, die sich in der seit seiner Entstehung verflossenen Zeit geltend gemacht haben, sondern sein einstiges Werden als Menschenwerk. Der historische Wert ist ein umso höherer, in je ungetrübterem Maße sich der ursprüngliche geschlossene Zustand des Denkmals, den es unmittelbar nach seinem Werden besessen hat, offenbart: die Entstellung und teilweisen Auflösungen sind für den historischen Wert eine störende, unwillkommene Zutat.«[95]

---

93   Ebd., S. 86.
94   Ebd., S. 88–89.
95   Ebd., S. 74.

Der historische Wert bemesse die Lesbarkeit eines Denkmals als »unverfälschte Urkunde«.[96] Deshalb benötige der historische Wert eine gewisse Integrität des Denkmals – auch für die Möglichkeit einer zukünftigen (kunst-)historischen Erforschung.[97] Anders als beim Neuheitswert und beim Alterswert handelt es sich beim historischen Wert um eine Kategorie, die weniger von einer allgemein wahrnehmbaren Ästhetik abhängt als von historischem Wissen. Riegl geht jedoch davon aus, dass der historische Wert und der Alterswert sich in der Rezeption noch vermischen:

> »Fürs erste werden sich selbst die radikalsten Anhänger des Alterswertes, die heute noch überwiegend den gebildeten Klassen angehören, eingestehen müssen, daß das Wohlgefallen, das sie angesichts eines Denkmals empfinden, nicht allein aus dem Alterswerte entspringt, sondern zu einem guten Teil doch auch noch aus der Befriedigung, die sie daraus schöpfen, das Denkmal einem in ihrem Bewußtsein vorhandenen Stilbegriffe einordnen, als antik oder gotisch oder barock usw. erklären zu können. Das historische Wissen wird ihnen somit noch immer ebenfalls zur ästhetischen Quelle, mit und neben jenem Alterswertsgefühle.«[98]

Somit ist für Riegl noch keine völlige Trennung von Wissen und ästhetischem Eindruck eingetreten. Dem gealterten und fragmentierten Denkmal schreibt er auch eine Bedeutung zu, weil seine Ästhetik formal in einen Kanon eingeordnet werden kann.

Riegl geht davon aus, dass der historische Wert und der Alterswert häufig miteinander vereinbar seien. So sei der Alterswert bei solchen Denkmalen hoch, bei denen der historische Wert durch den Verfall kaum noch gegeben sei. Bei Naturkatastrophen erforderten der Alterswert und der historische Wert, das Denkmal zu schützen, denn auch der Alterswert sei gegen eine »abnorm rasche Auflösung« des »Denkmalorganismus«.[99] In Bezug auf den Gebrauchswert wiederholt Riegl, die Zerstörung von Denkmälern, etwa durch einen Blitzschlag, sei nur verstimmend.[100] Nach diesen Aussagen soll der Verfall eines Denkmals kontrolliert verlaufen. Riegl argumentiert also nicht für einen

---

96 Riegl, Der moderne Denkmalkultus 1928, S. 166.
97 Ebd.
98 Ebd., S. 168.
99 Ebd., S. 170.
100 Riegl 1995, S. 83.

II. Integrität in theoretischen Texten über den Umgang mit kulturellem Erbe   53

willkürlichen Verfall eines Denkmals, sondern für ein Vergehen, das einer bestimmten Logik folgt und vorhersehbar ist. In diesem Sinne argumentiert er für ein ganzheitliches Zusammenwirken von Werden und Vergehen, das auch mit den Gegensätzen Integrität und materielle Auflösung beschrieben werden könnte.[101]

Das Fragment zwischen psychologischer und objektivierbarer Erkenntnis

Im Fall des historischen Werts schreibt Riegl von einem Wunsch nach materieller Integrität, um das Originalwerk als Geschichtszeugnis möglichst allumfassend erschließen zu können. Bei diesem Gegensatz zwischen der für eine Lesbarkeit notwenige Vollständigkeit eines Denkmals und einem verunklarenden Verfall spielt nicht ausschließlich die Gegensätzlichkeit ästhetischer Eindrücke eine Rolle, sondern der Gegensatz zwischen der materiellen Vollständigkeit und der Lückenhaftigkeit des Fragments. Mit dieser Gegenüberstellung verdeutlicht Riegl zugleich die Unterschiede zwischen der rationalen Einordnung eines Werks in eine Einheit, einen Kanon, und dem intuitiven Genuss des Fragmentarischen. Dabei geht Riegl davon aus, dass die Erinnerungswerte nacheinander entstanden sind und einer gewissen Logik folgen.[102] In der Moderne müsste der Alterswert sich erst gesellschaftlich durchsetzen, bevor ihn alle uneingeschränkt wahrnehmen können. Riegl schreibt zudem, dass die Denkmalwerte untereinander in Konkurrenz treten. Besonders deutlich wird dies bei seiner Beschreibung des Neuheitswerts: »Hier eröffnet sich also die Möglichkeit eines Konfliktes mit dem Alterswert, der alle früher zur Sprache gebrachten Konflikte an Schärfe und Unversöhnlichkeit übertrifft. Der Neuheitswert ist in der Tat der formidabelste Gegner des Alterswertes.«[103] Wie sich im Zitat andeutet, beschreibt Riegl im *Denkmalkultus* die Denkmalwerte als Phänomene, die zu unterschiedlichen Zeiten auftauchen und mit den bereits vorhandenen Werten in Konflikt stehen. Vor allem der Alterswert, den er als spezifisch modern charakterisiert, verursache »Widerspruch und Kämpfe«.[104] Latent impliziert er eine evolutionäre Entwicklung

---

101 Laut Margaret Iversen fügt sich der Alterswert in Riegls Ästhetik der Desintegration ein (»Aesthetics of Desintegration«): Iversen 1993, S. 32–47.
102 Riegl, Der moderne Denkmalkultus 1928, S. 144–160.
103 Ebd., S. 178–179.
104 Ebd., S. 179.

der Denkmalwerte, die in bestimmten historischen Zusammenhängen auftreten, zu denen sie passen und um eine Vorherrschaft über die bestehenden Werte kämpfen. Daher deutet sich darwinistisches Gedankengut in Riegls Entwicklungsgedanken an. Riegl unterstellt mindestens latent, es gebe eine bestimmte Entwicklung der Geschichte als Ganzes, nach der sich auch die Denkmalwerte richten. Deshalb gibt es bei Riegl aus meiner Sicht noch eine zweite Form von Integrität, die sich nicht auf die materielle Vollständigkeit eines Objekts bezieht, sondern auf die Annahme Riegls, es gebe eine feste Entwicklung der Geschichte und jedes historische Objekt sei Teil dieser Entwicklung und lasse sich in diese wissenschaftlich einordnen. Insofern steht das Denkmal als fragmentiertes Objekt genauso wie die Denkmalwerte bei Riegl immer in einem Verhältnis zu einer Integrität der Geschichte, die einen einheitlichen Verlauf der Historie meint, der wissenschaftlich ergründbar ist. Diese Vorstellungen Riegls begründen sich sowohl in seinen Bezügen zum Positivismus als auch zu Georg Wilhelm Friedrich Hegel, die ich noch darlegen möchte. Dieses Modell einer objektivierbaren Geschichte verbindet Riegl mit psychologisierenden Beschreibungen der Wahrnehmung, etwa im Fall des Alterswerts. Aus dieser Kombination von Objektivierbarkeit und Gefühlen entstehen im *Denkmalkultus* teils Widersprüche, die auch in der aktuellen Rezeption diskutiert werden. Befürworter*innen betonen weniger Riegls positivistische Tendenzen als vielmehr seine Bezüge zur Rezeptionsästhetik. Diese Position der Befürworter*innen möchte ich zunächst differenzieren, um anschließend die Ganzheitlichkeit der Geschichte und den darin enthaltenen Integritätsbegriff zu erklären.

Aus meiner Sicht konzentriert sich die denkmalwissenschaftliche Rezeption nämlich vor allem auf den Alterswert und das immense Potenzial, das Riegl mit seiner rezeptionsästhetischen Perspektive auf die Bewertung von Denkmälern freisetzte. Allerdings zeigt eine Lektüre, die Riegls geschichtsphilosophischen und positivistischen Tendenzen miteinbezieht, dass Riegls psychologisierende und rezeptionsästhetische Ansätze auf eine komplexe Art und Weise mit seiner Annahme von einer ganzheitlichen und regelmäßigen Entwicklung der Geschichte verknüpft sind. Diese Verknüpfungen lassen sich im Besonderen sichtbar machen, wenn man die Lektüre weniger auf den Alterswert und dessen Bedeutung ausrichtet als vielmehr auf Umschreibungen von Integrität, die bei Riegl auftauchen und auch auf ein bestimmtes Weltbild bezogen werden können, das Riegl in seinen Schriften vertrat. Daher können durch einen Fokus auf Integrität bei Lektüre des *Denkmalkultus* auch wertvolle ergänzende Perspektiven auf den Alterswert entwickelt werden.

II. Integrität in theoretischen Texten über den Umgang mit kulturellem Erbe   55

In der Rezeption des *Denkmalkultus* wird unter anderem hervorgehoben, Riegl habe Denkmalpflege als eine Sache der Wahrnehmung verstanden und es ermöglicht, Denkmäler als Ergebnisse sozialer Aushandlungsprozesse zu betrachten. Beispielsweise würdigt Bernd Euler-Rolle den *Denkmalkultus* als nach wie vor wegweisende Theorie der Denkmalpflege, weil Riegl darin die zentrale Rolle von Gefühlen und das Potenzial erkenne, Lebenszusammenhänge über das Denkmal zu reflektieren.[105] Dolff-Bonekämper interpretiert den *Denkmalkultus* auch als eine Theorie zur »sozialen Inwertsetzung« von Denkmälern durch die Gesellschaft.[106] Gerhard Vinken, Stephanie Herold, Dolff-Bonekämper und Hans-Rudolf Meier bekräftigen ebenso Riegls Leistung, weil er im *Denkmalkultus* festhalte, der Wert eines Denkmals werde von außen zugeschrieben werde.[107] Denn Riegl verorte die Bedeutung des Denkmals eben nicht in Eigenschaften, die dem Denkmal immanent seien. Darin unterscheidet er sich von Ruskin, aber auch von Viollet-Le-Duc oder Brandi (vgl. Kap. II.3).[108] Der Alterswert und die Wahrnehmung des Fragmentarischen sind aus meiner Sicht die Aspekte im *Denkmalkultus*, die das Denkmal am deutlichsten als Gefühls- und Rezeptionsphänomen beschreiben. Deshalb hängen die Komplexe Gefühl, Rezeption, fragmentiertes Denkmal und die Frage nach den Anknüpfungspunkten sozialer Werte in Riegls Theorie eng zusammen. Einerseits, weil er dies so anlegt, und andererseits, weil die Rezeption diese Aspekte miteinander verbindet.

Riegl nimmt in seiner Definition des Alterswerts einen Standpunkt ein, der als rezeptionsästhetisch beschrieben werden kann, indem er davon ausgeht, die Ästhetik eines Denkmals und dessen Bewertung werde zu verschiedenen Zeiten unterschiedlich von den Betrachter*innen wahrgenommen. Wie erläutert tritt der Alterswert beispielsweise als spezifisch moderne Erscheinung auf. Gleichzeitig ergeben sich Bezüge zu einer psychologischen Beschreibung von Denkmälern oder Kunst. So konstatiert der Historiker Johannes Feichtinger, Riegl könnte als ein Vorreiter einer relativierenden Kunstgeschichtsschreibung gelten kann, die sich von überzeitlichen Werturteilen distanziere und stattdessen eine »historisch-psychologische« Sicht entwick-

---

105 Euler-Rolle 2005, S. 34.
106 Dolff-Bonekämper 2010, S. 27.
107 Dolff-Bonekämper 2010, S. 27; Herold 2018, S. 50–51; Meier 2008, S. 356; Vinken 2017, S. 162–163.
108 Vinken 2017, S. 162–163.

le.[109] Zwischen 1885 und 1905 gab es in der Kunstgeschichte einen allgemeinen Trend zur psychologischen Empirie. Sauerländer verweist hier unter anderem auf Heinrich Wölfflin.[110]

Wenn Petzet den Alterswert als ein universales Gefühl beschreibt, das der Angst des Menschen vor dem Tod entstamme, erinnert die Rezeption Riegls an psychologische oder psychoanalytische Ansätze.[111] So vergleicht auch Kemp Riegls Kunstwollen mit der Tendenz des frühen Sigmund Freud, auch »heikelsubjektive Phänomene« wissenschaftlich zu ergründen.[112] Allerdings bleiben die genauen theoretischen Bezugspunkte, die Riegls Theoriebildung prägen, in der Forschung umstritten.[113] Er selbst war Mitglied im Leseverein der deutschen Studenten Wiens. In dem mitgliederstarken Verein, in dem die Schriften Friedrich Nietzsches intensiv rezipiert wurden, war auch Freud Mitglied.[114] Demnach gehörten Freud und Riegl zumindest für eine gewisse Zeit demselben intellektuellen Milieu an. Entsprechend könnte die folgende Passage mit einer psychoanalytischen Perspektive assoziiert werden:

> »Jedes Menschenwerk wird hierbei aufgefaßt gleich einem natürlichen Organismus, in dessen Entwicklung niemand eingreifen darf; der Organismus soll sich frei ausleben und der Mensch darf ihn höchstens vor vorzeitigem Absterben bewahren. So erblickt der moderne Mensch im Denkmal ein Stück seines eigenen Lebens.«[115]

Riegl legt also nahe, der Mensch erkenne sein eigenes Leben und seine eigene Vergänglichkeit im Denkmal wieder. Meines Erachtens kann diese Aussage in ihrer Konsequenz auf psychoanalytische Herangehensweisen bezogen werden. Die Soziologin Avery Gordon analysiert, die Psychoanalyse sei in ihrer Konzeption als Wissenschaft darauf angelegt, die Ursache psychischer Krankheiten stets in der eigenen Kindheit der Patient*innen zu suchen. In der Folge unterdrücke die Psychoanalyse in ihren Diagnosen das gegenwärtige soziale Umfeld und fokussiere sich ausschließlich auf das Eigene der Patient*innen.[116] Riegl begreift in der zitierten Stelle das Denkmal ebenso psychologisierend

---

109 Feichtinger 2010, S. 188–189.
110 Sauerländer 1999, S. 214–217.
111 Petzet 1995, S. 96–98.
112 Kemp 1999, S. 47.
113 Reichenberger 2003, S. 69–71.
114 Reynolds Cordileone 2014, S. 261.
115 Riegl, Der moderne Denkmalkultus 1928, S. 162.
116 Gordon 2008, S. 60.

II. Integrität in theoretischen Texten über den Umgang mit kulturellem Erbe

als Projektionsfläche, in der der Mensch »ein Stück seines eigenen Lebens« erkennt. Demnach erhält das Denkmal als gealtertes Fragment seine Bedeutung, weil es auf das eigene Ich bezogen wird. Die Literaturwissenschaftlerin Sonja Klein interpretiert das Fragment als eine Projektionsfläche, die immer an einen (utopischen) Wunsch nach Ganzheit geknüpft ist und über die sich Menschen ihrer eigenen Identität vergewisserten.[117] Somit beinhaltet die Bedeutungszuschreibung von außen bei Riegl ein psychologisierendes Moment des sich Auf-das-eigene-Ich-Beziehens und zieht nicht zwingend nach sich, dass Riegl durch seine rezeptionsästhetische Herangehensweise eine Theorie entwirft, die das soziale Umfeld differenziert.[118]

Aus Riegls Aussagen kann man schließen, dass er nicht an einer nationalistischen Geschichtsschreibung interessiert war, sondern eine verbindende Wahrnehmung von Objekten darstellen wollte. In der Habsburger Monarchie setzte man Ende des 19. Jahrhunderts verstärkt auf Kulturpolitik und (Kunst-)Wissenschaft, um sich als »buntes Völkergemisch« und fairen Kulturstaat zu inszenieren, wie Diana Reynolds anhand des Kolonialismus Österreichs in Bosnien-Herzegowina beschreibt.[119] Michael Falser und Rampley interpretieren den *Denkmalkultus* als ein Ergebnis des kulturpolitischen Umfelds, in dem sich Riegl befand, und seiner Nationalidentität.[120] Vor diesem Hintergrund kann seine Ablehnung des Nationalismus auch so gelesen werden, dass er als Einwohner der Großmacht Österreich in einem Staat sozialisiert wurde, der sich aufgrund seiner kolonialistischen Ansprüche als international verstand. Konsequenterweise arbeitet Riegl auch nicht die sozialen Unterschiede zwischen Menschen in seiner Theorie heraus, sondern möchte ein universales Gefühl in seiner Theorie verankern, wie auch die Kulturpolitik darauf ausgelegt war, eine Einheit in der Vielfalt darzustellen. So kommen keine Fragen nach sozialen Unterschieden und deren Ursachen im Denkmalkultus vor. Selbst wenn Riegl Phänomene oder Objekte als historisch bedingt betrachtet, ist die einzig angesprochene soziale Unterscheidung, ob Menschenmengen gebildet oder ungebildet seien. Woher Bildung kommt

---

117 Klein 2008, S. 21.
118 Labadi 2007, S. 149.
119 Reynolds 2003, S. 252–253.
120 Falser 2006, S. 5; Rampley 2013, S. 199.

oder weshalb Menschen einen bestimmten Bildungsgrad haben, analysiert Riegl nicht.[121]

Die Verweise auf Bildung lassen sich damit erklären, dass Riegl im *Denkmalkultus* von einem Entwicklungsgedanken ausgeht.[122] Denn er nimmt an, die Denkmalwerte entstehen in einem bestimmten historischen Kontext und ergeben in der Summe eine historische Entwicklung, die in eine bestimmte Richtung tendiert:

»Konnte vorhin die Auffassung der ›historischen‹ Denkmale gegenüber jener der ›gewollten‹ bereits als eine subjektive bezeichnet werden, die es aber gleichwohl noch immer mit der Betrachtung eines festen Objekts (des ursprünglichen, individuell abgeschlossenen Werkes) zu tun hatte, so erscheint nunmehr in dieser dritten Klasse von Denkmalen das Objekt vollends bereits zu einem bloßen notwendigen Übel verflüchtigt; das Denkmal bleibt nun mehr ein unvermeidliches sinnfälliges Substrat, um in seinem Beschauer jene Stimmungswirkung hervorzubringen, die in modernen Menschen die Vorstellung des gesetzlichen Kreislaufs von Werden und Vergehen, des Auftauchens des Einzelnen aus dem Allgemeinen und seines naturnotwendigen allmählichen Wiederaufgehens im Allgemeinen erzeugt.«[123]

Riegl unterstellt, es gebe eine Entwicklung des Denkmalbegriffs, die in Richtung einer Subjektivierung und Entmaterialisierung der Denkmäler geht. Für ihn spielt Bildung in dieser Entwicklung eine zentrale Rolle:

»[...] aber ähnlich wie dies von der analogen Rolle der Philosophie im Altertum schon an früherer Stelle (S. 165) angedeutet wurde, sehen wir in der neueren Zeit seit vier Jahrhunderten das historische Interesse unablässig

---

121 Beispielsweise erklärt Riegl, dass der Alterswert aktuell noch Sache der Gebildeten sei: »Fürs erste werden sich selbst die radikalsten Anhänger des Alterswertes, die heute noch überwiegend den gebildeten Klassen angehören, eingestehen müssen, [...].« (Riegl, Der moderne Denkmalkultus 1928, S. 167). Genauer charakterisiert er die »gebildete Klasse« nicht. Oder Riegl spricht allgemein von »der Menge«: »[...] um der Menge die erlösende Bedeutung des Entwicklungsbegriffs zu erschließen [...].« (Riegl, Der moderne Denkmalkultus 1928, S. 169). Ein weiteres Beispiel: »Die Menge hat seit jeher dasjenige erfreut, was sich offenkundig für neu gab; sie begehrte somit allezeit an den Werken der Menschenhand bloß das schöpferische siegreiche Wirken der Menschenkraft und nicht das zerstörende Wirken der dem Menschenwerk feindlichen Naturkraft zu sehen.« (Riegl, Der moderne Denkmalkultus 1928, S. 179).
122 Ebd., S. 148.
123 Ebd., S. 150.

und in stets steigendem Maße an der Arbeit, um der Menge die erlösende Bedeutung des Entwicklungsbegriffs zu erschließen, wofür freilich wohl auch im Alterswert die letzte und endgültige Formel noch lang nicht gefunden sein dürfte. Deshalb der fortlaufende Hunger nach Bildung, die heute durchaus im Zeichen des historischen Entwicklungsbegriffs steht, wiewohl es an Stimmen nicht gebricht, die in der historischen Bildung selbst weder das Ziel der menschlichen Kultur noch das zuverlässigste Mittel, um zu diesem Ziele zu gelangen, erblicken möchten.«[124]

Demnach ist Riegl der Meinung, das historische Interesse und die Bildung nähmen bisher kontinuierlich zu. Er verbindet mit diesen Beobachtungen aber keine konkreten sozialen Fragestellungen und sieht im *Denkmalkultus* die Bildung oder Unbildung der Massen als gegeben an.

Außerdem spricht Riegl in dem Zitat von einem »Ziel der menschlichen Kultur«. Aus solchen Formulierungen ergibt sich die Vermutung, dass er von einer Art Fortschrittsgeschichte ausgeht. Gleichzeitig relativiert er etwa die Rolle des Alterswerts als mögliches Ziel der Entwicklung des Denkmalbegriffs und führt im obigen Zitat an, es gebe Stimmen, die Zweifel an der Bildung als geeignetstes Instrument haben, um das Ziel der Kultur zu erreichen. In anderen Schriften setzt sich Riegl mit dem Positivismus auseinander oder gibt sich als Anhänger einer Universalgeschichte zu erkennen, wie in *Kunstgeschichte und Universalgeschichte* (1898) oder *Naturwerk und Kunstwerk II* (1901).[125] In der Forschung wird er daher auch als Positivist bezeichnet, wobei diese Zuordnung umstritten ist.[126] Das liegt einerseits an den psychologisierenden Elementen, die Riegl in seine Theorien einführt, und andererseits daran, dass er in seinen Formulierungen stets vage bleibt oder Aussagen relativiert. Deshalb gibt es sowohl Argumente für eine Einordnung Riegls als Positivist als auch Hinweise entgegen eines solchen Urteils. Feichtinger ordnet ihn als einen »Vorreiter positivistischer Wissenschaft mit reflexiver Ausrichtung« ein, weil er zwar die subjektive Wahrnehmung des Individuums in seinen Theorien thematisiere, diese aber in ein übergeordnetes positivistisches Modell einbette.[127] Meine Überlegungen zum *Denkmalkultus* und anderen Schriften Riegls stützen diese Aussage.

---

124   Ebd., S. 169.
125   Riegl, Kunstgeschichte und Universalgeschichte 1928; Riegl, Naturwerk und Kunstwerk II 1928.
126   Reichenberger 2003, S. 70.
127   Feichtinger 2010, S. 189.

In dem Beitrag *Kunstgeschichte und Universalgeschichte* vergleicht Riegl die historische Forschung mit einer Wellenbewegung: Eine empirische Spezialforschung wechsle sich mit einer universalgeschichtlichen Perspektive ab. Dort plädiert er für eine Kombination beider Methoden.[128] Er deutet so eine Nähe zum Positivismus an, weil er annimmt, man könne über eine empirische Erforschung der Geschichte Rückschlüsse auf die Geschichte als Ganzes ziehen. Das entspricht der Grundannahme des Positivismus, der im 19. Jahrhundert als geistige Strömung entstand und sich naturwissenschaftliche Methoden zum Vorbild nahm. Seine Vertreter*innen gehen davon aus, aus der Erforschung der Einzelteile der Geschichte Erkenntnisse über die Gesetzmäßigkeiten der Geschichte als Ganzes gewinnen zu können.[129] Allerdings schreibt Riegl in *Kunstgeschichte und Universalgeschichte* auch, es gebe keinen »aufsteigenden Entwicklungsgang« in der Geschichte der Kunst.[130] Insofern distanziert er sich von der Annahme einer Fortschrittsgeschichte. Überhaupt tauchen im *Denkmalkultus* und in anderen Texten Riegls immer wieder Aussagen auf, die sich mit positivistischen Positionen verbinden lassen. Allerdings schränkt er diese Aussagen häufig ein und bezieht in seine Überlegung die subjektive Wahrnehmung als wichtige Instanz mit ein.

Riegl beschreibt in *Die Stimmung als Inhalt der modernen Kunst* (1899), die Stimmung sei das »Ziel aller modernen Malerei«. Er schildert die Geschichte der Kunst in verschiedenen Stadien, die zu einer stimmungsvollen Malerei geführt haben. Dabei beginnt Riegl im »primitiven Stadium«, in dem jede*r gegen jede*n kämpft. Darauf folgt als zweites Stadium das Altertum, das sich durch »das Recht des Stärkeren« ausgezeichnet habe.[131] Schließlich erreicht er das dritte Stadium, das »christlich-mittelalterliche«, das folgendermaßen endet:

»Alles hängt aber dabei [bei dieser Weltanschauung, Anm. d. Verf.] vom Glauben ab. Solange ich das unbedingte Vertrauen habe, daß Gott mich als einen gerechten Menschen vor dem Blitzschlag schützen wird, schafft mir die christliche Weltanschauung vollkommene Harmonie. Dies ändert sich aber, sobald ich einen Blitzableiter auf meinem Hause aufrichte: denn jetzt vertraue ich mehr meinem Wissen, das mich von jener Vorrichtung den begehrten Schutz erwarten läßt, als meine, Glauben, der mir den Blitzableiter

---

128 Riegl, Kunstgeschichte und Universalgeschichte 1928, S. 7–9.
129 Oexle 1996, Band 116, S. 219–226.
130 Riegl, Kunstgeschichte und Universalgeschichte 1928, S. 9.
131 Riegl, Die Stimmung als Inhalt der modernen Kunst 1928, S. 31–32.

II. Integrität in theoretischen Texten über den Umgang mit kulturellem Erbe   61

entbehrlich erscheinen lassen müßte. [...] Die christliche Weltanschauung erscheint mir hiermit gerade in demjenigen Teile, der für die bildende Kunst von entscheidender Bedeutung ist – in der Auffassung des Naturgesetzes – verlassen und überwunden. Es kann nur das Wissen sein, von dem ich fortan Harmonie zu erwarten habe.«[132]

Tatsächlich werde im vierten Stadium, der Moderne, laut Riegl eine große Harmonie möglich, weil die Naturwissenschaft ein nie dagewesenes Wissen und Verstehen der Natur ermögliche.[133] Außerdem bedeute die Moderne eine Emanzipation von Wissen und Glauben. In der Konsequenz tritt laut Riegl in der Moderne eine derartige Ruhe ein, sodass die Landschaft in der Kunst stimmungsvoll abgebildet werden könne. Stimmung in der Malerei sei »im letzten Grunde nichts anderes als die beruhigende Überzeugung vom unverrückbaren Walten der Kausalitätsgesetze«.[134] Im *Denkmalkultus* bezeichnet Riegl den Alterswert ebenso als eine Form der Stimmungswirkung, die religiöse Gefühle erwecke.[135] Dagegen grenzt er den historischen Wert ab, der auf Wissen basiere. Seinem Entwicklungsgedanken folgend werde der Alterswert erst in der Moderne erweckt, nachdem der historische Wert bereits existiert hätte. So bezeichnet er den historischen Wert als Vorstufe des Alterswerts.[136] Riegl unterlegt den *Denkmalkultus* und den Beitrag zur Stimmung mit einem Geschichtsmodell, das von einer Art heilsamen Wirkung der Naturwissenschaft ausgeht. Diese ermöglicht meiner Meinung nach erst ein subjektives Empfinden oder eine Stimmung, weil das Wissen der Menschen über ihre Umgebung durch die Naturwissenschaft zunimmt und daher eine Distanz und Ruhe im Umgang mit der Natur eintritt, weil die Natur abgrenzbar gegenüber der Kultur, kontrollierbar und vorhersehbar geworden ist. Auch Andrew Saunders erläutert, Riegl habe sein Stimmungskonzept an eine evolutionäre Entwicklung der Wahrnehmung geknüpft.[137] Riegls Narrativ zur Entwicklung von Stimmung lehnt sich aus meiner Sicht an Erzählungen an, die nachzeichnen, wie auf Chaos Kosmos folgt. Gleichzeitig bedient er sich darwinistischer

---

132 Ebd., S. 33.
133 Ebd., S. 34.
134 Ebd., S. 34–35.
135 Riegl 1995, S. 59–60.
136 Riegl, Der moderne Denkmalkultus 1928, S. 168.
137 Saunders 2016, S. 36–38.

Motive, indem er sich bei seiner Erläuterung des Altertums auf einen *Survival of the Fittest* bezieht.[138]

Somit setzte Riegl sich intensiv damit auseinander, welche Folgen ein zunehmendes empirisches Wissen und ›weiche‹ Faktoren wie Glauben oder Emotion für die Gesellschaft haben können. Daher können seine Aussagen zur Entwicklung von Stimmung auch in einen geschichtsphilosophischen Diskurs eingeordnet werden. Dieser setzt sich damit auseinander, wie Geschichtsphilosophie beziehungsweise die Geschichte als Ganzes die Sinnstiftung übernehmen kann, die die christliche Religion vor der Aufklärung geleistet hat.[139] Riegls Narrativ zeichnet sich dadurch aus, dass das zunehmende Wissen über die Natur eine Form der Ruhe auslöst, die er als »Stimmung« bezeichnet. Somit projiziert er in die Geschichte den übergeordneten Sinn, die Geschichte belege den Fortschritt der Menschheit und wecke Hoffnung auf eine Art der Erlösung in Form der Stimmung.[140] So geht Riegl in seinem Beitrag über Stimmung darauf ein, wie durch Fortschritt eine Ruhe einkehre, die aus dem Verstehen der Kausalitätsgesetze resultiert.[141] Daher schreibt Riegl der Geschichte eine Form der Integrität zu, indem sie als Großes und Ganzes geregelt verläuft und zu Ruhe wie Harmonie führt. Das Denkmal und sein historischer Wert sind immer Teil der Geschichte als Ganzen, zu der sie sich verhalten und in die sie umgekehrt eingeordnet werden können. Dabei bedeutet das zunehmende Wissen über den Verlauf und die universelle Ordnung (Integrität) der Geschichte Sicherheit und Beruhigung. Diese Sicherheit und Beruhigung über die Geschichte als große Ordnung ermöglicht erst die Wahrnehmung des Alterswerts in der Moderne und ist dessen Grundlage.

In der Rezeption werden Riegl mitunter Bezüge zum hegelschen Geschichtsmodell unterstellt, die sich mit positivistischen Ansätzen mischten.[142] Kemp spricht etwa von einem »Hegelianismus des 10. Aufgusses«.[143] Dagegen führt Sauerländer Riegls Orientierung an einer Universalgeschichte auf seine Studienzeit bei dem Historiker Max Büdinger zurück. So erschien Riegls

---

138 Riegl, Die Stimmung als Inhalt der modernen Kunst 1928, S. 31–32.
139 Ausführlich zum geschichtsphilosophischen Diskurs: Miklós 2016, S. 24–31.
140 Euler-Rolle sieht in seinem Beitrag zu Riegl die Geschichte ebenso als eine Sinnstifterin, die das Vakuum der Religion füllen sollte. Geschichte, Natur und Religion gehen für ihn eine Einheit ein, die vor allem im Denkmal ihre materielle Entsprechung fand. Vgl. Euler-Rolle 2005, S. 27–28.
141 Riegl, Die Stimmung als Inhalt der modernen Kunst 1928, S. 34–35.
142 Reichenberger 2003, S. 70; Kemp 1999, S. 52–56.
143 Kemp 1999, S. 40.

II. Integrität in theoretischen Texten über den Umgang mit kulturellem Erbe   63

Aufsatz *Kunstgeschichte und Universalgeschichte* etwa 1898 in einer Festschrift für Büdinger.[144] Selbst wenn Riegl seine Aussagen immer wieder relativiert, kann zumindest eine Tendenz zum Determinismus bei ihm festgestellt werden. Allerdings sind die Bezüge nicht eindeutig, zumal er in seinen Texten auch nicht direkt von einem vorherbestimmten Verlauf der Geschichte spricht.[145]

Das Verhältnis von Fragment und Einheit lässt sich bei Riegl nicht auf eine Interpretation reduzieren, sondern ist komplex und vieldeutig. Durch die Einführung des Alterswerts begründet Riegl für jedes Denkmal in der Moderne das Fragmentarische als konstituierend, indem die Unvollständigkeit und die Vergänglichkeit des Denkmals die Voraussetzungen für die Wahrnehmung des Alterswerts sind. Das Denkmal wird durch den Alterswert als ein Fragment gelesen. Gleichzeitig beschreibt Riegl die Wertschätzung der Altersspuren an Denkmälern als eine allgemein menschliche Empfindung in der Moderne und scheint auf diese Weise zunächst vor allem einen emotionalen Zugang zum Denkmal als Fragment in den Vordergrund zu stellen. Allerdings knüpft sich die Wahrnehmung des Alterswerts an verschiedene Voraussetzungen, die nach Riegl erst eintreten, wenn ein gewisses Maß an gesellschaftlichem Fortschritt erreicht ist. Denn der Alterswert als ein Phänomen der Moderne wird bei ihm im eigentlichen Sinn erst möglich, sobald es ein bestimmtes Maß an Wissen über die Geschichte und die Natur gibt. Erst dann tritt eine Ruhe beziehungsweise eine Harmonie ein, sodass das gealterte Denkmal und die Landschaft aus einer aufgeklärten Distanz heraus betrachtet werden können. Die genussvolle Wahrnehmung von Alterung und Vergänglichkeit ist daher bei Riegl nicht voraussetzungslos, sondern abhängig von einem bestimmten Maß an zivilisatorischem Fortschritt und Wissen über die Welt. Denn erst, wenn genügend Wissen über die Kultur und die Natur angehäuft wurde, erscheint die Welt als kontrollierbar und kalkulierbar. Diese Kalkulierbarkeit ermöglicht das Rezipieren des verfallenden Denkmals oder der Natur aus einer Distanz heraus. Riegl beschreibt diesen notwendigen Fortschritt – sicherlich beeinflusst von Hegelianismus und Positivismus – auch als den natürlichen Gang der Geschichte, in dessen Verlauf die unterschiedlichen Denkmalwerte entstehen. Das Fragment und seine Wahrnehmung stehen aus meiner Sicht

---

144 Sauerländer 1999, S. 217–218. Ausführlich zu Büdiger schreibt: Gubser 2006, S. 89–96.
145 Wolfgang Kemp illustriert in seinem Beitrag zu Riegl, welche große rhetorischen Anstrengungen Riegl unternimmt, um einerseits kein Metaphysiker zu sein und andererseits mit dem Kunstwollen eine übergeordnete Instanz in seine Kunstgeschichte einführt: Kemp 1999, S. 46–49.

bei Riegl folglich immer auch im Verhältnis zu einer übergeordneten historischen Ordnung, um die der*die Betrachter*in des Denkmals wissen muss. Durch das Wissen über diese historische Ordnung und deren Integrität tritt bei der*dem Betrachter*in nämlich die notwendige Ruhe ein, um das Denkmal als gealtertes Fragment wahrzunehmen.

Weiterhin besteht Riegl auf eine Kunstgeschichte und eine Denkmalpflege, die Objekte historisch vergleichend einordnen. In dieser Hinsicht steht das Denkmal als Fragment bei ihm auch in einem Verhältnis zu einer wissenschaftlichen Ordnung des Kanons. Dabei ist das Denkmal materieller Ausgangspunkt, um die Geschichte zu erforschen und das Denkmal im Sinne des historischen Werts lesen sowie verstehen zu können. Das Denkmal erhält seinen Wert auf der Ebene des historischen Werts immer auch dadurch, dass es als Quelle gedanklich vervollständigt und in den Kanon der Geschichte eingeordnet wird. Das Denkmal und seine Wahrnehmung als Fragment stehen also im doppelten Sinn in einem permanenten Spannungsverhältnis zur Integrität: diese scheint einerseits in der bis zu einem gewissen Grad notwendigen materiellen Vollständigkeit historischer Objekte und andererseits in einer ideellen Ganzheitlichkeit der Geschichte auf, deren Teil und Repräsentant das Denkmal ist.

Die Sehnsucht nach der Integrität des Fragments bei Ruskin und Riegl

Inhaltlich besteht eine Nähe zwischen Ruskin und Riegl, weil beide von einem natürlichen Werden und Vergehen der Dinge ausgehen. Sie messen beide dem fragmentierten Denkmal einen Wert bei, weil das gealterte Objekt einen natürlichen Verfall vorführt und über eine besondere Ästhetik verfügt. Dabei grenzen sie diesen Verfall gegenüber unnatürlichen Abweichungen ab. In der Folge schreibt sich in beide Ansätze ein Bedürfnis ein, Verlust und Verfall als vorhersehbaren Prozess zu kontrollieren. Allerdings lässt sich das jeweilige Bedürfnis nach einem kontrollierten Verfall in unterschiedliche Kontexte einordnen.

Ruskin positioniert sich in seiner Schrift als Kritiker der Moderne und schreibt gegen den rapiden Verlust historischer Architektur durch politische Aufstände, die Industrialisierung und die moderne Restaurierung an. Grundlage für seine Argumentation ist der Glaube an ein Naturrecht und überzeitliche Prinzipien wie Wahrheit, Schönheit und Erhabenheit. Riegl schreibt den *Denkmalkultus* im Kontext einer sich als empirische Wissenschaft verstehenden Kunstgeschichte, die nach einer sachlichen Methodik in Abgrenzung zu allgemeingültigen metaphysischen Werturteilen sucht.[146] Deshalb schreibt er den *Denkmalkultus* nicht als Kulturkritiker, sondern aus einer wissenschaftlichen Sicht, die die Geschichte relativierend analysiert und als Entwicklung begreift. Daher bezieht Riegl die Rolle der individuellen Wahrnehmung mit ein, die an die jeweiligen historischen Umstände gebunden ist. Er versucht nicht, die Moderne in ihrer Ganzheit zu kritisieren, sondern sie zu verstehen. Aus der isolierten Betrachtung von Alterswert und parasitärer Erhabenheit ergibt sich diese Unterscheidung nicht zwangsläufig. Sie wird erst evident, wenn man das Fragmentarische als etwas interpretiert, das stets auf unterschiedliche Formen einer ideellen Ganzheit und einer materiellen Vollständigkeit verweist, die zusammenfassend als Integrität bezeichnet werden können.

Nigel Walter vertritt die Position, die Denkmalpflege sei als spezifisch modernes Projekt entstanden. Voraussetzung für die Entstehung der Denkmalpflege sei ein modernes Geschichtsverständnis gewesen, das eine radikale Diskontinuität zwischen der Gegenwart und der Vergangenheit annehme. Daher sei die Idee aufgekommen, die Vergangenheit von außen zu betrachten, um ihre Relikte zu kategorisieren und ordnen zu können. Im Ergebnis sei ein Drang nach der Reinheit des authentischen historischen Geschichtszeugnisses entstanden, der der Entstehung der europäischen Denkmalpflege einbeschrieben sei.[147] Ruskin betont in *The Seven Lamps of Architecture* eine wahrgenommene Diskontinuität zwischen der Vergangenheit und der Moderne. Auch Riegl grenzt die Ästhetik der zeitgenössischen Kunst gegenüber der Ästhetik des gealterten Objekts in ihrer jeweiligen Wirkung voneinander ab. Beide Autoren unterscheiden das Werden der Dinge von ihrem Vergehen und trennen auf diese Weise Gegenwart und Vergangenheit voneinander. Dabei bezieht sich Riegl auf die Wirkung der Objekte und Ruskin geht von Werten aus, die den Objekten intrinsisch innewohnen. Insofern bestätigt sich Walters These zunächst in Bezug auf Ruskin und Riegl.

Allerdings handelt es sich bei *The Seven Lamps of Architecture* auch um den Versuch, überzeitliche Prinzipien der Architektur zu begründen. Im *Denkmalkultus* entwirft Riegl zwar einen Denkmalbegriff, der der stetigen Veränderung unterliegt, gleichzeitig versucht er aber, eine kontinuierliche Entwicklung der Geschichte zu beschreiben. Daher meine ich, dass sich in die vorgestellten Texte einerseits eine Diskontinuität zwischen Vergangenheit und Gegenwart ein-

---

146 Feichtinger 2010, S. 192–194.
147 Walter 2020, S. 48–49.

schreibt. Diese eröffnet beispielsweise vermeintlich eine Unterscheidung zwischen authentischem Original und Fälschung. Andererseits findet jedoch die Fortschreibung einer Historie statt, die sich über Kontinuitäten konstituiert. Das bestätigt, dass das fragmentierte Objekt immer in einem Spannungsverhältnis zu einer Einheit steht. Klein erläutert ein Phänomen, das sie die »Entzeitlichung« des Fragments nennt:

> »Denn das Fragment verweist entweder in die Vergangenheit, welche durch die Vorstellung und Sehnsucht nach der einstmaligen, aber jetzt verlorenen Ganzheit hervorgerufen wird, oder in die Zukunft, indem das unvollendete Bruchstück aus der Perspektive einer noch herzustellenden, ebenfalls ersehnten Totalität betrachtet werden kann.«[148]

So mag das Fragment zunächst sinnbildlich für eine Musealisierung und Verwissenschaftlichung der Vergangenheit stehen, aber gleichzeitig wirkt es als Projektionsfläche für mystifizierende Fantasien und Hoffnungen auf einen Zustand der Vollkommenheit. So erhält das fragmentierte Denkmal bei Ruskin seine Bedeutung, weil es für ein christlich geprägtes Idealbild von Unberührtheit steht. Riegl stilisiert den Alterswert zu einem »ästhetisches Heil«[149] und bringt damit zum Ausdruck, dass es sich bei der Würdigung des Denkmals als Fragment zugleich um eine Glaubensfrage handelt. Insofern vermischen sich in den unterschiedlichen Interpretationen des Fragments Wünsche und Hoffnungen auf Unversehrtheit mit einem Drang nach Ordnung und Kontrolle, die sich nicht nur in der Musealisierung und Isolierung einzelner historischer Relikte in der Gegenwart begründen, sondern auch in einem Wunsch nach Kontinuität.

II.2 Die Herstellung von Integrität durch den Akt der Restaurierung

Das folgende Kapitel widmet sich zwei bekannten Theoretikern und Restauratoren und ihrem Verständnis von Integrität: Viollet-Le-Duc und Brandi. Dabei soll es nicht allein darum gehen, welche Auffassungen die Autoren davon entwickelten, wie man einem historischen Objekt seine materielle oder ästhetische Integrität durch eine Restaurierung wiedergeben kann. Es soll auch aufgezeigt werden, wie Viollet-Le-Ducs und Brandis Vorstellungen von Integrität

---

148   Klein 2008, S. 18.
149   Riegl 1995, S. 73.

sich auf Erfahrungen von Verlust und den Umgang mit diesen Verlusten beziehen. Der Akt des Restaurierens kann aus meiner Perspektive als eine Ermächtigung über die historische Überlieferung und ihrer Interpretation verstanden werden, indem der*die Restaurator*in als Expert*in die Legitimation erhält, ein Objekt zu vervollständigen. Integrität stellt den idealen Endzustand dieser Vervollständigung dar. In diesem Sinne veranschaulicht Integrität als Anliegen der Restaurierung auch, wie Deutungshoheiten über ein historisches Objekt begründet werden, um es rechtmäßig zu verändern. Die Funktionen dieser Ermächtigung werden im Folgenden mit Bezug auf die genannten Restauratoren und ihre Theorien herausgearbeitet und dadurch weitere Bedeutungen von Integrität in den Denkmalwissenschaften freigelegt.

Eugène-Emmanuel Viollet-Le-Duc: Dictionnaire raisonné de l'architecture (1854-1868)

Viollet-Le-Duc (1814–1879) wird bis heute als einer der erfolgreichsten Restauratoren überhaupt rezipiert. Schon in jungen Jahren kam er in Kontakt mit zwei Männern, die die frühe Geschichte der Denkmalpflege in Frankreich prägten: Ludovic Vitet (1802–1873) und Prosper Mérimée (1803–1870). Beide hatten nacheinander das Amt des Inspecteur général des monuments historiques inne. Nicht zuletzt durch diese Bekanntschaften begann Viollet-Le-Duc bereits früh, bedeutende Gebäude aus dem Mittelalter zu restaurieren, etwa die Kathedrale von Vézelay ab 1840.[150] 1853 wurde er zum Inspecteur général des édifices diocésains ernannt.[151] Neben seiner umfangreichen Tätigkeit als Restaurator und Architekt veröffentlichte er zahlreiche Schriften, die nicht nur historische Architektur, sondern auch archäologische und geologische Themen behandeln.[152]

In seiner Monografie *The Restorative Poetics of a Geological Age* erläutert Timothy Attanucci, wie Viollet-Le-Duc zunächst Berühmtheit erlangte, indem seine Art der Restaurierung in der Rückschau harsch kritisiert wurde. Schon im 19. Jahrhundert habe ein Reigen an Publikationen eingesetzt, der Viollet-Le-Duc als Geschichtsfälscher und naiven Restaurator abgestempelt habe. Seine Restaurierungen seien mit Vandalismus gleichgesetzt worden.[153] Als Wende-

---

150 Attanucci 2020, S. 129.
151 Attanucci 2020, S. 134; Mager 2016, S. 69.
152 Brevern, Zeichnen, um zu wissen 2012, S. 93–94.
153 Attanucci 2020, S. 129–130.

punkt in der Rezeption gilt eine Ausstellung im Jahr 1980 im Pariser Grand Palais über das Leben und Werk Viollet-Le-Ducs. Seitdem bemühe sich die Forschung um eine differenzierte Aufarbeitung seiner Arbeiten.[154] Attanucci weist darauf hin, dass dennoch kein*e Restaurator*in oder Denkmalpfleger*in als Befürworter*in seines Theorems der Stileinheit gelten wolle.[155] Somit bezieht sich die Rehabilitation eher auf eine historische Differenzierung und nicht unbedingt auf eine praxisorientierte Aktualisierung, wie es etwa bei Riegl der Fall ist (vgl. Alois Riegl: Der moderne Denkmalkultus (1903)).

Als Beleg für Viollet-Le-Ducs fragwürdigen Umgang mit historischen Monumenten dient oftmals das folgende Zitat: »Le mot et la chose sont modernes. Restaurer un édifice, ce n'est pas l'entretenir, le réparer ou le refaire, c'est le rétablir dans un état complet qui peut n'avoir jamais existé à un moment donné.«[156] Die Aussage belegt für die Kritiker*innen, dass er sich bei einer Restaurierung auf einen willkürlichen »vollkommenen Zustand« bezieht, der der Fantasie entspringe.[157] Der Satz stammt aus dem *Dictionnaire raisonné de l'architecture française du XIe au XVIe siècle*, das zwischen 1854 und 1868 in neun Bänden erschien. Das Wörterbuch gilt als Viollet-Le-Ducs zentrales Großwerk.[158] In der zitierten Passage versteht Viollet-Le-Duc die Restaurierung als eine Aufgabe, die die Integrität eines Gebäudes wiederherstellt. Dabei bezieht sich die Integrität darauf, das Prinzip einer historischen Architektur zu entschlüsseln und eine Restaurierung durchzuführen, die dieses Prinzip fortführt.[159] Dieses Prinzip könnte man auch mit dem Wort Stileinheit umschreiben. Allerdings geht es Viollet-Le-Duc bei Stileinheit nicht um das Kopieren von Äußerlichkeiten, die einem bestimmten kanonisierten Stil entsprechen, sondern um ein Ideal, das die Summe seiner Teile übersteigt. Um diese Überlegung nachzuvollziehen, helfen die Artikel »Einheit« (*unité*) und »Stil« (*style*) im *Dictionnaire* weiter.[160] Unter Einheit versteht er im *Dictionnaire* das zentrale Prinzip der Ar-

---

154 Attanucci 2020, S. 130; Brevern, Zeichnen, um zu wissen 2012, S. 94–95.
155 Attanucci 2020, S. 130–131. Ausführlich zu Riegls Rezeption und Aktualisierung in der vorliegenden Arbeit: vgl. Alois Riegl: Der moderne Denkmalkultus (1903).
156 Viollet-Le-Duc, Restauration 1854–1868, S. 14.
157 Herold 2018, S. 206; Mager 2016, S. 69.
158 Attanucci 2020, S. 134.
159 Ähnlich interpretieren es auch Herold und Mager: Herold 2018, S. 206; Mager 2016, S. 69–70.
160 Für die Artikel Stil und Einheit gibt es eine deutsche Übersetzung, die zusätzlich zum französischen Original zitiert wird: Viollet-le-Duc, Definitionen 1993. Für den Artikel »Restaurierung« liegt bisher keine deutsche Übersetzung vor. Außerdem gibt es eine

chitektur. Einheit entstehe, wenn die Architektur einerseits funktionalen sowie ökonomischen Bedürfnissen nachkomme und andererseits der eigenen Kultur entspreche.[161] Eine weitere wichtige Voraussetzung für Einheit seien die Naturgesetze:

> »De fait, l'unité ne peut exister dans l'architecture que si les expressions de cet art découlent du principe naturel. L'unité ne peut être une théorie, une formule; c'est une faculté inhérente à l'ordre universel, et que nous voyons adaptée aussi bien aux mouvements planétaires qu'aux plus infimes cristaux, aux végétaux comme aux animaux.«[162]

Somit entsteht Einheit nach Viollet-Le-Duc erst, wenn der Architekt versteht, wie die Umwelt funktioniert. Er verdeutlicht seine Vorstellung von Einheit, indem er sie mit der Untersuchung von Kristallen vergleicht. Alle Kristalle seien Ergebnis eines bestimmten Kristallisationgesetzes. Es sei undenkbar in der Naturwissenschaft, die Kristalle einfach zu kopieren. Vielmehr müsse man die Naturgesetze aufdecken, nach denen sich Kristalle bilden. Genauso müsse man in der Architektur vorgehen. Dann entstehe »ein schöpferisches Moment im Dienst der menschlichen Intelligenz« (»la création au service de l'intelligence humaine«).[163] Demnach unterscheidet Viollet-Le-Duc zwischen einer einfachen Kopie einer Architektur nach ihrem Äußeren und dem eigentlichen Verstehen eines Prinzips und dessen Fortführung. Seine Definition von Stil bezieht sich ebenfalls auf dieses Architekturverständnis:

> »Nous ne parlerons donc que du style qui appartient à l'art pris comme conception de l'esprit. De même qu'il n'y a que l'art; il n'y a que *le style*. Qu'est-

---

englische Übersetzung der Artikel »Architektur«, »Konstruktion«, »Restaurierung« und »Stil«: Viollet-le-Duc 1990.
161 Viollet-Le-Duc, Unité 1854–1868, S. 343; Viollet-le-Duc, Einheit 1993, S. 13.
162 Viollet-Le-Duc, Unité 1854–1868, S. 341. Übersetzung aus Viollet-le-Duc, Einheit 1993, S. 10: »So viel steht fest: Einheit in der Architektur gibt es nur, wenn die Ausdrucksformen dieser Kunst sich von Naturgesetzen ableiten. Einheit ist nicht nur eine Theorie oder Formel. Sie ist eine mit der Ordnung des Universums unzertrennlich verbundene Kraft, die wir im Lauf der Gestirne ebenso erkennen vermögen wie beim winzigsten Kristall, in der Tierwelt ebenso wie in der Welt der Pflanzen.«
163 Viollet-Le-Duc, Unité 1854–1868, S. 345; Viollet-le-Duc, Einheit 1993, S. 15.

ce donc que le style? C'est, dans une œuvre d'art, la manifestation d'un idéal établi sur un principe.«[164] [Herv. i. Orig.]

Stil ist bei Viollet-Le-Duc die Umsetzung eines Prinzips und unterscheidet sich von der Einordnung formaler Charakteristika in den kunsthistorischen Kanon.[165] Er setzt Stil mit einer künstlerischen Handschrift gleich, die einem bestimmten Prinzip folgt und wiedererkennbar ist. Nur, wenn ein*e Künstler*in Stil habe, stelle sich in dem*dem Betrachter*in eines Kunstwerks eine wahre Empfindung ein. Nur wenn eine Kunst Stil habe, lebe sie auch.[166] Ruskin verweist bei seinem Konzept von Integrität ebenfalls darauf, dass die Integrität einer Architektur in einer wiederkennbaren Handschrift und ehrlicher Handarbeit stecke (vgl. John Ruskin: The Seven Lamps of Architecture (1849)).

Nach Viollet-Le-Duc muss die Kunst sich einer vernünftigen und harmonischen Ordnung unterwerfen.[167] Deutlich klingt seine Kritik am zeitgenössischen Historismus an, wenn er schreibt, dass eine fantasievolle Aneinanderreihung historischer Versatzstücke, um einen architektonischen Entwurf zu dekorieren, kein Stil sei.[168] Er beschäftigt sich am Ende seines Artikels ausführlich mit den verschiedenen Säulenordnungen und schlussfolgert über die Säulenreihe in der Vorhalle der Tuilerien:

»Mais que l'on reprenne aujourd'hui ce charmant motif, sans tenir compte des raisons qui l'ont fait adopter, alors le style disparaît. Il ne reste qu'un pastiche sans l'intelligence de l'original, une traduction vague et confuse d'un langage simple, logique et clair. Pour posséder le style, l'œuvre de l'ar-

---

164   Viollet-Le-Duc, Style 1854–1868, S. 474. Übersetzung nach Viollet-le-Duc, Stil 1993, S. 17: »Stil ist, bei einem Kunstwerk, das Sichtbarwerden eines Ideals auf der Grundlage eines Prinzips.«
165   Viollet-Le-Duc, Style 1854–1868, S. 474; Viollet-le-Duc, Stil 1993, S. 17.
166   Viollet-Le-Duc, Style 1854–1868, S. 475–476; Viollet-le-Duc, Stil 1993, S. 18–19.
167   Viollet-Le-Duc, Style 1854–1868, S. 490–491; Viollet-le-Duc, Stil 1993, S. 36–37.
168   Viollet-Le-Duc, Style 1854–1868, S. 490–491; Viollet-le-Duc, Stil 1993, S. 36.

II. Integrität in theoretischen Texten über den Umgang mit kulturellem Erbe   71

chitecte ne peut se passer d'idées pendant sa conception, et de l'intervention de la raison pendant son développement.«[169]

Das Zitat verdeutlicht noch einmal, dass Viollet-Le-Duc Stil und Einheit an das Sichtbarwerden eines abstrakten Prinzips, einer Systematik bindet. Er unterscheidet Einheit und Stil dabei von einer bloßen Kopie, weil Einheit und Stil mehr als die bloße Summe der Teile seien. Aus dieser Perspektive bedeutet Integrität beziehungsweise »ein vollständiger Zustand« (»un état complet«), den er bei einer Restaurierung anstrebt, mehr als nur eine formale Wiederherstellung, sondern das Erkennen und Ergänzen ›des‹ architektonischen Stils.

Konsequenterweise schreibt Viollet-Le-Duc, dass es in den Jahrhunderten vor der Moderne keine Restaurierung gegeben habe, weil damals nur willkürlich und den Moden der Zeit folgend mit historischer Architektur umgegangen worden sei. Restaurierung sei erst möglich geworden, nachdem Vitet die Denkmäler Frankreichs inventarisiert und eine Verwissenschaftlichung im Bereich der Restaurierung eingesetzt habe. Voraussetzung für jede Restaurierung sei eine sorgfältige Dokumentation des Bestands. Anschließend müsse ein erfahrener Baumeister abwägen, ob man das historische Gebäude ergänzen und dabei alle Zeitschichten berücksichtigen wolle oder ob man die Stileinheit anstrebe.[170] Dabei muss sich der Baumeister in die Vergangenheit hineinversetzen:

»Dans des circonstances pareilles, le mieux est de se mettre à la place de l'architecte primitif et de supposer ce qu'il ferait, si, revenant au monde, on lui posait les programmes qui nous sont posés à nous-mêmes. Mais on comprend qu'alors il faut posséder toutes les ressources que possédaient ces maîtres anciens, qu'il faut procéder comme ils procédaient eux-mêmes. Heureusement, cet art du moyen âge, borné par ceux qui ne le connaissent pas à quelques formules étroites, est au contraire, quand on le pénètre, si souple, si subtil, si étendu et libéral dans ses moyens d'exécution, qu'il n'est pas de programme qu'il ne puisse remplir. Il s'appuie sur des principes, et

---

169   Viollet-Le-Duc, Style 1854–1868, S. 497. Übersetzung nach Viollet-le-Duc, Stil 1993, S. 45: »Aber wenn man heute dieses reizende Motiv einfach übernimmt, ohne sich darüber Rechenschaft abzulegen, wie und warum es so verfremdet wurde, dann zerstört man seinen Stil. Es wird zur Nachahmung ohne den geistigen Witz des Originals, zur ungenauen und wirren Übersetzung einer einfachen, logischen, klaren Sprache. Eine Architektur mit Stil kann bei der Konzeption auf Ideen nicht verzichten und bei der Ausführung nicht auf die Mitwirkung der Vernunft.«
170   Viollet-Le-Duc, Restauration 1854–1868, S. 14–25.

non sur un formulaire; il peut être de tous les temps et satisfaire à tous les besoins, comme une langue bien faite peut exprimer toutes les idées sans faillir à sa grammaire. C'est donc cette grammaire qu'il faut posséder et bien posséder.«[171]

Wie auch im Artikel zum Stil vergleicht Viollet-Le-Duc das Restaurieren mit dem Sprechen einer Sprache und meint damit, dass eine Restaurierung ebenso wie Stil voraussetze, dass man eine Architektur durchdringe.

Viollet-Le-Duc versteht unter Restaurierung, die Integrität eines Gebäudes wiederherzustellen. Allerdings bedeutet dies nicht unbedingt eine materielle Wiederherstellung, sondern die Wiederherstellung eines Prinzips. Daher befürwortet er, dass man die historische Konstruktion möglichst nach modernen Maßstäben verbessert, indem man beispielsweise die Statik eines Gebäudes restauriert. Die Expertise des Baumeisters legitimiere diese Eingriffe in das Gebäude.[172] Viollet-Le-Duc ergänzt seine theoretischen Überlegungen immer wieder mit konkreten praktischen Beispielen und gibt genau vor, wie ein Architekt bei der Planung einer Restaurierung vorgehen solle.[173] Denn er versteht das Restaurieren zuallererst als eine praktische Tätigkeit, die von Architekten an der Schnittstelle zwischen Wissenschaft und Kunst ausgeführt wird. So bezieht Viollet-Le-Duc Einheit auf das aktive Wirken von Architekten und macht die Wirkung eines Kunstwerks allein von der Kompetenz des jeweiligen Architekten abhängig. Dementsprechend versteht er die Erforschung der Vergangenheit nicht als eine Musealisierung, sondern als eine Tätigkeit, die die Menschen auf die Zukunft vorbereitet:

»Notre temps n'aurait-il à transmettre aux siècles futurs que cette méthode nouvelle d'étudier les choses du passé, soit dans l'ordre matériel, soit dans l'ordre moral, qu'il aurait bien mérité de la postérité. Mais nous le savons de reste; notre temps ne se contente pas de jeter un regard scrutateur derrière lui: ce travail rétrospectif ne fait que développer les problèmes posés dans l'avenir et faciliter leur solution. C'est la synthèse qui suit l'analyse.«[174]

Demnach erachtet Viollet-Le-Duc das fragmentarische historische Objekt nicht als etwas, das Vergänglichkeit vorführt, sondern als eine Möglichkeit,

---

171 Ebd., S. 31–32.
172 Ebd., S. 26–27.
173 Ebd., S. 27–28.
174 Ebd., S. 16.

die Zukunft zu gestalten – beispielsweise durch eine historisch informierte Restaurierung.[175]

Restaurierung als Kehrseite des Verlusts

Gleich zu Beginn seines Artikels über Restaurierung nennt Viollet-Le-Duc den Geologen Georges Cuvier und hebt dessen wissenschaftliche Leistung hervor.[176] Allgemein begeistert Viollet-Le-Duc sich für die Geologie und veröffentlicht sogar ein eigenes Buch über den Mont Blanc.[177] Cuviers Erkenntnisse zur Erdgeschichte inspirierten neben Viollet-Le-Duc weitere Persönlichkeiten wie Honoré de Balzac. Besonders anregend ist für die Zeitgenoss*innen und Viollet-Le-Duc, dass Cuvier die These aufstellte, eine genaue Untersuchung von Fossilien biete die Möglichkeit, verschiedene Erdzeitalter bildlich zu rekonstruieren.[178] Außerdem sieht Cuvier die Geschichte als eine Aneinanderreihung katastrophischer Ereignisse an. Die Überreste dieser Katastrophen wie etwa Fossilien dienten als Ausgangspunkte, um sich die Welt in früheren Zeiten vorzustellen.[179] Allgemein gibt es in der Geologie eine Sichtweise, die Berge als Ruinen beschreibt.[180] Viollet-Le-Duc begeisterte sich sowohl für den Gedanken, dass Berge eine Form des Ruinösen seien als auch für den Gedanken der Katastrophe. Beide Erkenntnisse überträgt er auf seine Betrachtung von Architektur. Im Ergebnis imaginiert er den vollständigen Zustand, den es möglicherweise so nie gegeben hat, bei seinen Restaurierungen und Zeichnungen immer dichotom als die Kehrseite des Ruinösen und des katastrophischen Verfalls.[181]

In einer längeren Passage im Artikel »Restaurierung« (»restauration«) beschreibt Viollet-Le-Duc den katastrophalen Zustand der historischen Architektur in Frankreich, die während der Französischen Revolution verwüstet und dann dem Verfall preisgegeben worden sei.[182] An anderer Stelle beklagt er, die Zentralisierung in Frankreich habe zu einer Verödung der Provinz geführt.

---

175 Gegen Ende seines Artikels zu Restaurierung erläutert Viollet-Le-Duc noch einmal ausführlich die Erforschung von Fragmenten als Grundlage für eine Restaurierung: ebd., S. 33–34.
176 Viollet-Le-Duc, Restauration 1854–1868, S. 15.
177 Brevern, Zeichnen, um zu wissen 2012, S. 93–94.
178 Attanucci 2020, S. 134–141.
179 Ebd., S. 140.
180 Brevern, Zeichnen, um zu wissen 2012, S. 98–100.
181 Attanucci 2020, S. 149–160; Bressani 2016, S. 73–80.
182 Viollet-Le-Duc, Restauration 1854–1868, S. 17–18.

Dies betreffe beispielsweise die Allgemeinbildung oder die Ausbildung der Arbeiter*innen. Als möglichen Lösungsweg betont er das Potenzial der Denkmalpflege, ländliche Strukturen zu stärken.[183] Diese Beschreibungen verdeutlichen, dass Viollet-Le-Duc Denkmalpflege und Restaurierung auch im Kontext der politischen Verhältnisse betrachtet. Vor allem die Französische Revolution erscheint ihm als die Katastrophe, die – in Übereinstimmung mit seinem geologischen Geschichtsmodell – den Anlass bietet, die Geschichte neu zu imaginieren und zu restaurieren. Er konzipierte das *Dictionnaire raisonné de l'architecture française du XIe au XVIe siècle* zu einer Zeit, als er sich auf dem Höhepunkt seiner Karriere als Restaurator und Architekt befand. Parallel dazu ereignete sich in Frankreich eine Phase der politischen Restauration.[184] Martin Bressani erläutert in seiner Biografie über Viollet-Le-Duc, dass die Französische Revolution und das Chaos, das die politischen Umbrüche auslösten, sowie eine existenzielle Erfahrung von Verlust im 19. Jahrhundert im Umkehrschluss einen Drang nach Vergangenheit heraufbeschwor, der die Erkenntnisse über die Fragmente der Geschichte mit den Fantasien von einer idealen Vergangenheit vermischte.[185] Bressani bezieht darüber hinaus einen persönlichen Verlust Viollet-Le-Ducs mit ein. So versteht Bressani den Tod der Mutter als entscheidenden Impuls für Viollet-Le-Ducs Auseinandersetzung mit der Vergangenheit und kompensatorischen Akten.[186] Aus dieser Perspektive stellt sich Restaurierung als ein Akt dar, der eine Form der Integrität wiederherstellt und zugleich als Praxis, die sich unmittelbar auf ein Gefühl des Verlusts, der politischen Entwurzelung sowie den Drang nach Heilung und Reinigung bezieht.

Restaurierung als Ermächtigung

Attanucci interpretiert Viollet-Le-Ducs Aussage, dass Restaurierung einen Zustand wiederherstelle, den es so vielleicht niemals gegeben habe, auch als einen Satz, den er auf seine eigene historische Leistung als Restaurator beziehe.[187] Denn er bezeichnete sich in dem Artikel selbst als die Person, die das nationale Projekt ›Restaurierung‹, mit dem Vitet begonnen hatte, vollendet habe.[188]

---

183 Ebd., S. 28–31.
184 Attanucci 2020, S. 134. Dabei meine ich hier explizit die Wiederherstellung früherer politischer Verhältnisse mit Restauration. Dieses Konzept ist von Restaurierung, also der Wiederherstellung historisscher Objekte, zu unterscheiden.
185 Bressani 2016, S. xxiv–xxv.
186 Ebd., S. 45–46.
187 Attanucci 2020, S. 135.
188 Viollet-Le-Duc, Restauration 1854–1868, S. 20.

Dabei fühle sich Viollet-Le-Duc Vitet letztlich überlegen.[189] Um seine historische Rolle noch zu stärken, werte er andere Kulturen und deren Umgang mit historischem Erbe ab.[190] Nach Attanucci nutzte Viollet-Le-Duc seinen Artikel über Restaurierung im *Dictionnaire*, um sich selbst als Restaurator zu würdigen und seiner Person eine übersteigerte Integrität im Sinn einer Unantastbarkeit als genialem Künstler und Restauratoren zu verleihen. Dabei hing sein Streben nach Autorität mit der lebenslangen Ablehnung zusammen, die er durch die elitäre akademische Architektenschaft an der École des Beaux-Arts erfuhr. Im Folgenden möchte ich belegen, inwiefern Restaurierung über das Kompensieren eines Verlusts hinausgehend bei Viollet-Le-Duc bedeutet, sich selbst als die Person zu inszenieren, die über die Autorität verfügt, einem historischen Objekt wieder seine ›wahrhafte‹ Vollständigkeit beziehungsweise Integrität zu verleihen. Deshalb ist Restaurierung bei ihm gleichbedeutend mit einer Erhebung oder Ermächtigung über das historische Objekt.

Viollet-Le-Duc lehnte sein Leben lang das akademische Establishment an der École des Beaux-Arts und die formale Ausbildung als Architekt ab.[191] Dennoch nahm er das Angebot, eine Professur am École zu übernehmen, an. Von 1856 bis 1857 leitete er ein Studio am École und unterrichtete Architekten. Diese Episode endete jedoch nach kurzer Zeit, weil er an der École nicht akzeptiert wurde. Frustriert kündigte Viollet-Le-Duc in einem dramatischen Abgang.[192] 1862 publizierte er einen Artikel über die Ausbildung an der École des Beaux-Arts und nutzte die wachsende öffentliche Kritik an dieser Institution aus. In dem Artikel *L'einseignement des Beaux-Arts: il y a quelque chose* beschäftigte er sich mit dem Zeichenunterricht, also einem wichtigen Fach für Architekten. Anliegen der Schrift war es, die Bedeutung von Originalität und Kreativität in Abgrenzung zu einem Entwerfen nach akademischen Regeln hervorzuheben: »But for him, the academic doctrine was merely a set of dead formulae, not a living source of ideas for the present. His proposal in contrast, was entirely directed to releasing the artist's own personality.«[193]

In Anschluss an die öffentliche Beanstandung der École kam es zu einer Reform der Ausbildung und Viollet-Le-Duc wurde von 1863 bis 1867 als Professor für Ästhetik an die Akademie berufen. Allerdings unterstellte die Kritik

---

189 Attanucci 2020, S. 138.
190 Ebd., S. 135–136.
191 Bergdoll 1990, S. 3–4.
192 Bressani 2016, S. 313–315.
193 Attanucci 2020, S. 316.

ihm, er arbeite nur historisch und habe daher keine Kompetenzen, um Ästhetik zu unterrichten.[194] Das *Dictionnaire* erschien von 1854 bis 1868 und somit genau in den Jahren, in denen sich Viollet-Le-Ducs Schlacht[195] mit der École des Beaux-Arts abspielte. Laut Barry Bergdoll kann das *Dictionnaire* auch als ein Höhepunkt in Viollet-Le-Ducs publizistischer Kampagne gegen das Monopol der École des Beaux-Arts auf die Ausbildung von Architekten interpretiert werden.[196] Aus dieser Perspektive betrachtet schreibt sich in das *Dictionnaire* Viollet-Le-Ducs Streben ein, sich aus der Position eines vermeintlichen ›Außenseiters‹ heraus als genialer Architekt und Restaurator zu inszenieren.

Viollet-Le-Duc verortete sich selbst als rationaler Architekt, der wissenschaftliche Erkenntnisse berücksichtigte und funktionale wie ökonomische Belange in seine komplexen Planungen miteinbezog. Gleichzeitig unterschied er seinen Stilbegriff und seinen Einheitsbegriff von einem reinen Ausführen oder Kopieren von Entwürfen und stilisierte sich zu einem Vertreter des wahrhaften Verständnisses der Naturgesetze. Dieses Verständnis erforderte sowohl wissenschaftliche Kenntnisse als auch intuitive Eingebung. Auf diese Weise verteidigte Viollet-Le-Duc das Restaurieren und den architektonischen Entwurf als künstlerische Leistung, um seinen Status als einzigartiges Genie aufrechtzuerhalten. So nutzte er das Medium der Zeichnung konsequenterweise einerseits für eine präzise Dokumentation eines Gebäudes, andererseits diente ihm die Zeichnung der Imagination eines vollständigen Zustands.[197] Auf diese Weise spiegelt sich in seinem Umgang mit dem Entwurf die angestrebte Kombination von Rationalität, Wissenschaftlichkeit und Kreativität wider.

In der Zusammenschau spielte Integrität für Viollet-Le-Ducs Restaurierungspraxis und sein Selbstverständnis als Restaurator in mehrfacher Hinsicht eine Rolle. Zunächst erwartete er von einer Restaurierung, dass sie formale Analogieschlüsse übertreffen sollte, indem die Wiederherstellung das Prinzip einer Architektur durchdringt und fortsetzt. Damit meinte er, dass er die Architektur als System begreift – ähnlich wie eine Sprache über eine eigene Grammatik verfügt. Diese Vorstellung entsprang seinem streng rationalistischen Anspruch, den er an eine Restaurierung stellte. Für ihn bedeutete

---

194 Ebd., S. 315–323.
195 Attanucci verweist darauf, dass Viollet-Le-Duc die Auseinandersetzung mit der École des Beaux-Arts anhand von Kriegsmetaphern beschreibt. Vgl. Attanucci 2020, S. 324.
196 Bergdoll 1990, S. 3–4.
197 Brevern, Zeichnen, um zu wissen 2012, S. 106.

II. Integrität in theoretischen Texten über den Umgang mit kulturellem Erbe   77

Integrität in Bezug auf die Restaurierungspraxis, ein Gebäude entsprechend einer architektonischen Logik zu vervollständigen, die es zu begreifen galt. Deshalb konzipierte er den Restaurator als eine Person mit besonderen Kompetenzen, indem dieser eine Architektur ›durchschauen‹ kann und dadurch die Legitimation sowie die Autorität gewinnt, sie zu vervollständigen oder fortzuschreiben.

Cesare Brandi: Teoria del Restauro (1963)

Brandi (1906–1988) kann wohl als der bekannteste italienische Restaurator gelten, der durch viele Tätigkeiten und veröffentlichte Schriften Einfluss auf die italienische Schule der Restaurierung ausübte. Bis in die Gegenwart wird er international rezipiert, wobei der Schwerpunkt der Rezeption laut Muriel Verbeeck in Europa liegt.[198] Über seine zahlreichen Schriften hinweg entwickelte Brandi eine ästhetische Theorie, die sich mit Kunstwerken aller Gattungen befasste.[199] Mit der *Teoria del restauro*, die erstmals 1963 erschien, nahm Brandi das Großprojekt in Angriff, eine allgemeine Restaurierungstheorie zu formulieren. Die *Teoria* gilt als seine bekannteste und einflussreichste Schrift.[200] In dieser formulierte er die potenzielle Einheit als wichtige theoretische Grundlage für Restaurierungen. Mit der potenziellen Einheit als einer zumindest ideellen Vervollständigung eines historischen (Kunst-)Werks entwickelte er eine weitere Vorstellung, die als eine Form der Integrität interpretiert werden kann.

Sowohl Brandis Wirken als auch dessen Rezeption sind umfassend und kaum überschaubar. Für ein besseres Verständnis der *Teoria* ist es notwendig, zunächst einen Einblick in seine professionelle Laufbahn zu geben und auf seine umfassende Rezeption einzugehen. Denn sein Werk und seine Begründung einer ganzen Restaurierungsschule verdeutlichen, inwiefern seine Theorien großen Einfluss auf die Frühphase des internationalen Kulturgüterschutzes ausübten und in der Folge auch Konzepte im Welterbeprogramm mitprägten, die unter anderem Integrität als Kriterium für das Welterbe betreffen.[201]

Brandi promovierte in Jura und Kunstgeschichte. Ab 1960 übernahm er nacheinander Lehrstühle für Kunstgeschichte in Palermo (1960) und Rom

---

198 Basile/Suardo 2011, S. 13; Muñoz Viñas 2015, 41; Verbeeck 2019, S. 211.
199 Basile 2006, S. 13–15.
200 Zum großen Einfluss der Restaurierungstheorie Brandis ausführlich: Muñoz Viñas 2015.
201 Glendinning 2013, S. 392–395.

(1967).[202] Von 1939 bis 1960 war er der Gründungsdirektor des Istituto del Restauro in Rom. Zuvor hatte er sich in unterschiedliche Positionen in der Verwaltung der italienischen Denkmalpflege einen Namen gemacht.[203] Sein Amtsantritt begann 1943 – vier Jahre vor dem Ende des italienischen Faschismus. Der Historiker Lucio Villario schreibt, Brandi sei ein unpolitischer Mensch gewesen, der sich mit dem italienischen Faschismus nicht auseinandergesetzt habe.[204] Es stellt sich dennoch die Frage nach Brandis politischen Positionen, wenn er während des italienischen Faschismus das Istituto del Restauro leitete und damit ein offizielles Amt bekleidete. In der Literatur bleibt Brandis Verhältnis zum italienischen Faschismus allerdings unklar. Zur Entstehung des Istituto del Restauro führt Borrelli Vlad aus, dass die teils regional sehr unterschiedlichen Restaurierungsschulen in Italien, die sich voneinander abgrenzten, im Istituto zu einer zentralen Institution vereint worden seien.[205] Brandis Ausarbeitung der *Teoria* fand im Entstehungskontext der römischen Institution statt.[206] Die Entwicklung der *Teoria* erfolgte also parallel zu einer Institutionalisierung und Zentralisierung des italienischen Restaurierungswesens. Welche Rolle der italienische Faschismus in diesem Prozess gespielt hat, erörtert Borrelli Vlad nicht. Nach dem Ende des Zweiten Weltkriegs nutzte die italienische Regierung die behördlichen Strukturen, die der italienische Faschismus in der Denkmalpflege aufgebaut hatte und führte sie fort, wie Glendinning ausführt. Glendinning bezieht diese Beobachtung besonders auf das Istituto del Restauro.[207]

Das Istituo del Restauro übte jedoch nicht nur großen Einfluss auf die italienische Restaurierung, sondern auch auf den internationalen Kulturgüterschutz aus. So steht das Istituto der 1959 gegründeten Organisation ICCROM (International Centre for the Study of the Preservation and Restoration of Cultural Property) nahe.[208] Einer von Brandis Schüler*innen ist Paul Philippot, einer der Gründer von ICCROM.[209] ICCROM wiederum berät die UNESCO (United Nations Educational, Scientific and Cultural Organization)

---

202 Brandi, Cesare Brandi 2006, S. 201–202; Jokilehto 1986, S. 429.
203 Brandi, Cesare Brandi 2006, S. 201–202; Jokilehto 1986, S. 429.
204 Villari 2007.
205 Borrelli Vlad 2011, S. 25.
206 Ebd., S. 26.
207 Glendinning 2013, S. 262.
208 Damit hängt auch die Gründung von ICCROM in Rom, dem Sitz des Istituto del Restauro, zusammen: Gfeller/Eisenberg 2016, S. 281.
209 Verbeeck 2019, S. 211.

seit 1960 im internationalen Kulturgüterschutz.[210] Brandi selbst unterstützte die UNESCO auch in fachlichen Fragen zur Restaurierung und hatte maßgeblichen Einfluss auf die *Carta del restauro* von 1972.[211]

Besondere Aufmerksamkeit bei der Betrachtung seines Wirkens für den internationalen Denkmalschutz verdient die Charta von Venedig, die 1964 auf dem I. Internationalen Kongreß Architekten und Techniker in der Denkmalpflege (2nd International Congress of Architects and Technicians of Historic Monuments) verabschiedet wurde – ein Jahr nach dem Erscheinen der *Teoria del Restauro*.[212] Teilnehmer*innen aus 17 Staaten signierten die Charta unter dem Vorsitz Piero Gazzolas.[213] Auf dem Kongress selbst dominierte die »italienische Tradition« der Restaurierungstheorie als Orientierung für den Entwurf der Charta von Venedig. Speziell Brandis Restaurierungstheorie diente immer wieder als Ausganspunkt für Formulierungsvorschläge, und dies nicht nur vonseiten der italienischen Mitglieder des Komitees. So beriefen sich auch Mitglieder der rumänischen Denkmalpflege auf Brandi.[214] Dessen Einfluss auf die Charta von Venedig ist deshalb so bedeutsam, weil sie viele nationale Gesetze zum Denkmalschutz in ihren Ansätzen mitgeprägt hat und im internationalen Schutz von gebautem Erbe bis heute ein zentraler Referenzpunkt ist.[215] An Brandi lässt sich der Einfluss europäischer Denkmaltheorien auf den internationalen Kulturgüterschutz daher unmittelbar nachvollziehen. Auch für die Anwendung von Integrität auf das Weltkulturerbe blieb diese Prägung nicht folgenlos, wie Kapitel III.2 zeigt.

Die Rezeption der Teoria del Restauro (1963)

Der Restaurator Salvador Muñoz Viñas betont die große Bedeutung der Restaurierungstheorie Brandis für Lateinamerika und Südeuropa. Er beschreibt den Text als »Fetisch« und »fast biblisch«, allerdings werde seine intellektuelle Kohärenz häufig vernachlässigt.[216] Brandis Theorie sei in Teilen völlig unverständlich, weil Begriffe erfunden würden oder Terminologien willkürlich gebraucht. Kaum jemand thematisiere die Unverständlichkeit des Texts offen.[217]

---

210 Gfeller/Eisenberg 2016, S. 281.
211 Brandi, Cesare Brandi 2006, S. 201; Schädler-Saub 2006, S. 32.
212 Langini 2012, S. 46–47.
213 Glendinning 2013, S. 392; Janis 2005, S. 155.
214 Scarrocchia 2010, S. 74–77.
215 Janis 2005, S. 158; Scarrocchia 2010, S. 71.
216 Muñoz Viñas 2015, Absatz 43.
217 Muñoz Viñas, Absatz 3–9.

Muñoz Viñas fasst in provokanter Weise eine Debatte zusammen, deren Fragen es sind, ob die Restaurierungstheorie Brandis überhaupt sinnvoll sei, ob Menschen, die nicht in Italien geboren wurden, sie überhaupt verstehen könnten, und warum der Text überhaupt noch rezipiert wird, obwohl ästhetische Maßstäbe in der Restaurierung im Grunde längst überholt seien.

Insbesondere der vermeintliche Fokus Brandis auf die Ästhetik bei Restaurierungsmaßnahmen löste Kritik, aber auch Anerkennung aus. Beispielsweise hält Glendinning Brandis Theorie mit ihrem engen Fokus auf Ästhetik für überbewertet. So meint er, dass andere Theoretiker*innen wie Riegl wesentlich komplexere Theorien geschrieben hätten.[218] Verbeeck ordnet die *Teoria* wie Muñoz Viñas als einen Text ein, der in der jungen Restaurierungswissenschaft einen bibelhaften Status erlangt habe. Allerdings kritisiert Verbeeck die Ausbeutung der *Teoria* in der Rezeption. Hier nennt sie beispielhaft die Charta von Venedig und die Carta del restauro. Zu Beginn des 21. Jahrhunderts sei die Interpretation der *Teoria* zunehmend oberflächlich geworden. Verschiedene Symposien zum 20. Todestag Brandis hätten zu einer regelrechten Flut von Publikationen geführt, die seine Bedeutung übertrieben. Trotz allem beurteilt Verbeeck Brandis Denken als fundamental für die Restaurierungswissenschaft.[219] Francesco Scoppola unterstreicht ebenso, dass Brandi oft falsch verstanden werde und bedauert die vielen Fehlinterpretationen der *Teoria*.[220]

In der Rezeption zeichnet sich also ein zwiespältiges Bild ab. Auf der einen Seite wird eine Überhöhung der Restaurierungstheorie und Brandis Fokus auf eine ästhetisch geleitete Restaurierung kritisiert. Auf der anderen Seite steht eine Rezeption, die die wegweisende Leistung Brandis würdigt, bis heute gültige Kriterien für die Restaurierung geschaffen zu haben.

Inhaltlich scheint die Restaurierungstheorie zunächst unpolitisch, wie es Brandi scheinbar persönlich war.[221] In der *Teoria* spricht er weder soziale Voraussetzungen für das Erkennen eines Kunstwerks noch historische beziehungsweise politische Umstände bei der Entstehung von Kunst an. Daher entsteht der Eindruck, als ob eine gewisse Form der Verdrängung politischer und sozialer Verhältnisse in die *Teoria* selbst und ihre Rezeption

---

218 Glendinning 2013, S. 264.
219 Verbeeck 2019, S. 212.
220 Scoppola 2011, S. 71.
221 Laut Glendinning lehnte Brandi den Marxismus beispielsweise ab und konzentriert sich allein auf das historische Objekt als Kunstwerk: Glendinning 2013, S. 264.

eingeschrieben ist. Dafür spricht auch, dass Brandis Verhältnis zum italienischen Faschismus in der Rezeption keine Rolle spielt. Dieser Gedanke lässt sich außerdem auf seine Impulse für die Restaurierungspraxis und seinen Integritätsbegriff übertragen.

In seiner Restaurierungstheorie spricht Brandi unter anderem praktische Richtlinien an. Eine von ihnen ist, dass Fehlstellen sich in das Kunstwerk einfügen müssten, wobei Brandi Neutralretuschen ablehnt. Seinen Vorschlag, für Retuschen möglichst grelle Farben zu verwenden, hat er aus der Gestaltpsychologie übernommen.[222] Borrelli Vlad lobt Brandis große Expertise im Umgang mit Fehlstellen. Diese habe aufbauend auf der Gestaltpsychologie eine bessere Möglichkeit als die Neutralretusche aufgezeigt.[223] Auch Scoppola geht auf Brandis Umgang mit *Lacunae*, also mit Fehlstellen, ein und hebt hervor, dass dieser Umgang nach Brandi diskret sein müsse.[224] Laut Scoppola hat Brandi eines »der brennenden Probleme der Restaurierung« nach den Zerstörungen des Zweiten Weltkriegs gelöst, indem er einen Umgang mit fragmentierten Fresken und ruinierten Gebäuden ermöglicht habe. Denn aus Brandis Perspektive erhalte das Fragment potenziell noch das Ganze. Mithilfe seiner Methoden, die auf der Gestaltpsychologie aufbauten, hätten wichtige Fresken wiederhergestellt werden können, die durch Bombenangriffe zerstört worden seien.[225] Im Kontext des Zweiten Weltkriegs und des Wiederaufbaus stellte Brandi mit der *Teoria* laut Frank G. Matero eine Begründung bereit, zerstörte historische Objekte und Architektur wiederherzustellen.[226] Brandis Theorie wird insofern gelobt, dass er die Wiederherstellung der Integrität eines historischen Objekts theoretisch legitimierte.

---

222 Brandi, Theorie der Restaurierung 2006, S. 57–59. Brandi verwendet im italienischen Original der Teoria das deutsche Wort »Gestalt-psychologie« und bezieht sich hier sehr wahrscheinlich auf die in Deutschland entstandene Schule der Gestaltpsychologie (Brandi 1977, S. 20). Die Schule der Gestaltpsychologie, die die individuelle Wahrnehmung in seiner Wechselwirkung mit dem Ganzen betrachtete, wurde in den 1920er-Jahren in Deutschland begründet. Die bekanntesten Mitglieder der Schule, Kurt Koffka, Max Wertheimer, Wolfgang Köhler, emigrierten 1927, 1933 beziehungsweise 1935 in die USA. Im Nationalsozialismus wurde die Gestaltpsychologie propagandistisch vereinnahmt (Velden 1983, S. 2–14).
223 Borrelli Vlad 2011, S. 26–27.
224 Scoppola 2011, S. 77.
225 Borrelli Vlad 2011, S. 26–27.
226 Matero 2011, S. 81.

Schädler-Saub, die gemeinsam mit Jakobs die deutsche Übersetzung der *Teoria* herausgegeben und sich mit ihr dezidiert auseinandergesetzt hat, erläutert Brandis Umgang mit Fehlstellen, der in Italien teils kontrovers diskutiert wurde. Seine Vorschläge für die Ergänzung von Kunstwerken seien ein produktiver Beitrag zum Umgang mit fragmentierten Kunstwerken gewesen, der vor allem außerhalb Italiens zu oft auf eine einfache *Tratteggio*-Retusche reduziert worden sei.[227] Allerdings habe Brandi bei seiner eigenen Restaurierungspraxis insbesondere bei Wandmalereien öfter eine problematische Praxis und Theorie verfolgt, selbst wenn er andere Objekte hervorragend restauriert habe.[228] Sein kontrovers diskutiertes Vorgehen, als er zahlreiche Wandmalereien etwa habe abnehmen lassen und sie so aus ihrem historischen Kontext gerissen habe, sei mit der damaligen prekären Situation der italienischen Denkmalpflege zu erklären und habe zu einem großen Verlust an historischer Denkmalsubstanz geführt. Brandi habe in dieser Notsituation möglichst viel retten wollen, habe diese Ausnahmebedingungen jedoch in eine häufigere, teils fragwürdige Praxis übertragen.[229]

Im Mittelpunkt der Rezeption steht also, dass Brandi zahlreiche Objekte vervollständigte beziehungsweise ihnen ihre materielle Integrität wiedergab. Dabei wird diese Praxis sowohl kritisiert als auch als besondere Leistung hervorgehoben. Auf den ersten Blick könnte es scheinen, als ob Brandi mit seiner Restaurierungstheorie eine unpolitische Begründung lieferte, um nach dem Zweiten Weltkrieg Kunstwerke ungeachtet der Zerstörungen ästhetisch wiederherzustellen und sich dabei nicht näher mit deren historischer Bedeutung zu befassen. Allerdings zeigt ein genauer Blick auf seine Restaurierungstheorie, dass Brandi in seine Theorie einen komplexen Kunstbegriff einführt und so erläutert, inwiefern Restaurierung mehr als nur eine praktische Tätigkeit ist, sondern eine Form intellektueller Kunstkritik. Diese Kunstkritik stellt keine unreflektierte materielle Vervollständigung eines Kunstwerks dar, sondern die Herausarbeitung einer komplexen Integrität, die an das Erkennen der Idee eines Kunstwerks gekoppelt ist. Die wiederherzustellende Idee des Kunstwerks beschreibt Brandi mit dem Begriff »potenzielle Einheit«. Somit ist Integrität bei ihm gleichbedeutend mit seinem Verständnis von Einheit. Im Folgenden werde ich die *Teoria* genau analysieren, um zu zeigen, wie Brandi in dem Text

---

227 Schädler-Saub 2006, S. 30.
228 Schädler-Saub 2010, S. 86–87.
229 Schädler-Saub 2006, S. 30–31.

eine komplexe ästhetische Theorie entwickelt, die um seinen Einheitsbegriff herum angelegt ist.

Analyse der Terminologie der Teoria del Restauro (1963)

In seinen Publikationen und auch in der *Teoria del restauro* macht Brandi zahlreiche Anleihen bei der Philosophie. Einerseits ist hier der italienische Philosoph Benedetto Croce zu nennen und andererseits der deutsche Idealismus sowie die Phänomenologie. Der italienische Philosoph Paolo D'Angelo zählt unter anderem Bezüge zu Immanuel Kant, Edmund Husserl und Martin Heidegger auf. Als Brandi 1963 seine Theorie der Restaurierung publizierte, kam er zudem mit dem französischen Strukturalismus und Jacques Derrida in Kontakt.[230] Daraus erschließt sich die Komplexität der Schriften Brandis, die auf eine breite Lektüre unterschiedlicher philosophischer Texte basieren. Hinzu kommt, dass er eine ganz eigene Terminologie erfand, die ein Verständnis seiner Restaurierungstheorie erschwert.[231] Darin liegt wohl der Grund für die späte Publikation der *Teoria* in deutscher Sprache, die erst 2006 erfolgte. Zuvor war der Text in weiteren Sprachen erschienen: Spanisch (1988), Rumänisch (1996), Französisch (2001), Englisch (2005) und Japanisch (2005).[232] Zunächst werden einige Grundbegriffe aus Brandis Restaurierungstheorie erläutert: Restaurierung, die potenzielle Einheit, die ästhetische Instanz und die historische Instanz. In einem letzten Analyseschritt werden die unterschiedlichen Zugriffe erläutert, die Brandi auf Integrität eröffnet.

Brandis Begriff der »Restaurierung« und der konservatorische Imperativ

Allgemein versteht Brandi die Restaurierung als eine Form der Kunstkritik. Daher unterscheidet er zwischen der vorbegrifflichen Restaurierung und dem eigentlichen Begriff »Restaurierung«. Mit vorbegrifflich meint er jede Maßnahme der Restaurierung, die einen von Menschenhand geschaffenen Gegenstand funktional ertüchtige. Vorbegriffliche Konzepte lassen sich für Brandi mit Zeichen (Symbolen) oder Gesten ausdrücken, während begriffliche Konzepte sprachlich gefasst sind und eine spezifischere oder kenntnisreichere Idee ausdrücken. Für ihn gab es daher zwei Formen der Restaurierung: diejenige, die sich mit industriell gefertigten Produkten befasst, und diejenige,

---

230 D'Angelo 2006, S. 18–20.
231 Muñoz Viñas 2015, S. 3.
232 Brandi, Cesare Brandi 2006, S. 7; Muñoz Viñas 2015, S. 13–14.

die sich mit Kunstwerken auseinandersetzt.[233] Bei Kunstwerken könnten funktionale Kriterien allenfalls eine sekundäre Rolle übernehmen. Im Kern gehe es bei Kunstwerken um die Möglichkeit, diese als Kunst zu erkennen.[234] Diese Definitionen veranschaulichen bereits, dass Brandi den Schwerpunkt seiner Restaurierungstheorie auf Kunst und Ästhetik legt.

Bei der Frage, wie man eine Restaurierung durchführe, seien zwei gegensätzliche Instanzen zu berücksichtigen: die »historische Instanz« *(istanza storica)*, die das Kunstwerk in seinem zeitlichen Kontext verortet, und die ästhetische Instanz, die das Kunstwerk als solches manifestiere.[235] Brandi definiert den Begriff »Restaurierung« über diese Terminologie wie folgt: »Die Restaurierung stellt das methodische Moment des Erkennens eines Kunstwerkes dar, in seiner materiellen Beschaffenheit und in seiner ästhetischen und historischen Bipolarität, in Hinsicht auf seine Vermittlung an die Zukunft.«[236] Restaurierung wird bei ihm also zur praktischen Kunstkritik, indem erkannt wird, dass das Kunstwerk über ästhetische, materielle und historische Eigenschaften verfügt. Dabei ist das Erkennen des Kunstwerks auf dessen Weitergabe an die Zukunft bezogen. Man könnte also sagen, dass Brandi von einer Vererbung der Kunstwerke spricht.

Allerdings sind die ästhetischen und historischen Eigenschaften nicht unbedingt als gleichwertig zu betrachten. Besonders deutlich wird diese unterschiedliche Gewichtung, wenn Brandi davon spricht, bei der Opferung materieller Substanz eines Kunstwerks habe die ästhetische Instanz Vorrang. Die Besonderheit eines Kunstwerks hänge nicht von seiner Geschichtlichkeit, sondern von seiner künstlerischen Gestalt ab, sonst bleibe das Kunstwerk nur ein »Relikt«.[237] Bei der Restaurierung sei zu beachten, in den Fragmenten eines Kunstwerks Gestaltungsspuren zu erhalten und die Möglichkeit einer potenziellen Einheit des Kunstwerks herauszuarbeiten.[238] Das Fragmentarische ist für ihn keine eigene ästhetische Qualität eines Kunstwerks, sondern ein Beleg für dessen historische Authentizität. Aus einer ästhetischen Perspektive betrachtet, sei das Fragment die Grundlage für die Wiederherstellung einer Einheit. Bereits hier wird deutlich, dass eine Form der Integrität für Brandi

---

233   Brandi, Theorie der Restaurierung 2006, S. 43.
234   Ebd.
235   Ebd., S. 44.
236   Ebd.
237   Ebd., S. 45.
238   Ebd., S. 55–56.

II. Integrität in theoretischen Texten über den Umgang mit kulturellem Erbe   85

bedeutet, dass ein Kunstwerk potenziell seine ästhetische Bedeutung beziehungsweise seine Einheit noch oder wieder vermitteln kann. Restaurierung als Kunstkritik orientiert sich bei ihm maßgeblich am Erkennen dieser Einheit. Integrität bezieht sich nach seiner Definition also auf die Idee des Kunstwerks (Einheit) und deren ästhetische Vermittlung.

Brandi weiß jedoch wohl, dass das gealterte Objekt verschiedene Spuren einer »zweifachen Geschichtlichkeit« enthält. Diese Geschichtlichkeit umfasst einerseits die Erschaffung eines Kunstwerks unter bestimmten historischen Umständen und andererseits die sich wiederholende Wahrnehmung des Objekts zu einem bestimmten Zeitpunkt.[239] Somit gibt es eine historische Perspektive, die sich auf den ursprünglichen Zustand eines Kunstwerks bezieht und eine weitere historische Perspektive, die die Rezeption des Kunstwerks meint. Aus dieser zweifachen Geschichtlichkeit ergibt sich die historische Instanz eines Kunstwerks, die laut Brandi neben der ästhetischen Instanz und der Materialität zu berücksichtigen ist.

Die Restaurierung selbst teilt Brandi in zwei Schritte ein, die zeitlich nicht voneinander zu trennen seien: zunächst die Rekonstruktion des authentischen »Texts« und dann der Eingriff in die Materie. Sie seien beide Bestandteile einer fortlaufenden Vergegenwärtigung des Kunstwerks während der Restaurierung.[240] Bei der praktischen Restaurierung habe der materielle Erhalt eines Kunstwerks Priorität. Für Brandi gibt es einen »konservatorischen Imperativ« (l'imperativo di conservazione), der es zwingend notwendig mache, das Kunstwerk in seiner vollständigen Struktur[241] zu erhalten.[242] Die Umsetzung des konservatorischen Imperativs beziehe sich vor allem auf die

---

239 Ebd., S. 45.
240 Ebd., S. 85.
241 Hierbei beziehe ich mich auf Brandis Begriff *struttura* (dt. Struktur). Für Brandi gibt es zwei unterschiedliche Eigenschaften, die die Materie eines Kunstwerks ausmachen: *strutttura e aspetto* (Struktur und Aussehen). Demnach betrifft die Struktur des Kunstwerks vor allem den materiellen Träger und das Aussehen die Vermittlung der Bildbotschaft. Zu beachten ist jedoch, dass *struttura* und *aspetto* nicht immer klar voneinander zu unterscheiden sind, wie Brandi es am Beispiel einer porösen Tafelmalerei erläutert. Scheinbar könne man das Aussehen in Form der Malerei klar von der Struktur des Kunstwerks, nämlich der Holztafel, als Trägerin trennen. Allerdings bedinge die Tafel möglicherweise bestimmte Eigenschaften der Malerei, sodass ein Abnehmen des Bilds auch Auswirkungen auf das Aussehen haben könnte (Brandi, Theorie der Restaurierung 2006, S. 47).
242 Ebd., S. 45.

Materie des Kunstobjkts. Dementsprechend lautet Brandis erster Grundsatz: »Man restauriert nur die Materie eines Kunstwerks.«[243] Außerdem sei die Wiederherstellung eines Objkts über Analogien zu anderen Kunstwerken abzulehnen, weil dies einem empirischen Vorgehen entspreche, die Kunst verhielte sich in ihrer Wahrnehmung jedoch anders als die Welt der Erfahrung. Deshalb könnten nur die Fragmente selbst oder authentische Zeugnisse des Originalzustands für eine Restaurierung leitend wirken.[244] Brandi versteht die Restaurierung jedoch nicht als Wiederherstellung einer bestimmten Ästhetik, wie es Viollet-Le-Duc anstrebt, sondern verweist nachdrücklich auf den Erhalt der historischen Substanz. Und dies, obwohl er das Restaurieren als Kunstkritik betrieb und diese Kunstkritik darauf ausgerichtet war, die ästhetische Idee eines Kunstwerks zu erkennen, ähnlich wie Viollet-Le-Duc das Dechiffrieren des architektonischen Prinzips zur Grundlage der Restaurierung machte.

Der Grund dafür mag sein, dass laut Brandi Wiederherstellungen grundsätzlich die Ästhetik eines Kunstwerks gefährdeten, weil sie den Unikatcharakter eines Kunstwerks infrage stellten.[245] Die Einzigartigkeit jedes Kunstwerks ist eine zentrale Grundannahme in Brandis *Teoria*, die verschiedene methodische Konsequenzen für das Restaurieren nennt. So lehnt er Analogieschlüsse ab oder möchte Eingriffe vermeiden, die das Kunstwerk als Unikat infrage stellen. Gleichwohl steht diese Grundannahme latent im Widerspruch zu der Tatsache, dass Brandi allgemein Eingriffe in das Kunstwerk befürwortet. Dieser Schluss ergibt sich daraus, dass er Restaurator ist. Um das Problem zu umgehen, definiert er bestimmte Eingriffe, die das Kunstwerk und seine Einzigartigkeit nicht infrage stellen, sondern – im Gegenteil – diese wieder klarer zum Vorschein bringen, wie noch aufgezeigt werden wird. Gleichwohl bleibt der Einwand bestehen, dass im Grunde jede Veränderung das Kunstwerk in seiner Bedeutung wandelt, weil jeder Eingriff eine Neuinterpretation des Kunstwerks darstellt – unabhängig davon, wie gering er auch ausfallen mag. Dieser Widerspruch wird in der gesamten *Teoria* nicht aufgelöst oder diskutiert, sondern tendenziell ausgeklammert.

Brandi sieht mehrere Richtlinien für die Restaurierung vor. Unter anderem müssten Restaurierungen zukünftige Eingriffe in das Kunstwerk möglichst erleichtern. Dementsprechend sollten Fehlstellen so behandelt

---

243 Ebd.
244 Ebd., S. 56.
245 Ebd., S. 83.

werden, dass sie das Zusammenspiel von Form und Farbe nicht störten. Neutralretuschen verfälschten die Wahrnehmung zu sehr. Um möglichst wenig in das »Kontinuum« des Gemäldes einzugreifen, sollten Retuschen sich möglichst grell von den Farben des Kunstwerks absetzen, damit sie wie Flecken vor oder hinter dem Gemälde erschienen.[246] Demnach macht Brandi in seiner Restaurierungstheorie konkrete Vorschläge, wie man bei einer Restaurierung vorgehen könnte, um Eingriffe möglichst harmonisch in das Kunstwerk zu integrieren. Daran wird deutlich, wie er seinen Grundsatz, demzufolge man nur die Materie eines Werks restauriert, meint: Restauratorische Eingriffe sollen sich so in das Kunstwerk einfügen, sodass sie die ästhetische Wirkung eines Kunstwerks nicht beeinflussen.

An dieser Stelle wird der beschriebene Widerspruch in Brandis Theorie noch einmal deutlich. Denn er unterstellt, es sei möglich, in ein Kunstwerk einzugreifen, ohne es in seiner Bedeutung zu verändern. Außerdem erscheint der konservatorische Imperativ in seinem Verständnis des Begriffs irreführend. Denn dieser meint nicht, dass das Kunstwerk nach Möglichkeit überhaupt nicht verändert werden solle, sondern vielmehr, dass nur die Materie und nicht die Wirkung des Kunstwerks verändert werden dürfe. Brandi suggeriert mit seiner Aussage, dass man nur die Substanz restaurieren könne, ohne die historische oder ästhetische Bedeutung zu verändern. Dies ist aus meiner Sicht eine fragwürdige Aussage, weil jeder Eingriff die Bedeutung eines Objekts verändert – ob gewollt oder nicht. Ähnlich kritisch argumentiert auch die Restauratorin Katrin Janis.[247]

Der erste Schritt einer Restaurierung ist laut Brandi das Erkennen eines Kunstwerks in seiner ästhetischen Idee, seiner historischen Genese und seiner Materialität. Im zweiten Schritt erfolgt das eigentliche Restaurieren. Bei der Überlegung, wie man eine Restaurierung durchführt, unterscheidet Brandi, wie schon genannt, zwei Pole, zwischen denen die Restaurierung vermitteln müsse: die »historische Instanz« *(istanza storica)* und die »ästhetische Instanz« *(istanza estetica).*[248] Diese beiden Instanzen sollen nun nacheinander untersucht werden.

---

246 Ebd., S. 57–59.
247 Janis 2005, S. 26.
248 Brandi, Theorie der Restaurierung 2006, S. 44.

Die potenzielle Einheit und die ästhetische Instanz

Die Restaurierung bezieht sich wie bereits ausgeführt auch auf die potenzielle Einheit eines gealterten Kunstwerks. Diese Einheit ist mit der Integrität eines historischen Objekts bei Brandi gleichzusetzen. Die Idee der Einheit hängt damit zusammen, das Kunstwerk in seiner künstlerischen Idee zu erkennen. Denn die potenzielle Einheit des Kunstwerks *(l'unità potenziale dell'opera d'arte)* reicht für Brandi über die Summe seiner (materiellen) Einzelteile hinaus. Sie sei nicht einfach organisch oder funktional zu verstehen, vielmehr beziehe sie sich auf die Auffassung des Kunstwerks als »Ganzes« *(intero/unità dell'intero)*.[249] Im Gegensatz dazu beschreibe die *totale* nur die Summe der Einzelteile. Bei einer Addition einzelner Bestandteile werde vorausgesetzt, dass Kunst nur durch das Aneinanderreihen der Einzelteile seine Wirkung entfalte. Kunst funktioniere aber nicht wie die organische Natur.[250] Eine komplexe Architektur lässt sich laut Brandi beispielsweise nicht einfach als Summe ihrer Teile begreifen, weil Architektur durch ihre abstrakte räumliche oder atmosphärische Wirkung ein Ganzes bildet, das sich nicht linear zerlegen lässt.[251] Somit bezieht sich Integrität bei Brandi nicht unbedingt auf eine materielle Vollständigkeit, sondern auf eine ideelle Vervollständigung.

Brandi erklärt ausführlich, weshalb das Kunstwerk mehr als die Summe seiner Teile ist. Unsere Erfahrung der Umwelt verrate uns, dass das Blatt zu einem Zweig gehöre und der Zweig zu einem Baum, genauso wie zu einem abgetrennten Tierkopf beim Metzger ein Körper passe. Dabei ist das Herstellen von Zusammenhängen zwischen den Dingen für Brandi die eigentliche Aufgabe des Bewusstseins und der Beginn der Wissenschaft, die daraus Gesetzmäßigkeiten erkenne und Vorhersagen treffen könne.[252] Im Kunstwerk »löse sich jedoch jedes Postulat auf organische Unversehrtheit auf«.[253] Die Welt der Erfahrung helfe uns lediglich das Figurative im Bild zu erkennen.[254]

> »Die phänomenologische Reduktion, die dazu dient, das Bestehende zu erfassen, wird in der Ästhetik zum eigentlichen Grundsatz, aus dem sich das Wesen des Bildes erklärt. Daher besitzt das Bild von einem Menschen, von dem man im Gemälde nur einen Arm sieht, auch nur einen Arm. Aber man

---

249 Ebd., S. 53.
250 Ebd., S. 53.
251 Ebd., S. 53–54.
252 Ebd., S. 54.
253 Ebd., S. 55.
254 Ebd., S. 55.

II. Integrität in theoretischen Texten über den Umgang mit kulturellem Erbe

kann den Menschen deswegen nicht für verstümmelt halten, weil er in Wahrheit gar keinen Arm besitzt, vorausgesetzt, dass der ›Arm-den-man-gemalt-sieht‹ kein Arm ist, sondern nur eine semantische Funktion für den figurativen Zusammenhang hat, den das Bild entwickelt. Die Annahme des *anderen*, nicht gemalten Arms, gehört nicht mehr zur Betrachtung des Kunstwerks, sondern zu dem umgekehrten Vorgang, jenem, aus dem heraus das Kunstwerk entstanden ist. Das heißt, das Kunstwerk fällt auf die Wiedergabe eines natürlichen Objekts.«[255] [Herv. i. Orig.]

Selbst wenn man ein Porträt geistig um den Körper eines Menschen ergänze, würde man seinen semantischen Wert nur auf das Gezeigte beschränken, so Brandi. Beispielsweise rufe eine einzelne Hand im Kunstwerk weder Erschrecken noch das Bedürfnis hervor, sich zu vergegenwärtigen, dass diese einmal Komponente eines Organismus gewesen sei.[256] Demnach verweist er mit dem Begriff der potenziellen Einheit darauf, dass die Abgeschlossenheit des Bilds, das zwar aus der Natur abgeleitet sein mag, für sich jedoch eine eigene Wahrnehmungswelt eröffne. So gerate der Mensch in die Position, in der Kunst etwas tatsächlich Eigenes zu erschaffen. Dabei bewegen sich die Künstler*innen in meiner Interpretation außerhalb der Wissenschaft in einem eigenen erkenntnistheoretischen Feld. Integrität gewinnt bei Brandi daher eine metaphysische Konnotation, indem die Idee der Einheit hier auf die Möglichkeit verweist, über die Kunst eine Erkenntnis zu erhalten, die die Natur in dieser Weise nicht bereithalten kann.

Hinsichtlich der ästhetischen Instanz *(istanza estetica)* unterscheide sich eine Ruine in ihrer Wahrnehmung von einem Kunstwerk. Sei das Objekt so verfallen, dass die Wiederherstellung zu einer potenziellen Einheit unmöglich sei, habe die Ruine keine ästhetische Instanz mehr. Allerdings gebe es zudem die Möglichkeit, eine Ruine durch ihren Verfall in die Umgebung zu integrieren und in dieser Rolle eine neue ästhetische Einheit zu bilden. Aber auch in diesem Fall sei das Primat der Konservierung ausschlaggebend, um die »Versehrtheit« der Ruine als neue Gestaltqualität zu wahren.[257] Wenn es sich nicht um Ruinen handele, könne man sich jedoch nach einer Abwägung gegen eine reine Konservierung entscheiden, um dem Kunstwerk seine Einheit wiederzugeben. Ein solcher Eingriff in den »lebenden Organismus« des Kunstwerks sei

---

255 Ebd., S. 55.
256 Ebd.
257 Ebd., S. 75–78.

genau zu dokumentieren.[258] Die ästhetische Instanz beschreibt also bei Brandi ein Vorgehen, das sich an der potenziellen Einheit (Integrität) eines Kunstwerks orientiert und vorsieht, die ästhetische Botschaft eines Kunstwerks wiederherzustellen oder zu erhalten. Diese Botschaft erlischt jedoch, wenn das Kunstwerk in seiner Erscheinung zu stark zerstört wurde. Wo diese Grenze genau verläuft, bleibt in der *Teoria* jedoch unklar.

Die Einheit eines Kunstwerks bleibt laut Brandi bei dessen Fragmentierung weiterhin potenziell erhalten. Im Grunde sei das Kunstwerk nicht teilbar.[259] Meiner Meinung nach ist der Hintergrund dieser Überlegung, dass das Kunstwerk, wenn es nicht aus Teilen besteht, sondern eine abstrakte Einheit bildet, das mehr als seine Summe ist, zum unteilbaren Ganzen wird. In der Folge enthält auch das fragmentierte Objekt potenziell die Einheit. Obwohl es zunächst paradox erscheinen mag, legitimiert Brandi über die ideelle Einheit das materielle Fragment als etwas Bedeutendes, indem auch das fragmentierte Kunstwerk latent eine Einheit enthält. Auf diese Weise wird die Beschaffenheit des Fragments zum Potenzial. Demnach konzipiert er mit der potenziellen Einheit eines Kunstwerks eine Form der Integrität, die sich auf die (ästhetische) Idee eines Objekts bezieht und durch eine materielle Beschädigung oder Alterung nicht verschwindet, sondern unterschwellig erhalten bleibt. Es handelt sich nicht um eine Vorstellung von Integrität, die mit der materiellen Vollständigkeit eines historischen Objekts gleichzusetzen ist, sondern um eine Integrität, die sich auf die Möglichkeit eines geschlossenen Erkenntnisraums bezieht, den das individuelle Kunstwerk potenziell öffnen kann.

Die historische Instanz

Als Beispiel für seine Überlegungen zur historischen Instanz wählt Brandi die Ruine. Wenn deren Verfall so weit vorangeschritten sei, dass sie nicht mehr als Kunstwerk zu betrachten sei, sondern als historisches Objekt, dann sei die Ruine nur noch ein Geschichtszeugnis, und somit habe die historische Instanz bei ihrer Erhaltung Vorrang.[260] Die Konsequenz sei, dass eine Restaurierung sich nur auf den Ist-Zustand beziehen könne und nicht auf die potenzielle Einheit, die allein auf Kunstwerke zutreffe. Schwierig sei jedoch zu beurteilen, wann ein Kunstwerk nur noch eine Ruine sei.[261] Demnach reduziert Brandi die

---

258   Ebd., S. 78–79.
259   Ebd., S. 55–56.
260   Ebd., S. 67.
261   Ebd., S. 68–69.

historische Bedeutung eines Kunstwerks bei der Restaurierung allein auf dessen Materialität, während die ästhetische Instanz aufs Engste mit der ideellen Bedeutung eines Kunstwerks verwoben ist. Entfaltet das Kunstwerk keine ästhetische Wirkung mehr, musealisiert er das Fragment, indem es konserviert wird. In diesem Sinne bleibt er seinem Grundsatz treu, nach dem er die eigentliche Restaurierung nur auf Kunstwerke bezieht.

Hinsichtlich des Verhältnisses von Zeit und Restaurierung im Allgemeinen stellt Brandi verschiedene Thesen auf. Eine Restaurierung, die sich auf den Schöpfungsakt eines Kunstwerks beziehe, sei abzulehnen. Genauso kritisch beurteilt er eine Restaurierung, die darauf abziele, das »Intervall« zwischen Vollendung des Kunstwerks und dessen bewusster Wahrnehmung rückgängig zu machen. Eine solche »archäologische Restaurierung« sei nur dann sinnvoll, wenn die Überreste des Objekts nichts Anderes zuließen. Daraus schließt er, die Restaurierung könne sich einzig auf die »historische Gegenwart« beziehen. Geschichte sei nicht reversibel, daher müsse die Restaurierung als historischer Eingriff sichtbar sein. Patina und historisches »Gewordensein« seien zu respektieren, jedoch gebühre der ästhetischen Erscheinung des Kunstwerks immer Vorrang. Die Restaurierung solle außerdem versuchen, das Zeitzeugnis ohne Einbeziehung des subjektiven Geschmacks anzuerkennen.[262]

Da Brandi nach der historischen Instanz restauriert, sieht er keine Möglichkeit, eine Form der Einheit oder Integrität wiederherzustellen. Stattdessen soll das historische Objekt in seiner Fragmentarität erhalten bleiben und jeder restauratorische Eingriff als Veränderung des Geschichtszeugnisses nachvollziehbar sein. Dabei unterstellt er, dass die historische Rezeption ein abgeschlossener Vorgang ist. Bei einer Restaurierung entziehe sich der*die Restaurator*in der historischen Rezeption, weil Geschichte sich nicht rückgängig machen lasse. In dieser Hinsicht unterscheidet sich die historische Rezeption von der ästhetischen Instanz, die darauf ausgerichtet ist, die ästhetische Wirkung trotz Veränderung wiederherzustellen. Geschichte verliert bei Brandi daher in gewisser Weise ihre Lebendigkeit und ihre Bedeutung, weil er das historische Objekt als lebloses Relikt begreift, das lediglich konserviert werden kann. Riegl etwa beschreibt den wechselvollen Verlauf von Geschichtsbildern und Weltanschauungen als überaus bedeutsam für den Umgang mit historischen Objekten und deren Bewertung – auch hinsichtlich ihrer Wirkung, wie am Alterswert deutlich wird. Das historische Objekt ist bei Brandi im Gegen-

---

262 Ebd., S. 63–64.

satz zum Kunstwerk die Summe seiner Teile und hat als solches für die Restaurierung keine tiefere Bedeutung jenseits des Substanzschutzes.

Ästhetische Integrität?

Integrität bezieht sich bei Brandi auf die Annahme, jedes Kunstwerk sei ein Unikat, dessen Bedeutung sich nicht allein aus seiner Materialität ergibt, sondern aus dem Zusammenwirken aller Elemente eines Kunstwerks zu einem Ganzen, das mehr als die Summe seiner Teile ist. Integrität bezieht in diesem Sinne neben der materiellen Vollständigkeit auch beispielsweise die Atmosphäre ein, die ein Werk umgibt. Jedes Kunstwerk ist für Brandi ein eigener Erkenntnisort, der sich von der empirisch beschreibbaren Natur unterscheidet. Demnach ist das Kunstwerk nicht einfach ein Abbild der Natur, sondern erzeugt ein eigenes Bild. Konsequenterweise setzt er die Integrität des Kunstwerks in seiner *Teoria* nicht mit dessen Materie gleich, sondern bezieht die Integrität auf das Kunstwerk als abstrakte und einzigartige Einheit. Diese einzigartige Integrität des Kunstwerks muss mit der Betrachtung des Kunstwerks als historisches Objekt vereinbart werden. Denn nach Brandi bedeutet eine Restaurierung, die sich an der historischen Instanz orientiert, dass der Ist-Zustand erhalten bleibt, während eine Restaurierung nach der ästhetischen Instanz oder der potenziellen Einheit auch bedeuten kann, aktiv in das Kunstwerk einzugreifen und beispielsweise Retuschen vorzunehmen.

Der Ästhetik des Kunstwerks gibt Brandi in der *Teoria* anhand seiner längeren Erläuterungen zur potenziellen Einheit mehr Raum. In der Literatur wird sein Fokus auf die Ästhetik ebenso positiv hervorgehoben wie kritisiert.[263] Die ästhetische Instanz ist in der *Teoria* eng mit der potenziellen Einheit eines Kunstwerks verwoben. Dabei ist die potenzielle Einheit ein ideelles Konstrukt, das auf dem Gedanken aufbaut, ein Kunstwerk könne etwas vermitteln, das über die Erfahrung der Umwelt hinausgehe. In der Folge wird nicht ganz klar, wie eine praktische Restaurierung mit der ästhetischen Instanz umgehen kann. Schließlich ist die Praxis in gewisser Weise immer auch mit der Umwelt verwoben, weil die Praxis sich an unserer Umgebung orientiert und nicht ausschließlich aus einer ideellen Größe heraus entsteht. Vor allem beim

---

263 Meraz 2008, S. 23–24; Muñoz Viñas 2015, S. 42. Jokilehto schreibt, dass Brandis Theorie oftmals aufgrund ihres Schwerpunkts auf ästhetische Fragen zu Unrecht kritisiert werde, weil Brandi eigentlich alle Fragen in der Restaurierungstheorie beantworten würde. Allerdings spricht Jokilehto selbst im Folgenden vor allem von der Wiederherstellung eines Bilds (»image«) (Jokilehto 1999, S. 237–241).

Abwägen zwischen historischer und ästhetischer Instanz wiederholt Brandi widersprüchliche Aussagen. An einigen Stellen überwiegen die ästhetische Instanz und die potenzielle Einheit, an anderen Stellen schreibt er wiederum, man müsse das Historische stärker beachten, in anderen Fällen beide Instanzen abwägen.[264] Diese Widersprüche werden umso deutlicher, wenn man analysiert, wie Brandi den Umgang mit historischer Architektur und deren Umgebung beschreibt.

Ein sinnvolles Mittel, um die räumliche Wirkung von Architektur zu schützen, sei der Ensembleschutz. Er spricht sich in diesem Zusammenhang gegen moderne Architektur in der Umgebung wertvoller, historischer Ensembles aus, weil diese den Raum kontrastierten und somit die Rahmenbedingungen negativ beeinflussten.[265] Insofern argumentiert Brandi in Richtung eines räumlichen Schutzes der Architektur, der Veränderung grundsätzlich als negativ ansieht. Er bezeichnet moderne Architektur in historischen Städten auch als »Krebs«.[266] In dem beschriebenen Fall vertritt er eine starre Ansicht, die davon ausgeht, dass eine Veränderung des Gesamtbilds grundsätzlich von Nachteil ist, während er in anderen Fällen dafür plädiert, dass Restaurierungen sich als Hinzufügungen immer absetzen müssten, um den Unikatcharakter eines Kunstwerks nicht zu gefährden.[267] Dabei begründet Brandi diese unterschiedlichen Vorgehensweisen nicht damit, dass in dem einen Fall nach der historischen Instanz restauriert wird, indem das Objekt als Relikt erhalten bleibt, und in dem anderen Fall Eingriffe die potenzielle Einheit herausgearbeitet wird (ästhetische Instanz). Zumindest beschreibt Brandi das Ensemble durchaus als Kunstwerk und nicht als formloses historisches Objekt. Diese Unklarheiten mögen auch darin begründet sein, dass er Restaurierung als Kunstkritik begreift.[268] Es handelt sich also nicht um eine wissenschaftliche Methodik, die vergleichbare Ergebnisse produziert, sondern um das individuelle Reflektieren eines Kunstwerks.

Laut Licia Borrelli Vlad verbindet Brandi Viollet-Le-Ducs wissenschaftliche Restaurierung mit Ruskins Plädoyer für die Konservierung.[269] Auf diese

---

264 Muñoz Viñas 2015, S. 17–33.
265 Brandi, Theorie der Restaurierung 2006, S. 92.
266 Meraz 2008, S. 23.
267 Glendinning hebt ebenso Brandis strenge Sicht auf den Ensembleschutz hervor: Glendinning 2013, S. 268.
268 Borrelli Vlad 2011, S. 25.
269 Ebd., S. 24.

Weise habe er die »beiden Seelen der Restaurierung« vereinigt.[270] Tatsächlich versteht sich Ruskin auch als Kunstkritiker, ähnlich wie Brandi. Dessen ungeachtet bauen Ruskins Analysen darauf auf, dass er die Dinge von außen betrachtet und das fragmentierte historische Objekt zu etwas Unantastbarem stilisiert (vgl. John Ruskin: The Seven Lamps of Architecture (1849)). Für Brandi hingegen ist die Kunstkritik Grundlage für eine Restaurierung und für einen Eingriff in das Kunstwerk. Verbeeck erläutert die große Bedeutung von Brandis theoretischen Grundlagen und beschreibt die Aufgabe der Restaurator*in folgendermaßen: »The conservator-restorer is not an entomologist, pinning a dead butterfly –the past experience of a past work of art: he is the one who watches over the preservation of the cocoon, of the chrysalis of the aesthetic experience.«[271] In dieser Aussage zeigt sich noch einmal, dass Brandis Theorie den Fokus vor allem auf eine ästhetische Erfahrung richtet. Diese ästhetische Erfahrung erhält er, indem er zum Kern, zur Chrysalis, des Kunstwerks vordringt. Verbeeck verdeutlicht in ihrem Zitat, dass Brandis Restaurierungstheorie keine Musealisierung eines Objekts aus der Vergangenheit bedeute, es halte das Kunstwerk lebendig. Allerdings möchte ich einwenden, dass Brandi in seiner Theorie eine historische Instanz einführt, die insbesondere auf eine Musealisierung des Objekts zielt und mit der ästhetischen Instanz vereinbart werden muss. Verbeeck schließt ihre Analyse mit der Aussage, dass Brandis wichtigste Hinterlassenschaft sei, Restaurierung als kritischen und reflektierenden Akt zu verstehen.[272] Dennoch erscheint an seiner *Teoria* problematisch, dass er kaum gesellschaftliche oder soziale Faktoren berücksichtigt und stets von einer Einzigartigkeit des Kunstwerks ausgeht. Daher besteht die Gefahr, bei Restaurierungen nach Brandi den historischen oder sozialen Kontext auszublenden, wie es seine Kritiker*innen anprangern.[273] In Bezug auf Integrität zeigt sich jedoch Brandis Leistung, mit seiner Restaurierungstheorie zu belegen, dass Restaurierung mehr als ein nur faktenbasierter und technischer Akt ist, sondern darüber hinaus eine kritische und erkenntnistheoretische Auseinandersetzung erfordert.

---

270 Ebd., S. 26.
271 Verbeeck 2019, S. 221.
272 Ebd., S. 219.
273 Glendinning 2013, S. 264.

Die Herstellung von Integrität bei Viollet-Le-Duc und Brandi

Viollet-Le-Duc und Brandi verankern in ihren Theorien eine Form der Einheit, die ein abstraktes Ideal darstellt. Für Viollet-Le-Duc handelt es sich dabei um das Ideal einer Architektur als Kunst. Für Brandi stellt Einheit den Kern eines Kunstwerks dar, der über die Abbildung der Realität hinausreicht. Im Gegensatz dazu ist bei Viollet-Le-Duc eine Voraussetzung für Einheit, dass sich Architektur an den Gesetzen der Natur orientiert. Beispielsweise vergleicht der Architekt Stil als Prinzip mit einem Kristallisationsprozess. Sowohl in der *Teoria* als auch im *Dictionnaire* ist Einheit ein überzeitliches Prinzip, das anhand von gealterten Kunstwerken nachvollzogen werden kann. Viollet-Le-Duc räumt dem*der Restaurator*in die Freiheit ein, die Stileinheit eines Kunstwerks wiederherzustellen, wobei sichtbare Eingriffe in die historische Architektur gestattet sind. Brandi sieht jedes Kunstwerk als einzigartig an und macht es zur Aufgabe der Restaurator*innen, das Kunstwerk und dessen potenzielle Einheit zu verstehen. Dabei sollen Restaurierungen sich dem individuellen Kunstwerk einfühlsam nähern und die Einheit des Kunstwerks wieder herausarbeiten. Deshalb schließt Brandi Analogieschlüsse als Grundlage für eine Restaurierung aus. Viollet-Le-Duc lehnt das bloße Kopieren von Äußerlichkeiten ebenfalls ab. Allerdings argumentiert er nachdrücklich für eine Verwissenschaftlichung der Restaurierung und nennt als Voraussetzung eine genaue Kenntnis von Stilschulen, um Architektur einordnen zu können und eine Restaurierung zu planen. So sind formale Analogieschlüsse für Viollet-Le-Duc zumindest eine Grundlage für die Expertise der*des Restaurator*in.

In beiden Texten spielt der Verlust implizit oder explizit eine Rolle. So versteht Viollet-Le-Duc Restaurierung als die Kehrseite der Geschichte, die in Katastrophen verläuft und Ruinen erzeugt. Die Französische Revolution und ein allgemeines Verlustgefühl im 19. Jahrhundert bilden bei ihm den historischen Hintergrund. Für Brandi ist die Unterscheidung zwischen einer Ruine und einem vollständigen Kunstwerk ein entscheidendes Kriterium, um eine Restaurierung entweder auf die historische oder die ästhetische Instanz zu beziehen. Gleichzeitig zeigt seine nach dem Zweiten Weltkrieg herausgegebene *Teoria* eine Möglichkeit auf, um den Wiederaufbau und die Restaurierung von Kunstwerken theoretisch zu legitimieren. In beiden Fällen erweist sich, dass die angestrebte Integrität über die bloße Restaurierung der Materie hinausreicht und in Beziehung zu sozialen und politischen Bedürfnissen steht. Viollet-Le-Ducs Auffassung von der Restaurierung ist dabei nicht nur Motivation für eine vervollständigende Wiederherstellung, sondern Element einer Selbstinszenierung. Brandi betreibt Restaurierung auch als eine Form der Kunstkritik oder Kunstphilosophie. Insofern ist die Restaurierung in eine erkenntnistheoretische Auseinandersetzung integriert. Brandi erwartet von Restaurator*innen besondere Fähigkeiten, indem sie die Idee eines Kunstwerks erkennen müssen und diese freilegen sollen. Diese Voraussetzungen machen Restaurierung nicht nur zu einer technischen oder historisch-informierten Aufgabe, sondern zu einer intellektuellen und elitären Leistung. In beiden Fällen spielt Integrität eine besondere Rolle, weil Integrität in Form der Stileinheit oder der potenziellen Einheit das Ziel und die Legitimation der Restaurierung darstellt.

II.3 Die Vermittlung von Einheit und Fragment

In den beiden vorangegangenen Kapiteln wurden Texte von Ruskin, Riegl, Viollet-Le-Duc und Brandi besprochen. Im Fall von Ruskin und Riegl gingen die Texte vom Thema des Verfalls als zentralem Phänomen aus, um die Bedeutung einer historischen Architektur beziehungsweise eines Denkmals zu bestimmen. Ruskin nimmt diese Standortbestimmung aus der Perspektive eines Kunst- und Kulturkritikers vor, während Riegl aus einer Rolle als wissenschaftlich arbeitender Kunsthistoriker argumentiert. Viollet-Le-Duc und Brandi verstehen sich hingegen beide als aktiv handelnde Restauratoren. Sie richten ihre Argumentationen auf die Frage aus, was die ästhetische Einheit eines kulturellen Erbes als Kunstwerk ausmacht. Dabei versteht sich Viollet-Le-Duc als ein wissenschaftlich arbeitender Künstler-Architekt und Brandi sich als ein vielseitig gebildeter Restaurator und Kunstkritiker. Gemeinsam ist allen Autoren, dass ihre Argumentationslinien in einem Spannungsverhältnis zwischen dem historischen Objekt als Urkunde und den Bedürfnissen eines ästhetischen Ideals agieren – sei es die Vergänglichkeit der Dinge oder die Möglichkeit eines vollkommenen Kunstwerks. Außerdem sind alle Texte durch eine intensive Rezeption in den Kanon der Denkmal- beziehungsweise der Restaurierungswissenschaft eingegangen, selbst wenn nicht alle Autoren von Denkmälern sprechen.

Viollet-Le-Duc und Ruskin werden in der Rezeption als unmittelbare Antipoden verhandelt. Allerdings wird dieser Gegensatz von der neueren

Forschung relativiert.[274] Beispielsweise haben Viollet-Le-Duc und Ruskin die Zeichnung als epistemologisches Medium genutzt.[275] Außerdem beschäftigten sich beide mit der Geologie und den Naturgesetzen.[276] Demnach bauen Viollet-Le-Duc und Ruskin auf einem ähnlichen intellektuellen Hintergrund auf. Außerdem ziehen sie unterschiedliche Schlüsse, die jedoch in einem Zusammenhang stehen:

»Ruskin's ›total destruction‹ and Viollet-Le-Duc's ›complete condition‹ are two sides of the same coin. Ruskin's critique is so devastating because it identifies the central paradox of restoration: in the act of saving a historical monument, restoration destroys the aura of authenticity that made it valuable in the first place. By contrast, Viollet-Le-Duc's definition transforms the impossibility of restoration into an ideal. It transforms irretrievable loss into a virtual state of perfection, which may never have existed and may or may not be achievable.«[277]

So setzen sich Viollet-Le-Duc und Ruskin mit dem Verlust als einem Phänomen auseinander, das tief in die Erfahrung der Moderne im 19. Jahrhundert eingebrannt ist – sei es im Zuge der Industrialisierung, politischer Umbrüche, der historischer Restaurierung oder wissenschaftlicher Erkenntnisse, die Weltanschauungen infrage stellen.

Riegl setzt sich im *Denkmalkultus* unter anderem mit dem Verlust von historischer Substanz aufgrund der Restaurierungen von Denkmälern im Historismus auseinander. Sein Fokus richtet sich darauf, gemeinsame Denkmalwerte zu begründen.[278] Dabei wendet er sich von überzeitlichen Kategorien wie Schönheit ab und versucht, eine objektivierbare Entwicklung der Denkmalwerte aufzuzeigen, die er mit rezeptionsästhetischen und psychologischen Überlegungen unterfüttert. Riegl erschafft mit diesem Ansatz das leistungsfähigste Modell, um eine universale Theorie von der Bedeutung der Denkmäler zu begründen, wie es im Grunde auch Viollet-Le-Duc und Ruskin anstreben. Zumindest erhebt Viollet-Le-Duc den Anspruch einer verwissenschaftlichten

---

274 Mager 2016, S. 69.
275 Brevern, Zeichnen, um zu wissen 2012, S. 95–96.
276 Zu Ruskins und Viollet-Le-Ducs Beschäftigung mit der Geologie und den Naturgesetzen vgl. die Abschnitte in der vorliegenden Arbeit: John Ruskin: The Seven Lamps of Architecture (1849) sowie Eugène-Emmanuel Viollet-Le-Duc: Dictionnaire raisonné de l'architecture (1854-1868).
277 Attanucci 2020, S. 137.
278 Reichenberger 2003, S. 71–72.

Restaurierung und Ruskin beschreibt in *The Seven Lamps of Architecture* die seiner Ansicht nach allgemeingültigen Prinzipien der Baukunst. Brandi versucht mit der *Teoria* ebenfalls, eine allgemeine theoretische Grundlage für die Restaurierungswissenschaft zu schreiben und publiziert diese vor dem Hintergrund der Verluste nach dem Zweiten Weltkrieg.

Generell begreift Harrison Verlust oder Bedrohung von Verlust als ein dominierendes Narrativ in Erbediskursen, um kulturelles Erbe überhaupt erst als solches zu legitimieren.[279] Dieses Narrativ ist tief in den kanonisierten Texten der europäischen Denkmalpflege verankert, wie die vorstehende Text- und Kontextanalyse gezeigt hat. In den besprochenen Texten finden sich immer wieder vergleichbare Motive und Begründungen, die versuchen, eine Form der Integrität als Antwort auf Desintegration anzustreben. Sei es, indem eine einheitliche Methode oder Begründung für den Schutz historischer Objekte geschaffen werden soll. Sei es, indem in die Akzeptanz einer Vergänglichkeit das Aufrechterhalten einer Ordnung projiziert wird. Oder sei es, indem die Möglichkeit einer wahrhaften Kunst verhandelt wird. Demnach bezieht sich der Akt des Konservierens oder Restaurierens nicht nur auf einen materiellen Erhalt eines historischen Objekts oder dessen Veränderung, sondern latent auch auf Ansprüche nach gesellschaftlicher Ordnung und deren Integrität im Sinne einer Unversehrtheit und dies vor dem Hintergrund von Verlusterfahrungen.

Die Kategorien, die in den besprochenen Texten selbst herangezogen werden, betrachten kulturelles Erbe einerseits hinsichtlich ihrer historischen Bedeutung und andererseits in ihrer ästhetischen Wirkung. So spricht Brandi von einer historischen und ästhetischen Instanz, zwischen denen bei einer Restaurierung abgewogen werden muss. Riegl ordnet den Kunstwert zwar den Gegenwartswerten zu, doch führt er mit dem Alterswert eine Kategorie ein, die dem Denkmal aufgrund seiner ästhetischen Wirkung Bedeutung verleiht. Dabei muss der Alterswert gegenüber dem historischen Wert abgewogen werden, der das Denkmal als historische Urkunde beschreibt. Ruskin verteidigt die wahrhafte Ästhetik eines Gebäudes gegenüber einer verfälschenden Restaurierung. Viollet-Le-Duc schreibt, der Architekt müsse bei einer Restaurierung zwischen einer Wiederherstellung im Sinne einer Stileinheit oder im Sinne aller Zeitschichten entscheiden. In allen diesen Überlegungen geht es um eine Unterscheidung zwischen wahr und falsch, Original und Fälschung sowie historischem Zeugnis und ästhetischer Erscheinung. Dabei werden konkrete soziale Kriterien wie Herkunft oder Bildungsstand der Rezipient*innen

---

279 Harrison 2013, S. 26–27.

nicht als Kategorien herangezogen, die in direktem Zusammenhang mit der Bedeutung eines kulturellen Erbes stehen. Riegl ist der einzige der vorgestellten Autoren, der nicht davon ausgeht, dass der Wert der Objekte intrinsisch in diesen angelegt ist und eine Bedeutungszuschreibung von außen annimmt, auf die seine Theorie aufbaut. Ruskin, Viollet-Le-Duc und Brandi fokussieren sich vor allem auf die Werte, die den Objekten innewohnen, und blenden den sozialen Kontext als Produzenten von Denkmal- oder Kunstwerten aus.

Integrität als Vollständigkeit, Geschlossenheit oder Ganzheitlichkeit scheint eine paradoxe Rolle einzunehmen. Einerseits rufen soziale Veränderungen und Desintegrationserfahrungen ein Bedürfnis nach Integrität hervor.[280] Andererseits verankern die vier Autoren ihre Formen der Integrität nicht als soziale Fragen in ihren Texten, sondern als Wünsche nach einem wahren Kern der Kunst oder einer natürlichen Vergänglichkeit der Denkmäler. In der Folge verschwindet die soziale Frage weitestgehend im Subtext der Theorien und wird nicht ausbuchstabiert. Zugleich zeigt eine Beschäftigung mit Integrität, dass das Denkmal als fragmentiertes Objekt seine Bedeutung nie einfach nur aus seinem Status als authentisches historisches Objekt bezieht, stattdessen verbergen sich in allen vier vorgestellten Theorien Formen von Integrität, die einen tieferen Sinn in den Umgang mit kulturellem Erbe projizieren.

---

280 Pollmann 2005, S. 12–13.

III. Integrität als Kriterium zur Bewertung von UNESCO-Welterbe

1972 wurde das Welterbeprogramm eingerichtet, als die UNESCO das *Übereinkommen zum Schutz des Kultur- und Naturerbes der Welt*[1], die Welterbekonvention, bei der UN (United Nations) registrierte. Die Konvention ging auf Initiativen der UNESCO, der Nichtregierungsorganisation (NGO) IUCN (International Union for the Conservation of Nature) und den USA zurück.[2] Mit der Welterbekonvention wurde das Welterbeprogramm offiziell institutionalisiert. Von nun an konnten sowohl Natur- als auch Kulturerbe in der Liste des Erbes der Welt eingetragen werden.[3] Seit der Ratifizierung der Welterbekonvention hat das Welterbeprogramm von 1972 bis 2021 einen rasanten Aufstieg innerhalb der UNESCO vollzogen. Von zwölf 1978 eingetragenen Welterbestätten steigerte sich die Zahl bis 2021 auf 1154 eingetragene Stätten.[4] Außerdem ratifizierten 194 Staaten die Welterbekonvention bis 2021.[5] Heute kann das Welterbeprogramm als das bekannteste und wohl wichtigstes Aushängeschild der UNESCO gelten.[6] Allein dieser Überblick zeigt, dass Integrität mit der Festlegung als obligatorische Voraussetzung für die Eintragung von UNESCO-Welterbe zu einem international bedeutsamen Konzept für Erbe geworden ist.

Seit 2005 ist Integrität offizielles Kriterium für die Eintragung von Weltkulturerbe. Zuvor war Integrität nur eine Voraussetzung für die Eintragung von Naturerbe auf die Welterbeliste. Allerdings wird die vorliegende Untersuchung nachweisen, dass Integrität eine gemeinsame Geschichte mit

---

1 Langini 2012, S. 52–70.
2 Gfeller/Eisenberg 2016, S. 286.
3 Laut Gfeller und Eisenberg geht der Einbezug von Naturerbe in die Welterbekonvention auf das Engagement von USA, IUCN und der UNESCO zurück: ebd.
4 UNESCO, World Heritage List Statistics 2021.
5 UNESCO, States Parties Ratification Status 2018.
6 Brumann 2014, S. 2176; Braun 2007, S. 19; Gfeller/Eisenberg 2016, S. 279.

dem Weltkulturerbe verbindet, die schon vor 2005 begann und parallel zur wachsenden Bedeutung des Welterbeprogramms verläuft. Zunächst wird die Verankerung von Integrität in den Welterberichtlinien *(Operational Guidelines* (OPG)), die die Kriterien und das Management von Welterbe neben der Welterbekonvention festlegen (vgl. Kap. III.1), untersucht. Hier zeigt sich die Ambivalenz des Konzepts zwischen der Erzeugung eines homogenen historischen Bilds und einer ganzheitlichen Interpretation von Erbe. Gleichzeitig kommt der Begriff in verschiedenen Grundsatzpapieren vor, die die internationale städtebauliche Denkmalpflege betreffen und auch grundlegend für die Entwicklung des Konzepts Welterbe sind (vgl. Kap. III.2). Schließlich erfolgt eine Analyse der aktuellen Anwendung von Integrität auf Weltkulturerbe anhand der *Statements of Integrity* (vgl. Kap. III.3). Die grundlegende Annahme der Kapitel ist, dass Integrität ein überaus ambivalenter Begriff im Kontext Weltkulturerbe ist, das als offenes und dynamisches Konzept eingeführt wurde. Allerdings haben sich in dieses Konzept Logiken von der Homogenisierung und dem hermetischen Schutz kultureller Zusammenhänge tief eingeschrieben. Gleichzeitig ist das Konzept untergründig von einem Schutzgedanken durchwirkt, der auf Theorien der europäischen Denkmalpflege zurückgeht. Namentlich ist hier Brandis Restaurierungstheorie zu nennen.

Eine umfassende Bewertung des Welterbeprogramms ist deshalb schwierig, weil zahlreiche Parameter von Bedeutung sind, wenn es um die Nominierung, Bewertung und das Management von Welterbe geht, wie etwa verschiedene einflussreiche NGOs, eine Flut an Dokumenten, und die Politik einzelner Nationalstaaten. Bezieht man alle diese Faktoren mit ein, wird das Welterbeprogramm zu einem verschwommenen Gebilde, dessen Dynamik nur schwer greifbar ist. Um dennoch einen belastbaren Eindruck von der Anwendung und Interpretation von Integrität im Welterbeprogramm zu geben, gehe ich in den folgenden Kapiteln methodisch unterschiedlich vor. Einerseits wird die Einführung von Integrität auf der Basis von Protokollen und Dokumenten zum Welterbeprogramm nachvollzogen (vgl. Kap. III.1 und III.2). Andererseits untersuche ich die Begründung und Anwendung von Integrität auf die individuelle Welterbestätte (vgl. Kap. III.3).

III.1 Die Einführung von Integrität und die Reform der Welterberichtlinien: Ein widersprüchlicher Prozess?

Wie erläutert, wurde Integrität erst 2005 als *Qualifying Condition* für das Weltkulturerbe eingeführt. *Qualifying Condition* bedeutet, dass diese Bedingung neben dem OUV[7] erfüllt werden muss, um ein Erbe als Welterbe eintragen zu lassen. Vor 2005 war Integrität ausschließlich eine *Qualifying Condition* für Weltnaturerbe und Authentizität die einzige *Qualifying Condition* für das Weltkulturerbe.[8] Die Einführung von Integrität als obligatorisches Kriterium für die Eintragung von Weltkulturerbe ist aus meiner Sicht das Ergebnis eines längeren Reformprozesses. Dieser strebte an, das Welterbe gerechter geografisch zu verteilen und die Kriterien für das Weltkulturerbe zu öffnen, um eine festgestellte europäische Überrepräsentation bei der Verteilung und Beurteilung von Welterbe zu relativieren.[9] Um diese Überrepräsentation abzubauen, wurde 1994 die *Global Strategy for a Representative, Balanced and Credible World Heritage List* (kurz *Global Strategy*) initiiert. Dieses Strategieprogramm bewirkte nach meiner Bewertung einen entscheidenden Impuls, um Integrität als übergreifende *Qualifying Condition* für das Kultur- und Naturerbe festzuschreiben.

Mit der *Global Strategy* konkretisierte sich nämlich die damals anstehende Reform der Welterberichtlinien, die neben der Welterbekonvention die Voraussetzungen für die Nominierung von Welterbe festlegen. Schon 1992 war anlässlich des 20-jährigen Jubiläums der Welterbekonvention angeregt worden, das Welterbeprogramm zu evaluieren und Ziele für die Zukunft zu definieren.[10] Zudem wurden die Kriterien für die Eintragung von Welterbe dort als möglicherweise revisionsbedürftig ausgewiesen.[11] Die *Global Strategy* wird

---

7   Auf Deutsch heißt der OUV »außergewöhnlicher universeller Wert«. Artikel 1 der Welterbekonvention legt den Nachweis des OUV als Voraussetzung fest, um ein Kulturerbe als Welterbe zu nominieren (Langini 2012, S. 53). Die Operational Guidelines for the Implementation of the World Heritage Convention (OPG) führen den OUV detaillierter aus und werden regelmäßig aktualisiert. Die jeweils aktuelle Version ist abrufbar unter: https://whc.unesco.org/en/guidelines/.
8   Die entsprechende Regelung findet sich in den zweiten Welterberichtlinien von 1977 in §§ 9 und 11: UNESCO 1977.
9   Dies ungleiche Verteilung belegt etwa eine Studie, die ICOMOS durchführte: UNESCO, Global Strategy 2018.
10 UNESCO 1992, S. 81.
11 Ebd., S. 87.

auch als Ausdruck einer anthropologischen Wende im Welterbeprogramm beschrieben, indem Anthropolog*innen an Einfluss gewinnen und ein Erbekonzept einbringen, das Erbe als ganzheitlichen Ausdruck des menschlichen Lebens auf der Erde versteht.[12] Integrität als später eingeführter Wert für das Welterbeprogramm sollte es ermöglichen, Welterbe ganzheitlich und als Lebendiges zu beschreiben. Allerdings bleibt in den Quellen stets unklar, was genau hiermit gemeint ist.

Durch die *Global Strategy* und die anthropologische Wende wurden Repräsentativität, Holismus, Ganzheitlichkeit und ein Natur-Kultur-Kontinuum zu zentralen Konzepten des Welterbeprogramms. Integrität im Sinne einer Ganzheit oder Ganzheitlichkeit fügte sich in diese Neuausrichtung semantisch nahtlos ein und wurde folgerichtig ab den 1990er-Jahren immer häufiger als zukunftsweisendes Kriterium für Welterbe diskutiert. Zumal die ursprüngliche *Qualifying Condition* für das Weltkulturerbe, Authentizität, damals zunehmend als eurozentristisch hinterfragt wurde.[13] So stellt Martina Oeter die These auf, die *Global Strategy* und die anthropologische Wende hätten zu einer zunehmenden Marginalisierung von Authentizität und der historischen Substanz geführt. Einen Höhepunkt erkennt Oeter in diesem Prozess, den sie als »totale Subjektivierung« beschreibt, 2003 in der Einführung des immateriellen Kulturerbes durch die UNESCO.[14]

Das folgende Kapitel zeigt, wie Integrität zunächst durch die *Global Strategy* und die anthropologische Wende in den Diskussionen um eine Reform des Welterbeprogramms aufkam und sich in die etablierenden Argumentationsmuster rund um Holismus, Kontinuität und Repräsentation fügte, um schließlich als *Qualifying Condition* für das Weltkulturerbe eingeführt zu werden. Allerdings wird anhand der 2005 neu verfassten Welterberichtlinien auch aufzuzeigen sein, inwiefern Integrität paradoxerweise ein Kriterium ist, das schon vor 2005 in den Bestimmungen zum Weltkulturerbe zu finden war und dort als Schutz vor Veränderungen ausgelegt wurde. Diese Interpretation bezieht sich vor allem auf den Schutz der materiellen wie ästhetischen Substanz historischer Objekte und ist daher mit den Maßstäben des europäisch geprägten Kulturgüterschutzes verbunden, die das Kriterium Integrität im Welterbeprogramm eigentlich relativieren sollte. Dementsprechend ist Integrität ein Kriterium mit einer ambivalenten Geschichte im Welterberprogramm. Einerseits

---

12   Gfeller 2015, S. 375–376.
13   Gfeller hebt insbesondere das NARA-Dokument hervor: ebd., S. 378.
14   Oeter 2021, S. 253–258.

gewinnt Integrität an Bedeutung, sobald Reformbestrebungen erstarken, die die europäischen Hegemonien abbauen möchten und das Welterbe diverser machen wollen, und andererseits ist Integrität ein Kriterium, das nicht unbedingt für Innovation steht, sondern für einen konservativen Substanzschutz.

Global Strategy (ab 1994) und die anthropologische Wende

1994 startete die UNESCO das Programm *Global Strategy for a Representative, Balanced and Credible World Heritage List*. Anlass war eine Erhebung von ICOMOS (International Council on Monuments and Sites) zwischen 1987 und 1993, die ergab, dass Europa, historische Städte und religiöse Monumente, das Christentum, historische Epochen und elitäre Architektur überrepräsentiert waren, während »living cultures« und »traditional cultures« benachteiligt seien.[15] Zunächst konzentrierte sich die *Global Strategy* auf das Kulturerbe, um schließlich eine übergeordnete Strategie für das Welterbeprogramm insgesamt zu entwickeln.[16] Die Strategie strebte eine gerechtere Welterbeliste an, indem das geografische Übergewicht von Welterbestätten in Europa und der inhaltliche Fokus auf das materielle Weltkulturerbe eingeschränkt werden sollten. Eine ausgeglichene Verteilung und eine Erweiterung der Definition von Welterbe, eine Reflexion der Welterberichtlinien und eine neue Sicht auf die wechselseitige Beziehung von Kultur- und Naturerbe waren die Ziele der Strategie bis 2018.[17] Damit wurde ein politischer Prozess eingeleitet, um die europäische Überrepräsentation abzubauen, die seit Gründung des Welterbeprogramms bestand. So gab es bereits ab 1977 ein zumindest latent vorhandenes Bewusstsein für die Repräsentativitätsprobleme des Welterbeprogramms.[18] Gfeller belegt ausführlich, wie schon in den 1980er-Jahren ernsthafte Reformbestrebungen aufkamen, die die *Global Strategy* vorbereiteten.[19] Die Liste des Erbes der Menschheit wurde nämlich schnell vor allem von wohlhabenden westlichen Staaten dominiert, die ihre Vorstellungen von der europäischen Denkmalpflege auf das Welterbeprogramm übertrugen und Welterbeanträge finanzieren konnten.[20]

---

15   UNESCO, Global Strategy 2018.
16   UNESCO 2009, S. 5.
17   UNESCO, Global Strategy 2018.
18   Braun 2007, S. 41–45.
19   Gfeller 2015, S. 370–371.
20   Brumann 2014, S. 2179.

Integrität taucht in den Debatten um die *Global Strategy* auf, die einfordern, das Kultur- und Naturerbe nicht mehr kategorisch voneinander zu unterscheiden, sondern von einem Natur-Kultur-Kontinuum auszugehen. So tagte 1994 eine Expert*innengruppe auf Phuket, die die Inhalte der *Global Strategy* diskutierte. Zuvor war 1993 ein Treffen auf Sri Lanka noch zu keinen Ergebnissen gelangt.[21] Die beiden Kernziele der *Global Strategy* wurden hier wie folgt formuliert: »[...] ensuring the representative nature, and hence the credibility of the World Heritage List.«[22]

Bei dem Treffen auf Phuket 1994 wurde eine Abänderung der Welterberichtlinien empfohlen, ohne jedoch genauere Vorschläge zu machen.[23] Anders verhielt es sich 1996 bei einem weiteren Treffen zur *Global Strategy* im Parc National de la Vanoise in Frankreich. Inhaltlich verhandelte man dort vor allem die Aufwertung des Weltnaturerbes und das Problem, dass auch die Natur letztlich durch den Einfluss des Menschen geprägt sei. Auf Basis dieser Überlegung sei eine klare Trennung von Natur- und Kulturerbe nicht möglich, wie es die Welterbrichtlinien bis dahin vorgegeben hatten.[24] Somit entsprang die Zusammenfassung von Natur- und Kulturerbe einer Überlegung, die das Wirken des Menschen und dessen globalen Einfluss auf die Natur stärker in den Vordergrund stellen wollte. Ein ähnlicher Vorstoß erfolgte auf einem Treffen in Amsterdam 1998, das Herb Stovel für einen entscheidenden Impuls für die Einführung von Integrität als *Qualifying Condition* für Weltkulturerbe hält.[25]

Laut den Dokumenten zu dem Meeting in Amsterdam muss es ein Ziel gewesen sein, verständliche Kriterien zu entwickeln, die für Natur- und Kulturerbe gleichermaßen zählen. Es wurden konkrete Vorschläge zur Änderung der Welterberichtlinen formuliert. Allerdings sollte die Konvention von 1972 nicht geändert werden.[26] Unter anderem forderte man, dass Integrität für jedes Welterbe als Kriterium möglichst Anwendung finden sollte. Authentizität, das zuvor bestehende Kriterium für das Weltkulturerbe, sollte allerdings

---

21 UNESCO, Progress Report on the Preparation of Global Strategy for a Representative World Heritage List 1994, S. 1.
22 Ebd.
23 Ebd., S. 4.
24 UNESCO, Report on the Expert Meeting on Evaluation of General Principles and Criteria for Nominations of Natural World Heritage Sites 1996, S. 1.
25 Stovel 2007, S. 25.
26 UNESCO, Report on the World Heritage Global Strategy. Natural and Cultural Heritage Expert Meeting 1998, S. 9–13.

nicht völlig entfallen, weil bestimmte Weltkulturerbestätten dieses Kriterium benötigten.[27] Hier zeigt sich die einleitend erläuterte Tendenz, Authentizität im Rahmen der *Global Strategy* als Kriterium zu relativieren.

1998 entwickelte eine Expert*innenkommission der UNESCO schließlich in Kioto einen groß angelegten *Action Plan* für benachteiligte Regionen der Welt. Grundlage für den Plan waren Analysen der Welterbeliste von IUCN und ICOMOS. Es wird angemerkt, europäische Staaten wären bis dahin nicht bereit gewesen, ihre Nominierungen zu reduzieren, um die Welterbeliste ausgeglichener zu gestalten.[28] Der Bericht zum Meeting beschreibt in Übereinstimmung mit dem *Global-Strategy*-Management die Verschmelzung von Natur- und Kulturerbe und die Klärung von Integrität in Abgrenzung zu Authentizität als Herausforderungen.[29] Der Aktionsplan schlägt sich in verschiedenen thematischen Dokumenten nieder, etwa zu Festungen in der Karibik oder dem Erbe in Westafrika. In den Jahren von 1999 bis mindestens 2015 gab es regelmäßig Berichte über den Fortgang der *Global Strategy*.[30]

Im Jahr 2000 tagte eine Arbeitsgruppe in Canterbury, die sich im Rahmen der *Global Strategy* ausschließlich mit den Welterberichtlinien beschäftigte und deren Ziele überarbeitete.[31] Die Welterberichtlinien legen neben der Welterbekonvention den OUV fest und machen Angaben zur Bewertung und zum Management von Welterbe. Die Richtlinien unterliegen im Gegensatz zur Welterbekonvention, die nicht ohne Weiteres verändert werden kann, einer stetigen Revision und sind daher eine naheliegende Möglichkeit, um die Kriterien für das Welterbe im Rahmen der *Global Strategy* zu ändern. Verständlichkeit, Übersichtlichkeit und Klarheit waren die Wünsche der Arbeitsgruppe, die einhellig die Unübersichtlichkeit der Richtlinien bemängelte.[32] In Anschluss an

---

27   Ebd., S. 12.
28   UNESCO, Progress Report, Synthesis and Action Plan on the Global Strategy for a Representative and Credible World Heritage List 1998, S. 9-10.
29   Ebd., S. 4–8.
30   Ghabbour 1997; Instituto Colombianode Cultura 1996; UNESCO, Report of the Fourth Global Strategy Meeting for West Africa, 16.–19. September 1998, Porto Novo, Republic of Benin 1998; UNESCO, Report on the Implementation of the Regional Activities Described in the Global Strategy Action Plan Adopted by the Committee at its Twenty-Second Session 1999; UNESCO, Progress report on the Implementation of the Regional Actions Described in the Global Strategy Action Plan Adopted by the Committee at its Twenty-Second Session 1999; UNESCO, Global Strategy 2018.
31   UNESCO 2000, S. 4–6.
32   Ebd.

die Konferenzen in Amsterdam und Vanoise wurde in Canterbury gefordert, die Kriterien für Natur- und Kulturerbe zusammenzulegen.[33]

Von Beginn an war es eine beständige Bestrebung der Global Strategy, Kultur- und Naturerbe zusammenzufassen und womöglich das Kriterium Integrität auch auf das Kulturerbe anzuwenden. Auf diese Art und Weise sollte das Naturerbe und das Erbe, das keine Architektur war, aufgewertet werden. Allerdings bleibt in den Dokumenten stets unklar, wie Integrität genau interpretiert werden soll. Zudem forcierte man eine Vorstellung, die die Natur ebenso als vom Menschen überformtes Erbe ansah und daher nicht klar vom Kulturerbe zu unterscheiden war. Allerdings hielt man an der Welterbekonvention fest, die in den Artikeln 1 und 2 Natur- und Kulturerbe getrennt voneinander definiert.[34] So blieb und bleibt ein dauerhaftes Hindernis, dass das Gründungsdokument des Welterbeprogramms nicht veränderbar ist und dessen Regelungen teilweise die Kritikpunkte im Welterbeprogramm verankern.

Ein genauerer Blick auf die Inhalte der Global Strategy verdeutlichen den Fokus auf den ganzheitlichen Ansatz und das Leben der Menschen. In einem zusammenfassenden Bericht zum Meeting 1994 auf Phuket wird die Agenda der Global Strategy für das Welterbeprogramm erläutert:

»[...] in more general terms, all living cultures – and especially the ›traditional‹ ones –, with their depth, their wealth, their complexity, and their diverse relationships with their environment, figured very little on the List. Even traditional settlements were only included on the List in terms of their ›architectural‹ value, taking no account of their many economic, social, symbolic, and philosophical dimensions or of their many continuing interactions with their natural environment in all its diversity. This impoverishment of the cultural expression of human societies was also due to an over-simplified division between cultural and natural properties which took no account of the fact that in most human societies the landscape, which was created or at all events inhabited by human beings, was representative and an expression of the lives of the people who live in it and so was in this sense equally culturally meaningful.«[35]

---

33   Ebd., S. 13.
34   UNESCO 1972, Art. 1–2.
35   UNESCO, Expert Meeting on the »Global Strategy« and the Thematic Studies for a Representative World Heritage Meeting 1994, S. 3.

III. Integrität als Kriterium zur Bewertung von UNESCO-Welterbe 109

Demnach soll das Welterbe das Leben der Menschen in einem diverseren und komplexeren Sinn als nur durch Architektur repräsentieren. Ferner schlug der Phuket-Bericht vor, den OUV abzuändern, um beispielsweise *living cultures* besser zu inkludieren.[36] Die Versinnbildlichung des menschlichen Lebens und Wirkens auf der Erde rückte deutlich ins Zentrum der in Phuket formulierten Anliegen: »The three-dimensional time-culture-human achievement grid might in this sense be considered as a stage in the process of reflection which had been of great value but which should give way to a process of reflection that was more anthropological and global.«[37] Innerhalb der Rhetorik der *Global Strategy* wird die Abbildung des menschlichen Lebens zum Anspruch des Welterbeprogramms.[38]

Laut Gfeller entstand die *Global Strategy* zudem unter dem großen Einfluss australischer Akteur*innen. Sie hebt vor allem Joan Domicelj hervor, die sich unter dem Eindruck australischer Debatten um die Inklusion indigener Gruppen für ein erweitertes Konzept für das Weltkulturerbe einsetzte. Domicelj plädierte dafür, vermehrt das Zusammenleben der Menschen mit dem Land als Aspekt bei der Nominierung für Weltkulturerbe zu berücksichtigen. Auf diese Weise sollten *living cultures* besser repräsentiert werden.[39] Außerdem schreibt Gfeller, dass die *Global Strategy* auch als anthropologische Wende im Welterbediskurs verstanden werden könne. Diese Wende macht sie vor allem am Einfluss des Anthropologen Isac Chiva fest, der dafür argumentierte, immaterielle Eigenschaften bei der Nominierung als Weltkulturerbe zu berücksichtigen.[40]

Die zitierten Aussagen aus den Protokollen der Meetings der UNESCO verdeutlichen, dass vor allem die Repräsentation eines Lebendigen über die *Global Strategy* gestärkt werden sollte. Zudem belegt die anthropologische Wende, dass in das Welterbekonzept vermehrt Positionen einbezogen werden sollten,

---

36 Ebd., S. 6–7.
37 Ebd., S. 4.
38 Im Bericht zu der Konferenz in La Vanoise in Frankreich 1996 werden die soziale Konstruiertheit und die Relativität von Begriffen wie »Schönheit«, »Universalität« oder »natürlich« angeführt und explizit mehr Rücksicht auf kulturelle Diversität gefordert (UNESCO, Report on the Expert Meeting on Evaluation of General Principles and Criteria for Nominations of Natural World Heritage Sites 1996, S. 2-3).
39 Gfeller 2015, S. 373–374.
40 Ebd., S. 375–376. Brumann spricht in Zusammenhang mit der Global Strategy ebenso von einer konzeptuellen Änderung, die er als »Anthropologisierung« bezeichnet (Brumann 2014, S. 2180).

die das Welterbe als etwas Lebendiges und weniger als Summe wertvoller musealisierter Relikte verstehen. Aus dieser Perspektive erscheint die Forderung nicht unpassend, Integrität sowohl für das Naturerbe als auch für das Kulturerbe zur *Qualifying Condition* aufzuwerten. Schließlich bezieht sich Integrität philosophisch auf die Lehre vom guten Leben und etymologisch auf die Ganzheitlichkeit oder Vollständigkeit von Objekten oder Prozessen.

Der Fokus auf Integrität im Sinne einer Ganzheitlichkeit und Erbe als Lebendiges bedingt zugleich, Erbe als Kontinuum oder die Kontinuität eines Erbes hervorzuheben. In den Grundsatzkonferenzen zur *Global Strategy* war mehrfach von einem Kontinuum die Rede, das die Geschichte der Menschheit forme.[41] Im Bericht zur Amsterdamer Konferenz 1998 wurde erklärt:

>»Properties can be seen as forming a continuum, from the Taj-Mahal to the natural sites, whilst also including those properties which combine in endless variation the natural and cultural. In the terms of the Convention, this heritage has been perceived in a global manner. To underline and confirm this unity, it seems convenient to draw up one list of World Heritage sites, to encompass all these distinctions.«[42]

Dem Zitat zufolge sollen Weltkultur- und Naturerbe auf einer gemeinsamen Liste als Einheit zusammengeführt werden, weil die Geschichte der Menschheit ein Kontinuum formt.

Meiner Meinung nach lässt sich die geschilderte Rhetorik auch mit der globalpolitischen Situation in den 1990er-Jahren erklären. 1990 endete der Kalte Krieg. Durch den Wegfall der Gegenüberstellung von Ost und West entstand ein politisches Vakuum. Genau in diese Zeit fällt der Start der *Global Strategy* und die Idee, das Welterbeprogramm zu reformieren. Daher könnte argumentiert werden, dass sich aus der Transformation, die sich in den 1990ern ereignete, zumindest latent ein Bedürfnis nach Integrität und Kontinuität einstellte. Wie bereits aufgezeigt, können Formen der sozialen Desintegration Wün-

---

41 Beispielsweise heißt es 1996 in La Vanoise, dass Welterbe ein Kontinuum konstituiere, weil der Mensch jede Gegend auf der Welt verändert habe (UNESCO, Report on the Expert Meeting on Evaluation of General Principles and Criteria for Nominations of Natural World Heritage Sites 1996, S. 1). In der Evaluation zu der Konferenz wird das Kultur-Natur-Kontinuum mehrfach genannt (UNESCO, Report of the Expert Meeting on Evaluation of General Principles and Criteria for Nominations of Natural World Heritage sites 1996, S. 4–7).

42 UNESCO, Report on the World Heritage Global Strategy. Natural and Cultural Heritage Expert Meeting 1998, S. 9.

sche nach einer Ganzheit oder Ganzheitlichkeit der Vergangenheit befördern (vgl. Kap. II.3). Eine genauere Einordnung der *Global Strategy* in das weltpolitische Klima der 1990er-Jahre fehlt jedoch bisher.

Gfeller ordnet die *Global Strategy* als eine von mehreren Reformen ein, die in den 1990er-Jahren das Welterbeprogramm veränderten. Sie zählt dafür die Einführung der Kulturlandschaft als Kategorie für das Welterbe und das sogenannte Nara-Dokument, das Authentizität als eurozentristisches Kriterium infrage stellt, auf.[43] Brumann meint, es sei tatsächlich gelungen, durch die Reformen in den 1990er-Jahren und durch die Verfestigung organisatorischer Strukturen in den 2000ern einen gewissen Kosmopolitismus im Welterbeprogramm jenseits nationaler Interessen zu verwirklichen. Diese Öffnung erfolgte, obwohl die in der Regel beteiligten Disziplinen wie Kunstgeschichte oder Archäologie zu regionalen oder nationalen Sichtweisen tendierten.[44] So entstand im Welterbeprogramm in den 1990er-Jahren eine Situation, die konzeptuelle Veränderungen zumindest teilweise ermöglichte. In dieser Zeit verband sich Integrität mit einer scheinbar neuartigen Rhetorik von Repräsentativität sowie Erbe als Lebendigem und Kontinuum, die bis heute Anwendung findet.

In den Vereinigten Arabischen Emiraten in Al Ain wurde 2012 die Anwendung von Integrität auf das Weltkulturerbe diskutiert, um das bis dahin nur vage definierte Konzept präziser zu fassen und die Anwendung auf Kulturerbe zu diskutieren. Unter anderem wurde in dem Bericht zu der Konferenz noch einmal darauf hingewiesen, dass es bereits in den 1990er-Jahren aufgrund der *Global Strategy* Überlegungen zu Integrität und Kulturerbe gegeben hatte. Im Background Document des Meetings werden die Protokolle von La Vanoise 1996 und Amsterdam 1998 ausführlich wiedergegeben.[45] Aus den Dokumenten des Meetings von 2012 geht hervor, dass sich die Debatten in den Arabischen Emiraten jedoch primär um einen permanenten Konflikt zwischen den zwangsläufigen Veränderungen, die ein Erbe im Verlauf seiner Existenz erfährt, und der Bewahrung seiner Intaktheit drehte. Somit wurde Integrität hier nicht, wie es sich in der *Global Strategy* ankündigte, als ganzheitlicher Schutz eines lebendigen Erbes verstanden. Stattdessen ging es um die Frage, wie die zwangsläufigen Veränderungen mit dem Anspruch nach einer Integrität als Unversehrtheit oder Intaktheit vereinbart werden können.

---

43 Gfeller 2015, S. 378.
44 Brumann 2014, S. 2183.
45 UNESCO, International Expert Meeting on Integrity for Cultural Heritage (12.–14.03.2012) 2012, S. 3–5.

Für eine Antwort gingen die Argumente in Richtung des Schutzes einer historischen Kontinuität oder Evolution, die den ideellen wie materiellen Kern eines Erbes ausmache.[46] Es vermischen sich teils diffuse Ansätze, die sowohl die Konservierung der historischen Substanz und deren Verfall miteinander vereinbaren möchten, als auch solche, die Schlagwörter aus der *Global Strategy* aufgreifen wie etwa »Kontinuität«. Die Argumentation ging also sowohl in Richtung eines Substanzschutzes, der eigentlich als eurozentristisch im Rahmen der *Global Strategy* abgelehnt wurde, als auch in Richtung eines abstrakteren ganzheitlichen Schutzes, wie ihn die *Global Strategy* vorschlug. Eine Analyse der Welterberichtlinien von 2005 zeigt ebenfalls, dass Integrität ein ambivalentes und widersprüchliches Kriterium ist, das nicht nur für eine vermeintlich neuartige Rhetorik eines ganzheitlichen und diversen Welterbes steht. Integrität kann vielmehr auch als Schutz vor Veränderung eines bestimmten historischen Bilds interpretiert werden, das sich an den europäisch geprägten Denkmalschutz anlehnt.

Die Einführung von Integrität in den Operational Guidelines

Tatsächlich gab die UNESCO 2005 eine völlig überarbeitete Version der Welterberichtlinien heraus, in der Integrität zu einer *Qualifying Condition* für das Weltkulturerbe aufgewertet wurde. Diese Richtlinien umfassen 290 Paragrafen und somit 151 Paragrafen mehr als 2004. Die reformierten Welterberichtlinien von 2005 haben einen ausführlichen ersten Teil, der die Rechte und Pflichten der einzelnen Staaten beschreibt, die am Welterbeprogramm beteiligt sind (I. INTRODUCTION).[47] Unter anderem werden dort die vier Cs der UNESCO aufgeführt: Glaubwürdigkeit der Welterbeliste *(Credibility)*, Konservierung der Stätten sichern *(Conservation)*, Kapazitäten in Staaten aufbauen *(Capacity-Building)* und Kommunikation, um das Bewusstsein, die Anteilnahme und die Unterstützung für das Welterbe zu steigern *(Communication)*. Diese vier Aufgaben stammen aus der *Budapest Declaration*, die 2002 zum 30-jährigen Jubiläum der

---

46 Sehr anschaulich macht diesen Fokus auf Kontinuitäten die Argumentation von ICOMOS auf dem Meeting 2012: ebd., S. 17.
47 Alle Ausführungen zu den Welterberichtlinien vom Februar 2005 beziehen sich auf die Version, die auf der Website der UNESCO zur Verfügung steht: UNESCO, Operational Guidelines for the Implementation of the World Heritage Convention 2005.

Welterbekonvention erlassen wurde (§ 26).[48] Zudem gibt es eine eigene Passage mit Hinweisen zur *Global Strategy* (II.B). Die Definition von Kultur- und Naturerbe entspricht immer noch den Artikeln 1 und 2 der Welterbekonvention von 1977 (§ 45). Als neue Form des Erbes werden Mischformen von Natur- und Kulturerbe angeführt, die Teile der oder vollständig die Artikel 1 und 2 der Konvention erfüllen (§ 46). Eine solche Definition erscheint problematisch, legt sie doch nicht wirklich fest, was unter »in Teilen« (»a part«) zu verstehen ist. Diese Änderung kann sicherlich als Zugeständnis an den Anspruch aufgefasst werden, das Natur- und das Kulturerbe stärker zusammenzufassen.

Der OUV setzt sich nun aus zehn Kriterien zusammen, die für alle Formen des Welterbes gleichermaßen gelten. Somit erfolgte zunächst keine Unterscheidung zwischen dem Natur- und dem Kulturerbe. Ein genauerer Blick auf die zehn Kriterien offenbart jedoch, dass es dieselben Kriterien wie vor 2005 sind. Zunächst wurden die sechs Kriterien aufgeführt, die ehemals nur für das Kulturerbe galten, und im Anschluss die vier Kriterien, die zuvor nur für das Naturerbe definiert wurden. Einzig das Wort »sea-use« wurde neu bei Kriterium (v) hinzugefügt, sodass auch Zeugnisse der Nutzung der Meere durch den Menschen zum Welterbe ernannt werden können. Außerdem wurde ein Satz in Kriterium (vi) gestrichen, der besagte, dass dieses nur in Ausnahmefällen angewandt werden könne (§ 77 (vi)). Hier geht es um lebende Traditionen, Ideen und Glauben, die in Verbindung mit herausragenden Zeugnissen stehen. Allerdings bleibt es dabei, dass dieses Kriterium nur in Verbindung mit anderen Kriterien Anwendung finden kann. Die beiden geschilderten Änderungen des OUV können so interpretiert werden, dass diese dem veränderten Fokus von Welterbe auf die Hinterlassenschaften des menschlichen Lebens Rechnung tragen, der im Rahmen der *Global Strategy* diskutiert wurde. Beispielsweise kann Kriterium (vi) nicht mehr nur in Ausnahmefällen angewendet werden und können sich Welterbebegründungen leichter auf lebendige Traditionen beziehen. Letztlich bleiben die Kriterien des OUV im Wortlaut fast identisch mit den Kriterien, die vor 2005 angewendet wurden. Beispielsweise unterstellt der Text inhaltlich immer noch eine Differenz zwischen Natur- und Kulturerbe, selbst wenn die Kriterien nun unter einer gemeinsamen Überschrift geführt werden.

Eine der größten Neuerungen in den Richtlinien betrifft die Integrität, denn § 78 erklärt, dass sämtliche Welterbestätten Integrität und/oder Authen-

---

48 Vgl. auch UNESCO 2002.

tizität nachweisen müssen. Demzufolge werten die reformierten Richtlinien Integrität neben dem OUV zu einem universellen Wert für das Welterbe auf. § 87 hebt noch einmal hervor, dass sämtliche Welterbestätten die *Conditions of Integrity* erfüllen müssen. In § 88 heißt es zu Integrität:

»88. Integrity is a measure of the wholeness and intactness of the natural and/or cultural heritage and its attributes. Examining the conditions of integrity therefore, requires assessing the extent to which the property:
a) includes all elements necessary to express its Outstanding Universal Value;
b) is of adequate size to ensure the complete representation of the features and processes which convey the property's significance;
c) suffers from adverse effects of development and/or neglect.
This should be presented in a statement of integrity.«[49]

Demnach bezieht sich Integrität in erster Linie auf die »Ganzheitlichkeit« (»wholeness«) und »Unberührtheit« beziehungsweise »Intaktheit« (»intactness«) eines Weltkulturerbes. Die genaue Interpretation des Paragrafen erfolgt in Kapitel III.3. Ganzheitlichkeit kann mit der Überlegung aus den 1990er-Jahren assoziiert werden, das Welterbe als Kontinuum im Sinne eines lückenlosen Zusammenhangs zu begreifen. Intaktheit schreibt in das Kriterium Integrität aus meiner Perspektive den Schutz vor äußeren Einflüssen ein. Ganzheitlichkeit und Intaktheit bilden die wesentlichen Pole für die Interpretation von Integrität im Welterbeprogramm, wie ausführlich in Kapitel III.3 dargelegt wird. Dabei führen beide Begriffe zu einer stetigen Widersprüchlichkeit: Sie stehen einerseits für eine vage, beinahe spirituelle Ganzheitlichkeit eines Erbes und andererseits für den strikten Schutz der historischen Substanz im Sinne einer Unberührtheit.

Dieser Widerspruch war meiner Auffassung nach bereits in den 1980er-Jahren in der Integrität angelegt, weil zu dieser Zeit eine Interpretationspraxis entstand, die Integrität als einen Schutz vor äußeren Einflüssen begriff. Denn in § 181 der Welterberichtlinien taucht der Begriff noch einmal gesondert auf.[50]

---

49 UNESCO, Operational Guidelines for the Implementation of the World Heritage Convention 2005, § 88.
50 Ebd., § 181. Wortwörtlich heißt es: »181. In addition, the factor or factors which are threatening the integrity of the property must be those which are amenable to correction by human action. In the case of cultural properties, both natural factors and man-made factors may be threatening, while in the case of natural properties, most threats will be man-made and only very rarely a natural factor (such as an epidemic

Dort geht es um gefährdende Eingriffe durch Menschenhand. Es handelt sich um eine Regelung, die bereits seit 1983 in den Richtlinien steht.[51] Auf deren Grundlage wurde die Integrität vor 2005 auf das Weltkulturerbe übertragen. Beispielsweise heißt es in den Protokollen von der neunten Sitzung des Welterbekomitees 1985:

> »Sanctuary of Bom Jesus do Congonhas – The Committee expressed the wish that the integrity (!) of this site be preserved, in particular by ensuring that it is surrounded by a large protection zone and noted with satisfaction a statement by the Mayor of Congonhas giving assurances that the relevant authorities would take strict care to preserve its surroundings.«[52]

Der Umgebungsschutz spielt also für die Integrität der Kirche eine besondere Rolle. Daher wurde eine großräumige Pufferzone eingerichtet, die Veränderungen in der Umgebung vermeiden soll. Der 1983 eingeführte § 50 der *Operational Guidelines* spricht den Schutz vor Veränderung an und nennt die Integrität explizit als zu wahrenden Aspekt.[53] Die Formulierung stellt einen unmittelbaren Zusammenhang zwischen § 50, den Empfehlungen für die brasilianische Kirche und der Auslegung von Integrität als visuellen Schutz her.[54] Denn in der zitierten Interpretation von Integrität geht es weniger um einen ganzheitlichen Schutz als vielmehr darum, eine Veränderung der Sichtachsen oder Eingriffe in die historische Substanz zu vermeiden.

Auf der 18. Sitzung des Welterbekomitees 1994 wurde aufgrund von Neubauvorhaben in Bezug auf mehrere Kulturstätten die Gefährdung der Integri-

---

disease) will threaten the integrity of the property. In some cases, the factors threatening the integrity of a property may be corrected by administrative or legislative action, such as the cancelling of a major public works project or the improvement of legal status.«

51 Wortwörtlich heißt es: »50. In addition, the factor or factors which are threatening the integrity of the property must be those which are amenable to correction by human action. In the case of cultural properties, both natural factors and man-made factors may be threatening, while in the case of natural properties, most threats will be man-made and only very rarely will a natural factor (such as an epidemic disease) be threatening to the integrity of the property. In some cases, the factors threatening the integrity of a property may be corrected by administrative or legislative action, such as the cancelling of a major public works project or the improvement of legal status.« (UNESCO 1983, § 50).

52 UNESCO 1985, S. 7.

53 Eine ausführliche Diskussion des Paragrafen erfolgt in Kapitel III.1 und III.3.

54 UNESCO 1985, S. 7.

tät bemängelt: bei den Pyramiden von Gizeh, in Petra, Taos Pueblo und dem Hué-Complex.[55] Somit ist die Integrität kein Kriterium, das vor 2005 nur auf das Naturerbe angewendet wurde, sondern unter bestimmten Bedingungen auch auf das Kulturerbe. Fraglich ist daher, ob die Einführung der Integrität 2005 als neuer Wert für das Welterbe nicht im Widerspruch zu einer bereits existierenden Interpretationspraxis steht. Diese orientiert sich eng am Schutz der historischen Substanz und beruft sich auf den 1983 eingeführten Paragrafen zum Schutz des Kulturerbes vor menschlichen Eingriffen.

Überraschenderweise befinden sich zwar viele der genannten Passagen aus den überarbeiteten Richtlinien von 2005 an einer anderen Stelle im Text als zuvor, es handelt sich zu großen Teilen jedoch um dieselben Texte aus den Richtlinien vor 2005 wie im Fall des OUV. In diesem Licht betrachtet erscheint es nicht so, als ob neue Kriterien formuliert wurden, um das Natur- und das Kulturerbe zu vereinen, stattdessen wurden die Kriterien im Wesentlichen nur abweichend untergliedert – und zwar anders, als es die Überlegungen zur *Global Strategy* vorsahen. Integrität wurde nicht als völlig neuer Wert für das Kulturerbe definiert, sondern es ist nachvollziehbar, dass Integrität durch die Regelung des § 50 der *Operational Guidelines*, die seit 1983 existiert, bereits auf das Kulturerbe angewendet werden konnte. Die Reform der Welterberichtlinien scheint daher nur in begrenztem Maße eine Neukonzeption sein. Dass Integrität als einziges Kriterium auf sämtliche Welterbestätten angewendet werden muss, ist eine der größeren Änderungen im OUV. Somit gewann Integrität bereits aus rein formalen Gründen durch die Reform des Welterbeprogramms an Bedeutung. Dabei sind die reformierten Welterberichtlinien in ihren 151 zusätzlichen Paragprahen gegenüber den Richtlinien von 2004 auch Ausdruck eines Prozesses der zunehmenden Bürokratisierung.

Integrität und Holismus: Zwischen Repräsentation, Ganzheitlichkeit und Brandis potenzieller Einheit?

Gfeller hält die *Global Strategy* insgesamt für einen Beleg dafür, dass Ideen in der Welt internationaler Organisationen regelmäßig recycelt werden und dabei unterschiedlichen Konjunkturen unterliegen. So belegt sie, wie viele Themen der *Global Strategy* im Grunde schon in den 1980er-Jahren innerhalb des

---

55 UNESCO, Convention Concerning the Protection of the World Heritage Committee 1994, S. 30, 31, 40 und 41.

Welterbeprogramms debattiert wurden.[56] Auch die Überarbeitung der Welterberichtlinien von 2005 spricht aus meiner Sicht dafür, dass der komplizierte bürokratische Apparat der UNESCO nur bedingt Innovationen zulässt. Die Einführung von Integrität führt diese Schwierigkeiten besonders anschaulich vor, indem das Kriterium 2005 zwar vermeintlich als zukunftsweisender Wert eingeführt wurde, das Kriterium aber tatsächlich nicht wirklich neu war. In der Folge ergab sich eine Widersprüchlichkeit, die sich auch in der Literatur zu Integrität niederschlug.

Jukka Jokilehto, ehemaliger Berater des Welterbekomitees, analysierte 2006, »holistische Zugänge« (»holistic approaches«) zum Welterbe gewännen an Bedeutung, weil das Welterbe diverser werde und etwa Kulturlandschaften oder historische Städte zum Welterbe ernannt würden. Dieser holistische Zugang verleihe Integrität eine besondere Bedeutung als Kriterium für das Weltkulturerbe.[57] Somit versteht Jokilehto unter »Holismus« und »Diversität« die Nominierung von Weltkulturerbebereichen, die wie beispielsweise Kulturlandschaften an der Schnittstelle zwischen Natur- und Kulturerbe liegen. Mehr Repräsentation ist nach Jokilehto gleichzusetzen mit einer Erweiterung der Objekte und Prozesse, die als Weltkulturerbe nominiert werden können. Parastoo Eshrati, Somayeh Eshrati und Somayeh Fadaei Nezhad stellen einen Zusammenhang zwischen »Integrität« und »Holismus« her:

> »Hence, integrity is considered as key criterion in assessment and conservation of urban heritage. Historic urban heritage conserved all of its explanatory parts to have enough intactness and wholeness. So, achieving full integrity in one property means having achieved intactness and wholeness in all of its components and measuring the intactness and wholeness of values and significance of heritage with a holistic view.«[58]

Hier wird meiner Meinung nach deutlich, dass »Holismus« sowie nahestehende Begrifflichkeiten wie »Ganzheitlichkeit« (»wholeness«) und »Intaktheit« (»intactness«) eher vage Schlagwörter bilden, die Erklärungen mitunter vieldeutig erscheinen lassen. Integrität wird mindestens latent mit einem Schutz vor Veränderung assoziiert, wenn etwa bei Eshrati, Eshrati und Nezhad von »intactness« die Rede ist. Diese Assoziation ist wohl den Bestimmungen der Welterberichtlinien geschuldet, die Integrität unter anderem mit »intactness«

---

56 Gfeller 2015, S. 377.
57 Jokilehto, Considerations on Authenticity and Integrity 2006, S. 2.
58 Nezhad/Eshrati/Eshrati 2016, S. 102.

gleichsetzen. Außerdem scheint Integrität für die Autor*innen hauptsächlich zu bedeuten, Welterbebereiche und Schutzzonen um Welterbe, sogenannte Pufferzonen, weiter zu fassen. In diesem Sinne scheinen die Ziele der *Global Strategy* für mehr Repräsentativität zu sorgen und sich in Bezug auf Integrität zunächst so auszuwirken, dass das Weltkulturerbe großflächig geschützt werden muss. Diversität betrifft in diesen Texten vor allem, dass die Objekte, die als Weltkulturerbe ausgezeichnet werden, vielfältiger werden müssen und noch umfassender zu schützen sind.

Harrison schreibt, Klassifikationssysteme, wie die Welterbeliste eines ist, seien Instrumente, um Risiken zu bestimmen und kontrollieren zu können. Vor allem in der Moderne seien Methoden der Klassifikation ein zentrales Projekt, um Risiken zu kontrollieren. Ein wichtiger Gegenstand dieses Drangs zur Klassifikation seien Objekte aus der Vergangenheit, weil sie in der Moderne als etwas wahrgenommen würden, das stets in Gefahr sei, zu verschwinden, und insofern risikobehaftet seien. Anomalien stellten in den Klassifikationssystemen der Moderne eine Gefahr dar. Eine Reaktion auf Unregelmäßigkeiten könne es sein, die Klassifikation komplexer zu machen, um den Anomalien gerechter zu werden und sie in das System zu integrieren.[59] Die *Global Strategy* und die Einführung des Kriteriums Integrität sind Reaktionen auf die ungleiche Verteilung von Welterbe. Das diskutierte Problem bestand insbesondere darin, dass die bis 2005 bestehende Klassifikation nicht ausreichte, um außereuropäisches Welterbe miteinzubeziehen. In der Folge wurde die Klassifikation durch die Einführung von Integrität zwar verkompliziert, aber auch flexibilisiert, um weitere Formen von Erbe wie etwa Kulturlandschaften besser erfassen zu können. Der Nominierungsprozess wurde so zugleich aufwendiger und kostenintensiver. Zunächst scheint diese Reaktion die Nominierung von Welterbe, bezogen auf die Objekte, diverser werden zu lassen. Allerdings bleibt der Widerspruch bestehen, dass das Klassifikationssystem im Großen und Ganzen gleich bleibt, ähnlich wie es auch Harrison für die Erweiterung von Klassifikationssystemen in der Moderne unterstellt. Fraglich ist außerdem, ob durch die kompliziertere Antragstellung nicht reichere Vertragsstaaten – etwa europäische Länder mit einer institutionalisierten und professionalisierten Denkmalpflege – Vorteile gegenüber weniger reichen Vertragsstaaten erhalten.

Jokilehto interpretiert die *Qualifying Condition* Integrität als einen Rückbezug auf Brandis Restaurierungstheorie: Integrität meine die Grenzen

---

59   Harrison 2013, S. 28–29.

einer Restaurierung und der »Re-Integration« (»re-integration«) eines Kunstwerks.[60] Jokilehto bringt also Integrität und die europäische Denkmalbeziehungsweise Restaurierungstheorie unmittelbar zusammen, indem er Integrität auf Brandi zurückführt. Somit bleibt die europäische Denkmaltheorie für Jokilehto der Rahmen, um Welterbe zu bewerten. Brandi war ein einflussreicher italienischer Restaurator und Gründungsdirektor des Istituto del Restauro.[61] Seine Restaurierungstheorie beeinflusste unter anderem die Charta von Venedig als bedeutendes internationales Dokument zum Kulturgüterschutz.[62] Anhand der Gestaltungsspuren an einem fragmentierten Kunstwerk gilt es nach Brandi bei einer Restaurierung, die potenzielle Einheit eines Kunstwerks herauszuarbeiten (vgl. Analyse der Terminologie der Teoria del Restauro (1963)).[63] Somit verweist Jokilehto für die Interpretation von Integrität im Kontext des Weltkulturerbes auf eine ästhetische Theorie, die sich mit der Restaurierung von Kunstwerken auseinandersetzt.

Integrität erscheint in den analysierten Texten als widersprüchliches Konzept, das schwankend interpretiert wird. Einerseits geht es um den Schutz vor äußeren Einflüssen oder um den Schutz der historischen Substanz vor Veränderung und einer Idee oder Botschaft als lebendiges Erbe oder im Sinne eines Kunstwerks. Bezugsrahmen sind dabei sowohl Ansätze, die mehr Diversität und das Erweitern von Welterbekriterien fordern als auch europäische Denkmaltheorien. Diese unterschiedlichen Bezüge machen das Kriterium Integrität für das Weltkulturerbe zu einem Konzept, das mit Inhalten überladen ist und sich in verschiedene Richtungen (Intaktheit, Ganzheitlichkeit, Diversität oder Holismus) lesen lässt. Dabei machen sich immer wieder Bezüge zu Brandis Restaurierungstheorie und allgemein zu den Konzepten Restaurieren und Konservieren der europäischen Denkmaltheorie bemerkbar. In diesem Sinne verkompliziert sich die Klassifikation von Welterbe anhand von Integrität. Dennoch lässt sich das grundlegende System und dessen problematischer Eurozentrismus trotz der großen Bemühungen, die sich an der *Global Strategy* verdeutlichen lassen, nur schwer ändern.

---

60 Jokilehto, Defining the Outstanding Universal Value 2006, S. 2–3.
61 Brandi, Cesare Brandi 2006, S. 201–202.; Jokilehto 1986, S. 429.
62 Scarrocchia 2010, S. 74–77.
63 Ebd., S. 55–56.

III.2 Integrität in Dokumenten der internationalen städtebaulichen Denkmalpflege

In der Literatur ist es grundsätzlich unbestritten, dass das Konzept Welterbe sich auf die Prinzipien des europäischen Denkmalschutzes stützt. Meskell begreift das Welterbeprogramm in ihrer Monografie *A Future in Ruins. UNESCO, World Heritage and the Dream of Peace* als eine Institution, die im Kontext eines europäischen Internationalismus entstanden sei. Die Grundlage dieser Idee sei ein »one-worldism« und die Vorstellung von einer evolutionären Menschheitsgeschichte gewesen.[64] Ebenso interpretiert Smith Welterbe als ein vom westlichen Universalismus geprägtes Konzept. Im Welterbeprogramm werde der *Authorized Heritage Discourse* (AHD) kontinuierlich reproduziert. Mit AHD meint Smith die Hegemonie westlicher Werte der Denkmalpflege in Erbe-Diskursen.[65] Unstrittig ist in beiden Analysen der große Einfluss westlicher beziehungsweise europäischer Geschichtsphilosophie und Denkmaltheorie auf die Konzipierung und Bewertung von Welterbe. Dieser Aspekt wird im Folgenden noch einmal in Bezug auf Integrität differenziert, indem nachvollzogen wird, dass Integrität nicht nur mit einem Diskurs um die *Global Strategy* zusammenhängt, sondern seit den 1960er-Jahren zugleich mit einem Diskurs um den Umgang mit Denkmal- und später auch mit Welterbebereichen einhergeht.

Grundsatzdokumente des internationalen Kulturgüterschutzes wie die Charta von Venedig belegen, dass Integrität frühzeitig im Kontext des Ensembleschutzes auftaucht und den Schutz der materiellen Vollständigkeit und des ästhetischen Eindrucks eines Ensembles meint. Diese Interpretation von Integrität wurde ab 2005 in Debatten um Neubauvorhaben in Welterbebereichen immer wieder aufgegriffen. Anschaulich lässt sich diese Bezugnahme auf den Ensemble-Schutz an diversen Konfliktfällen und dem Wiener Memorandum machen, einer Erklärung zur Integration moderner Architektur in historischen Stadtbereichen. Dementsprechend kann Integrität auch als ein europäisch geprägtes Konzept der internationalen städtebaulichen Denkmalpflege erzählt werden. Hier schützt Integrität in erster Linie historische Architekturen oder Landschaften vor Störungen der Sichtachsen. Diese Auslegung hat über die europäischen Diskurse und Chartas, die als Grundsatzpapiere der internationalen städtebaulichen Denkmalpflege gelten,

---

64 Meskell 2018, S. 11–15.
65 Smith 2006, S. 95–106.

unmittelbaren Eingang in Welterbedebatten gefunden. Smiths und Meskells Thesen von einem strukturell dominanten westlichen Diskurs werden an dieser Stelle belegt. Allerdings möchte ich diese Beobachtung differenzieren und genau analysieren, wie sich der europäische Einfluss im Detail in Texten des Welterbeprogramms auswirkt. Dafür ziehe ich Vergleiche zwischen grundlegenden Prinzipien, Chartas und Deklarationen. Diese Gegenüberstellungen zeigen auf, wie sich zwar immer wieder in Dokumenten zu UNESCO-Welterbe Bezüge zur europäischen Denkmalpflege einschleichen, aber diese Bezüge auf der Textebene oftmals unscharf bleiben.

Charta von Venedig (1964), Welterbekonvention (1972) und die Charta von Nairobi (1976): Integrität und Ensembleschutz

1964 wurde anlässlich des »II. Internationalen Kongreß Architekten und Techniker in der Denkmalpflege« die Charta von Venedig verabschiedet.[66] Sie baut auf der 1931 erschienen Charta von Athen auf, die beim ersten Zustandekommen des Kongresses unterzeichnet wurde.[67] Trotz ihrer rechtlichen Unverbindlichkeit kann die Charta als einer der einflussreichsten normativen Texte der europäischen Denkmalpflege gelten.[68] Auf demselben Kongress wurde neben der Charta von Venedig auch die Gründung von ICOMOS beschlossen. ICOMOS sollte wie der IUCN ein zentrales beratendes Gremium des Welterbekomitees werden, das die Nominierung von Weltkulturerbe begutachtet und eingetragene Welterbestätten auf ihren Zustand hin evaluiert.[69] Das erste Dokument, das von ICOMOS angenommen wurde, ist die Charta von Venedig.[70] Nach Mager ist die Charta von Venedig durch den Einfluss von ICOMOS indirekt zur Grundlage der 1972 durch ICOMOS mitkonzipierten Welterbekonvention geworden, dem Gründungsdokument des Welterbeprogramms.[71] Wie bereits dargelegt, hatte Brandis Restaurierungstheorie unmittelbaren Einfluss auf die Debatten auf dem zweiten Kongress der Architekt*innen und der Verabschiedung der Charta von Venedig (vgl. Cesare Brandi: Teoria del Restauro (1963)). Glendinning nennt Italien allgemein und

---

66 Langini 2012, S. 46–47.
67 Mager 2017.
68 Ebd., S. 254.
69 Gfeller/Eisenberg 2016, S. 281.
70 International Council on Monuments and Sites 2021.
71 Mager 2016, S. 99. Brumann beschreibt die Konferenz, auf der die Charta von Venedig entstand, ebenso als Grundlage für das Welterbeprogramm (Brumann 2014, S. 2178).

Brandi im Speziellen als europäisches Zentrum des frühen internationalen Kulturgüterschutzes.[72] Außerdem bezeichnet Lipp die Charta von Venedig als Gründungsmythos der modernen Denkmalpflege und als Reaktion auf den Wandel der gebauten Umwelt im 20. Jahrhundert.[73] Unzweifelhaft ist die Charta von Venedig sowohl für die europäische Denkmalpflege als auch für das Welterbeprogramm ein wichtiges Grundlagendokument, das belegt, wie eng die Geschichte des Welterbeprogramms und die europäische Denkmalpflege miteinander verwoben sind. Hier zeigt sich gerade der Einfluss der Restaurierungstheorie Brandis auf die internationale Denkmalpflege und den Kulturgüterschutz. Auch der Begriff ›Integrität‹ taucht in der Charta von Venedig mit einem latenten Bezug zu Brandi auf. Generell lässt sich sagen: Im Text der Charta von Venedig sind sowohl Bezüge enthalten, die sich mit Riegls *Denkmalkultus* oder Brandis Restaurierungstheorie assoziieren lassen.

Artikel 1 der Charta zählt als mögliche Denkmalkategorien Einzeldenkmäler auf, aber auch städtische und ländliche Ensembles, die von einer Kultur, einer besonderen Entwicklung oder einem historischen Ereignis zeugen.[74] Scarrocchia ist der Auffassung, dieser Artikel könne auf Riegls Definition eines Denkmals bezogen werden. Hier könne nämlich nicht nur ein Kunstwerk, sondern allgemein jedes menschliche Werk zum Denkmal werden, wie es Riegl im *Denkmalkultus* ebenfalls schreibe.[75] Dagegen bewertet Scarrocchia Artikel 12 weniger als eine Anlehnung an Riegl, sondern an Brandi, der bei Restaurierungen von einer harmonischen Einfügung in eine Einheit ausgehe. In Artikel 12 ist festgehalten, dass Ergänzungen sich zwar vom Original unterscheiden müssten, sie sollten sich jedoch harmonisch in das »Ganze« einfügen.[76] Scarrocchia zieht aus seinen Beobachtungen den Schluss, in die Charta von Venedig könnten sowohl Bezüge zu Riegl als auch zu Brandi hineininterpretiert werden, wobei die Bezüge zu Brandi offensichtlicher seien. Er weist in diesem Zusammenhang darauf hin, dass die deutsche Übersetzung der Charta eher nach Riegl klinge, während sich die italienische Version stärker an Brandis Vokabular orientiere.[77] Allein an Scarrocchia präzisen

---

72 Glendinning 2013, S. 392–395.
73 Lipp 2015, S. 12–13.
74 Alle Ausführungen zum Text der Charta von Venedig beziehen sich auf die bei Langini abgedruckte Version: Langini 2012, S. 46–52.
75 Scarrocchia 2010, S. 72.
76 Ebd., S. 73.
77 Ebd., S. 72–73.

Beobachtungen wird deutlich, wie diffizil der Nachweis konkreter Bezüge zu europäischen Denkmaltheorien ist, weil die exakte Kenntnis der europäischen Theorien und der Chartas erforderlich ist, da manche Bezüge aufgrund der diffusen Bestimmungen in den Chartas vage bleiben, zumal sich die der internationalen Dokumente je nach Übersetzung sprachlich voneinander unterscheiden.

Im Artikel 14 kommt der Begriff ›Integrität‹ vor. Dort heißt es zu Denkmalbereichen:

»Denkmalbereiche müssen Gegenstand besonderer Sorge sein, um ihre Integrität zu bewahren und zu sichern, daß sie saniert und in angemessener Weise präsentiert werden.«

»Les sites monumentaux doivent faire l'objet de soins spéciaux afin de sauvegarder leur intégrité et d'assurer leur assainissement, leur aménagement et leur mise en valeur.«

»The sites of monuments must be the object of special care in order to safeguard their integrity and ensure that they are cleared and presented in a seemly manner.«[78]

Integrität bezeichnet in Artikel 14 die Vollständigkeit einer größeren Anlage von Denkmälern. Dabei scheint Integrität in der deutschen Version allgemein die Voraussetzung zu sein, um einen Denkmalbereich zu sanieren und zu vermitteln. Im Französischen werden darüber hinaus noch die (Innen-)Ausstattung (»aménagement«) und die Inwertsetzung (»mise en valeur«) aufgezählt. Fraglich ist weiter, ob sich »sites monumentaux« und »monument sites« wirklich als Denkmalbereiche verstehen lassen und sich nicht vielmehr auf eine einzelne Denkmalanlage, einen Denkmalort beziehungsweise das Grundstück eines Denkmals beziehen. Der Denkmalbereich verweist hingegen möglicherweise auf einen größeren Zusammenhang unterschiedlicher Gebäudekomplexe. Was Integrität genau bedeuten könnte, wird klarer, wenn man Artikel 6 der Charta berücksichtigt:

»Artikel 6
Zur Erhaltung eines Denkmals gehört die Bewahrung eines seinem Maßstab

---

78 Alle Ausführungen zum Text der Charta von Venedig beziehen sich auf die bei Langini abgedruckte Version: Langini 2012, S. 46–52.

entsprechenden Rahmens. Wenn die überlieferte Umgebung noch vorhanden ist, muss sie erhalten werden, und es verbietet sich jede neue Baumaßnahme, jede Zerstörung, jede Umgestaltung, die das Zusammenwirken von Bauvolumen und Farbigkeit verändern könnte.«

»Article 6
La conservation d'un monument implique celle d'un cadre à son échelle. Lorsque le cadre traditionnel subsiste, celui-ci sera conservé, et toute construction nouvelle, toute destruction et tout aménagement qui pourrait altérer les rapports de volumes et de couleurs seront proscrits.«

»Article 6.
The conservation of a monument implies preserving a setting which is not out of scale. Wherever the traditional setting exists, it must be kept. No new construction, demolition or modification which would alter the relations of mass and colour must be allowed.«

Demnach soll die Umgebung eines Denkmals möglichst unverändert bleiben. Außerdem soll die umgebende Architektur in ihrer Maßstäblichkeit an das Denkmal angepasst sein und jeder störende Eingriff in die Wirkung des Denkmals verhindert werden. Artikel 6 und 14 sprechen gemeinsam dafür, dass Integrität einen strikten Umgebungsschutz vorsieht und sich Veränderungen zumindest harmonisch in den Bestand einfügen sollen. Somit ist der Schluss legitim, dass Integrität eher zu Artikel 12 der Charta von Venedig passt, der vorsieht, dass Veränderungen sich harmonisch einfügen sollen als etwa zu Artikel 9, nach dem sich Veränderungen als Hinzufügungen absetzen sollen. Das würde für eine latente Anlehnung an Brandis Restaurierungskonzept sprechen, der dafür argumentiert, dass Hinzufügungen sich optisch einfügen sollen. Wie ausgeführt, könnte Artikel 12 so interpretiert werden, dass er sich an Brandi anlehnt. Es kann grundsätzlich gefolgert werden, dass sich Integrität in der für das Welterbe grundlegenden Charta von Venedig zumindest latent an europäische Konzepte der Denkmaltheorie anlehnt, die den Erhalt eines Ensembles in seiner Materialität und Ästhetik betreffen.

Im *Übereinkommen zum Schutz des Kultur- und Naturerbes der Welt*[79], der Welterbekonvention, wird Integrität nicht wortwörtlich erwähnt. Allerdings lassen

---

79   Alle Ausführungen zum Text der Welterbekonvention beziehen sich auf die bei Langini abgedruckte Version auf Deutsch, Französisch und Englisch: Langini 2012, S. 52–70.

sich bei der Definition von Ensembles in Artikel 1 Bezüge zu den Beobachtungen erkennen, die zur Charta von Venedig gemacht wurden:

»Ensembles: Gruppen einzelner oder miteinander verbundener Gebäude, die wegen ihrer Architektur, ihrer Geschlossenheit oder ihrer Stellung in der Landschaft aus geschichtlichen, künstlerischen oder wissenschaftlichen Gründen von außergewöhnlichem universellem Wert sind;«

»Les ensembles: groupes de constructions isolées ou réunies, qui, en raison de leur architecture, de leur unité, ou de leur intégration dans le paysage, ont une valeur universelle exceptionnelle du point de vue de l'histoire, de l'art ou de la science,«

»groups of buildings: groups of separate or connected buildings which, because of their architecture, their homogeneity or their place in the landscape, are of outstanding universal value from the point of view of history, art or science;«[80]

»Geschlossenheit« (»unité«, »homogenity«) wird als eine mögliche Voraussetzung genannt, um ein Ensemble als Weltkulturerbe zu deklarieren. Die Welterbekonvention fordert ähnlich wie die Charta von Venedig für Denkmalbereiche oder Ensembles, dass sie über eine Integrität im Sinne einer materiellen und ästhetischen Vollständigkeit verfügen. Allerdings wird der Begriff ›Integrität‹ nicht direkt gebraucht, sondern Umschreibungen wie »Geschlossenheit« beziehungsweise »unité/homogenity«, die alle eng mit dem semantischen Feld der Integrität zusammenhängen. In Riegls *Denkmalkultus* kommt das Konzept ebenso Geschlossenheit wie in der Welterbekonvention vor. Riegl beschreibt mit »Geschlossenheit« unter anderem die möglichst uneingeschränkte Lesbarkeit eines Denkmals als originale Urkunde seiner Entstehungszeit (vgl. Alois Riegl: Der moderne Denkmalkultus (1903)). Auch hier bleibt der Bezug jedoch indiziell.

Nachdem die Charta von Venedig verabschiedet worden war, gab es Diskussionen, sie noch einmal zu erweitern, weil diese lediglich in Artikel 14 den Umgang mit Ensembles oder Denkmalbereichen behandelte. Allerdings sah man von einer Erweiterung ab, da 1976 die Empfehlung von Nairobi folgte.[81] Diese wurde von der UNESCO unter dem Titel *Empfehlung zum Schutz von*

---

80 Alle Ausführungen zum Text der Welterbekonvention beziehen sich auf die bei Langini abgedruckte Version auf Deutsch, Französisch und Englisch: Langini 2012, S. 52–70.
81 Brandt 2015, S. 58.

Ensembles (historischen Bereichen) und ihrer Rolle im heutigen Leben verabschiedet.[82] Sigrid Brandt zählt die Empfehlung von Nairobi zu den internationalen Grundsatzpapieren der städtebaulichen Denkmalpflege.[83]

Die Empfehlung wird mit dem Anliegen begründet, historische Ensembles als besonders vielfältige, aber auch permanent gefährdete Formen von Erbe vor unkontrollierten Modernisierungen und Rekonstruktionen zu schützen (Einleitung). Anschließend definiert die Empfehlung schützenswerte historische Bereiche. Sie nennt Gebäude oder offene Räume, die eine urbane oder ländliche »menschliche Niederlassung« darstellen und einen »archäologischen, architektonischen, historischen, prähistorischen, ästhetischen oder soziokulturellen Zusammenhang und Wert« haben (I. Definitionen 1(a)). Mitinbegriffen seien auch archäologische oder paläontologische Stätten. Nachfolgend heißt es:

»Bei diesen ›Ensembles‹ (›Bereichen‹), die von sehr unterschiedlicher Natur sind, kann man insbesondere folgende unterscheiden: prähistorische Stätten, historische Städte, alte Stadtviertel, homogene Dörfer, Weiler und Denkmalensembles, wobei davon auszugehen ist, dass letztere in der Regel unverändert in ihrer Integrität (!) erhalten bleiben sollen.«

»Parmi ces ›ensembles‹ qui sont d'une très grande variété, on peut distinguer notamment les sites préhistoriques, les villes historiques, les quartiers urbains anciens, les villages et hameaux ainsi que les ensembles monumentaux homogènes, étant entendu que ces derniers devront le plus souvent être conservés dans leur intégrité (!).«

»Among these ›areas‹, which are very varied in nature, it is possible to distinguish the following in particular: prehistoric sites, historic towns, old urban quarters, villages and hamlets as well as homogeneous monumental groups, it being understood that the latter should as a rule be carefully preserved unchanged (!).«[84]

---

82 Alle Ausführungen zum Text zur Empfehlung zum Schutz von Ensembles (historischen Bereichen) und ihrer Rolle im heutigen Leben beziehen sich auf die bei Langini abgedruckte Version auf Deutsch, Französisch und Englisch: Langini 2012, S. 90–108.
83 Brandt 2015, S. 58–59.
84 Alle Ausführungen zum Text zur Empfehlung zum Schutz von Ensembles (historischen Bereichen) und ihrer Rolle im heutigen Leben beziehen sich auf bei Langini abgedruckte Version in Deutsch, Französisch und Englisch: Langini 2012, S. 90–108.

Ähnlich wie bei der Charta von Venedig und der Welterbkonvention weichen die Übersetzungen ins Deutsche, Französische und Englische teilweise voneinander ab. Beispielsweise ist fraglich, ob die Integrität der Ensembles »plus souvent« beziehungsweise »in der Regel« gegeben sein soll, also häufiger zutrifft, oder ob sie »as a rule«, also immer gegeben sein soll. Schließlich formulieren die jeweiligen Texte unterschiedlich stark, wie obligatorisch Integrität sei (»davon auszugehen [...] bleiben sollen«, »étant entendu que [...] devront«, »being understood [...] should«). In der englischen Version heißt es nicht wortwörtlich »integrity«, sondern wird Integrität mit »unchanged«, also unverändert, umschrieben. In allen drei Sprachen wird »homogen« (monumentaux homogènes«, »homogeneous monumental groups«) in Verbindung mit Ensembles als Adjektiv gebraucht. Integrität wird in diesen Definitionen als etwas aufgefasst, das konserviert werden muss und sich auf die Homogenität eines Ensembles bezieht. Nach diesem Verständnis wird Integrität als etwas Statisches und Lineares aufgefasst. Ein ähnliches Verständnis zeichnete sich auch in der Charta von Venedig und der Welterbekonvention in Bezug auf ›Geschlossenheit‹ ab.

Der zweite Teil der Empfehlung von Nairobi fordert Staaten auf, auf allen Ebenen dafür Sorge zu tragen, dass Ensembles als »unersetzliches universelles Erbe« in das »gemeinschaftliche Leben unserer Zeit« integriert werden. Daran schließt eine entscheidende Aussage an:

> »3. Jedes Ensemble (historischer Bereich) und seine Umgebung sollte in seiner Gesamtheit als ein zusammenhängendes Ganzes betrachtet werden, dessen Gleichgewicht und spezifische Natur von der Synthese der Elemente abhängen, aus denen es sich zusammensetzt, und menschliche Aktivitäten ebenso umfassen wie die Gebäude, die räumliche Struktur und die Umgebungsbereiche. So haben alle zugehörigen Elemente, selbst die bescheidensten Elemente, einschließlich menschlicher Aktivitäten, im Verhältnis zum Ensemble eine Bedeutung, die es zu respektieren gilt.«

> »3. Chaque ensemble historique ou traditionnel et son environnement devraient être considérés dans leur globalité comme un tout cohérent dont l'équilibre et le caractère spécifique dépendent de la synthèse des éléments qui le composent et qui comprennent les activités humaines autant que les bâtiments, la structure spatiale et les zones d'environnement. Ainsi tous les éléments valables, y compris les activités humaines même les plus mo-

destes, ont, par rapport à l'ensemble, une signification qu'il importe de respecter.«

»3. Every historic area and its surroundings should be considered in their totality as a coherent whole whose balance and specific nature depend on the fusion of the parts of which it is composed and which include human activities as much as the buildings, the spatial organization and the surroundings. All valid elements, including human activities, however modest, thus have a significance in relation to the whole which must not be disregarded.«

Historische Bereiche sollen in ihrer »Gesamtheit« (»globalité«, »totality«) als »zusammenhängendes Ganzes« (»coherent totality«, »tout cohérent«) betrachtet werden. In dieser Passage wird eine Vorstellung von einem Ensemble als eine natürlich (gewachsene) Einheit artikuliert, in die nicht eingegriffen werden dürfe. Diese Formulierung zeigt wiederum Bezüge zu einer Form der Geschlossenheit, Unberührtheit oder Einheit auf, die etwa mit Riegls Geschlossenheit oder Brandis potenzieller Einheit assoziiert werden könnten. Deutlich wird in jedem Fall in allen vorgestellten Texten, dass es vordergründig nicht um die Alterung oder Fragmentierung eines Ensembles geht, sondern um dessen materielle Vollständigkeit und ästhetische Harmonie.

Konflikte um Integrität und urbanes Welterbe

Nachdem Integrität 2005 als *Qualifying Condition* für Weltkulturerbe und somit als eine Voraussetzung für die Nominierung von Welterbe eingeführt wurde, kam es zu zahlreichen Konfliktfällen, die vor allem urbanes Erbe betrafen und sich mit der Störung von Sichtachsen beschäftigten. Zwischen 2004 und 2011 überprüfte das Welterbekomitee 120 mögliche Gefährdungen der visuellen Integrität.[85] Im Zentrum aller diesbezüglichen Konflikte stand die Frage, wie Veränderungen harmonisch und verträglich in ein Ensemble integriert werden konnten. Der Gegensatz zwischen Veränderung und Erhalt von Ensembles, der in den vorangegangenen Dokumenten unter dem Begriff Integrität und verwandten Begrifflichkeiten verhandelt wurde, schrieb sich daher unmittelbar in die Bewertung dieser Konflikte ein. Ein Höhepunkt der Auseinandersetzungen war das Wiener Memorandum, das in unmittelbarer Nachfolge der

---

85   UNESCO 2013, S. 16–17.

Charta von Venedig und der Empfehlung von Nairobi steht.[86] Letztlich wurde das Wiener Memorandum nicht durch das Welterbekomitee verabschiedet.[87] Dennoch ist das Dokument aussagekräftig, um die direkte Genealogie an Dokumenten weiter aufzuzeigen, die die Interpretation von Integrität, Denkmalpflege und Welterbe miteinander verbindet.

In Wien versammelten sich im Mai 2005 600 Expert*innen aus 55 Ländern und entwarfen das Wiener Memorandum, das zur Integration von Neubauten in Städten Stellung nahm. Eine explizite Empfehlung des Memorandums lautet:

»With regard to historic urban areas already inscribed on the World Heritage List, the concept of the historic urban landscape and the recommendations expressed in this Memorandum need to be taken into account when reviewing any potential or ascertained impact on the integrity of a World Heritage property.«[88]

Hier wird Integrität unmittelbar mit der Evaluation von Veränderungen in Welterbebereichen in Verbindung gebracht. Die Wahrung einer historischen Kontinuität, ästhetischer Qualitäten (beispielsweise Sichtachsen) und die Lesbarkeit sind laut Memorandum Ziele einer nachhaltigen Stadtentwicklung:

»Taking into account the basic definition (according to Article 7 of this Memorandum), urban planning, contemporary architecture and preservation of the historic urban landscape should avoid all forms of pseudo-historical design, as they constitute a denial of both the historical and the contemporary alike. One historical view should not supplant others, as history must remain readable, while continuity of culture through quality interventions is the ultimate goal.«[89]

Das Zitat verdeutlicht noch einmal, dass Anliegen wie Lesbarkeit, Kontinuität und der Schutz vor Veränderungen im historischen Bestand für den Erhalt historischer Stadtlandschaften eine vielfach angeführte Argumentationsgrundlage sind und dass diese Argumentationsgrundlage immer wieder auf das Bewahren einer Integrität zurückgeführt wird.

---

86 Caviezel 2015, S. 44.
87 Ebd., S. 46–47.
88 UNESCO, Fifteenth General Assembly of States Parties Concerning the World Cultural and Natural Heritage (10–11.10.2005) 2005, Art. 32a.
89 Ebd., Art. 21.

Die Konferenz 2013 in Agra (Indien) setzte sich explizit mit der visuellen Integrität auseinander. Anlass war, dass die rein ästhetisch motivierte Anwendung von Integrität nicht in den Welterberichtlinien definiert ist (vgl. Kap. III.3).[90] Im Background Document zum Meeting verweist ICOMOS explizit auf das Wiener Memorandum.[91] Beispiele für Konflikte um visuelle Integrität, die hier außerdem aufgeführt werden, sind etwa Welterbestätten in Liverpool, Köln und St. Petersburg.[92] Demnach pflanzt sich der immer selbe Konflikt in den Dokumenten und Beurteilungen zwischen Veränderung und Erhalt fort. Im Zentrum steht hierbei die Frage um Integrität. Bis in die jüngste Vergangenheit durchzieht dieselbe Frage die geschilderten Debatten: Wie kann mit Veränderungen in Ensembles, Denkmalbereichen oder Welterbebereichen umgegangen werden? Somit dreht sich die Debatte letztlich um das Problem, inwiefern historische Objekte konserviert und Veränderungen in materieller wie ästhetischer Hinsicht integriert werden können. Dabei orientieren sich die Diskussionen stets mindestens latent am europäisch geprägten Vorstellungen vom Konservieren eines historischen Objekts. »Integrität« ist hier ein Schlüsselbegriff und verweist auf eine gewünschte Geschlossenheit, Homogenität und historische Kontinuität von Bereichen.

Integrität als Kriterium für den ästhetischen und materiellen Schutz eines Areals

Der enge Bezug zwischen der europäisch geprägten Denkmaldebatte und dem Welterbe wird allein schon deshalb offenbar, weil die Charta von Venedig oder die Empfehlung von Nairobi sowohl als Grundsatzerklärungen für die Idee ›Welterbe‹ als auch als Grundlagen der internationalen städtebaulichen Denkmalpflege gelten. In der Literatur verweisen etwa Albert und Ringbeck oder Scarrocchia auf konkrete Bezüge der Charta von Venedig zu Riegl oder Brandi.[93] Unmittelbare Referenzen im Wortlaut oder Verweise gibt es in den besprochenen Texten nicht. Vielmehr setzt sich ein vager Bezug fort, der für Ensembles in erster Linie einen dichotomen Gegensatz zwischen Veränderung und Erhalt, Disharmonie und Harmonie, Heterogenität und Homogenität bedeutet. Die Rhetorik vermittelt unterschwellig den Eindruck

---

90 UNESCO 2013, S. 2.
91 Ebd., S. 17.
92 Nezhad/Eshrati/Eshrati 2016, S. 100.
93 Albert/Ringbeck 2015, S. 51; Scarrocchia 2010, S. 73.

einer Stadtentwicklung, die einer natürlichen Evolution folgen soll. Der konkreteste Bezug, der wiederholt auftaucht, ist der Verweis auf Brandis Restaurierungstheorie. Naheliegend erscheint eine Engführung von Integrität und Brandis potenzieller Einheit, die vorsieht, dass auch ein fragmentiertes Kunstwerk potenziell noch über den Kern seiner Bedeutung verfügt (vgl. Analyse der Terminologie der Teoria del Restauro (1963)). Jokilehto versteht ebenso die *Qualifying Condition* Integrität als ein Konzept, das von Brandi stamme, wie bereits dargelegt.[94] Allerdings wird Integrität in den vorgestellten Dokumenten weniger als ein kritisches Reflektieren der Botschaft eines Kunstwerks skizziert, wie Brandi es anstrebt, sondern als der zielgerichtete Schutz einer materiellen wie ästhetischen Vollständigkeit. Zunächst könnte die Botschaft zum Schutz der Integrität vermeintlich harmlos lauten: Nach Möglichkeit soll das Objekt möglichst lange unverändert erhalten bleiben. Allerdings verbirgt sich in dem Wunsch nach Integrität nicht nur ein neutrales Konservieren, sondern in der Charta von Venedig, der Welterbekonvention, der Empfehlung von Nairobi und dem Wiener Memorandum zeichnet sich ab, dass dieser Wunsch schnell mit Begriffen wie »homogen« oder »evolutionär« oder »kontinuierlich« ergänzt wird und somit immer auch das Momentum eines totalitären Schutzes einer homogenen Einheit enthält.

III.3 Das Kriterium Integrität und dessen Anwendung auf Weltkulturerbe: Analyse von Statements of Integrity 2005–2021

Bisher fehlt eine Untersuchung, die sich mit den Argumenten befasst, die Integrität für das individuelle Weltkulturerbe begründen. Die Literatur geht zwar darauf ein, wie Integrität definiert werden könnte oder welche Deklarationen beziehungsweise Chartas Anhaltspunkte für eine Bestimmung der Integrität geben könnten, aber eine belastbare Analyse der eigentlichen Anwendung in Eintragungen zu Weltkulturerbe gibt es bisher nicht.[95] Eine solche Analyse nimmt das nächste Kapitel vor. Zunächst möchte ich jedoch knapp auf die Definitionen von Integrität in der Literatur zum Welterbe eingehen, bevor ich im Detail auf die Bestimmungen in den Welterberichtlinien und einzelne Eintragungen eingehe.

---

94 Jokilehto, Defining the Outstanding Universal Value 2006, S. 2–3.
95 Jokilehto, Considerations on Authenticity and Integrity 2006; Jokilehto, Defining the Outstanding Universal Value 2006; Nezhad/Eshrati/Eshrati 2016; Stovel 2007.

Jokilehto nennt in seiner Definition von Integrität drei Formen von Integrität, auf die sich weitere Autor*innen beziehen:

»The **social-functional integrity** of a place is referred to the identification of the functions and processes on which its development over time has been based, such as those associated with interaction in society, spiritual responses, utilisation of natural resources, and movements of peoples. The spatial identification of the elements that document such functions and processes helps to define the **structural integrity** of the place, referring to what has survived from its evolution over time. These elements provide testimony to the creative response and continuity in building the structures and give sense to the spatial environmental whole of the area. **Visual integrity**, instead, helps to define the aesthetic aspects represented by the area. It is on such dimensions of integrity that one can base the development of a system of management so as to guarantee that the associated values would not be undermined. In many cases, it is not enough to focus on the limited World Heritage area, but rather take into account a vaster territorial context.«[96] [Herv. i. Orig.]

Jokilehtos Definition richtet den Fokus vorwiegend auf das Nachvollziehen einer Kontinuität beziehungsweise einer historischen Evolution, die sich in sozialen, funktionalen und strukturellen Aspekten widerspiegeln kann. Daneben ist die visuelle Integrität, also ästhetische Aspekte, von Bedeutung. Allerdings bleibt die Definition vage und beschränkt sich auf allgemeine Umschreibungen. Stovel bezieht sich bei seinen Ausführungen auf Jokilehtos Vorschläge für die Definition von Integrität.[97] Er fasst in seinen Schlussfolgerungen Integrität und Authentizität als Werte zusammen, um ein übergreifendes Bewertungsschema für das Welterbe vorzuschlagen. Dabei nennt Stovel funktionale Kontinuität als ein Schlüsselkriterium.[98] Eshrati, Eshrati und Nezhad stützen sich wiederum auf Jokilehto und Stovel sowie auf einen Artikel von Mechtild Rössler zur Authentizität von Kulturlandschaften.[99] Die Autor*innen beschreiben wie Jokilehto unterschiedliche Formen der Integrität, unter anderem die sozial-funktionale, historisch-strukturelle und visuell-ästhetische In-

---

96 Jokilehto, Considerations on Authenticity and Integrity 2006, S. 14.
97 Stovel 2007, S. 27–28.
98 Ebd., S. 32.
99 Nezhad/Eshrati/Eshrati 2016, S. 100.

tegrität.¹⁰⁰ Insgesamt bleiben die genannten Definitionen – ähnlich wie auch die bisher besprochenen Umschreibungen von Integrität (vgl. Kap. III.1 und III.2) allgemein. Daher ist eine Analyse, die die bisherige Begründung und Anwendung von Integrität in den Blick nimmt, lohnend, weil sie bereits etablierte Begründungspraktiken aufzeigt.

In den *Operational Guidelines*, die die Kriterien für Welterbe definieren, begründet § 88 Integrität für Kultur- und Naturerbe:

»88. Integrity is a measure of the wholeness and intactness of the natural and/orcultural heritage and its attributes. Examining the conditions of integrity, therefore requires assessing the extent to which the property:
a) includes all elements necessary to express its Outstanding Universal Value;
b) is of adequate size to ensure the complete representation of the features and processes which convey the property's significance;
c) suffers from adverse effects of development and/or neglect.
This should be presented in a statement of integrity.«¹⁰¹

Integrität ist laut Zitat ein Maß für Ganzheit und Unversehrtheit eines Welterbes. Um die Ganzheit und Unberührtheit einschätzen zu können, muss eine wie auch immer geartete Einheit definiert werden, deren Integrität bemessen werden kann. Außerdem muss diese Einheit alle Eigenschaften des OUV repräsentieren können. Aus der Formulierung »suffer from adverse effects of development and/or neglect« folgt, dass Integrität auch als ein Maß dient, um die Vollständigkeit einer Welterbestätte zu beurteilen beziehungsweise nachteilige Effekte durch Entwicklung (Veränderung) oder Vernachlässigung einzuschätzen. Weitere Anhaltspunkte für die maßgeblichen Aspekte, die die Integrität eines Weltkulturerbes ausmachen, enthält § 89 der *Operational Guidelines*:

»89. For properties nominated under criteria (i) to (vi), the physical fabric of the property and/or its significant features should be in good condition, and the impact of deterioration processes controlled. A significant proportion of the elements necessary to convey the totality of the value conveyed by the property should be included. Relationships and dynamic functions present

---

100 Ebd., S. 102.
101 UNESCO 2021, § 88.

in cultural landscapes, historic towns or other living properties essential to their distinctive character should also be maintained.«[102]

Demnach erfordert Integrität eine Vollständigkeit der Materialität und der Eigenschaften beziehungsweise einen guten Zustand eines Weltkulturerbes. Laut Zitat wird eine Vermittlung der Gesamtheit der Werte (»totality of the value«) angestrebt, für die das Weltkulturerbe steht. Außerdem muss der Verfall zugunsten der Integrität kontrolliert werden. Essenzielle Beziehungen und dynamische Funktionen, die zum Charakter eines Weltkulturerbes beitragen, sollen erhalten bleiben. Insgesamt geht es bei der Bewertung von Integrität also darum, zu beurteilen, wie eindrücklich ein Weltkulturerbe den Kern seiner zugeschriebenen Bedeutung vermitteln kann. Außerdem sollen Veränderungen vermieden beziehungsweise kontrolliert werden.

Bereits aus dieser knappen Analyse geht hervor, dass Integrität unter Umständen nicht als weicher oder offener Wert für Weltkulturerbe interpretiert werden kann, sondern harte Maßstäbe anlegt wie etwa Unveränderlichkeit der historischen Substanz oder uneingeschränkte Lesbarkeit einer zugeschriebenen Bedeutung. Allerdings wird in § 89 auch auf den Erhalt dynamischer Funktionen oder Beziehungen verwiesen. Es wird nicht sofort klar, was mit dieser Formulierung gemeint sein könnte. Fraglich ist allgemein, wie die beiden Paragrafen auf einzelne Welterbestätten übertragen werden sollen, denn neben § 89 befindet sich seit 2005 folgende Fußnote: »Examples of the application of the conditions of integrity to properties nominated under criteria (i)–(vi) are under development.«[103] Demnach ist noch nicht definiert, wie Integrität auf Kulturerbe angewendet werden kann.

Im Folgenden wird gezeigt, welche Interpretationspraktiken sich aus den unscharfen Angaben aus den *Operational Guidelines* entwickelt haben. Dazu wurden sämtliche *Statements of Integrity* für das Weltkulturerbe überprüft, das ab 2005 nominiert wurde oder auf die Roten Liste des gefährdeten Welterbes gesetzt wurde. Insgesamt handelt es sich um 275 Eintragungen. 21 Eintragungen der Welterbeliste beziehungsweise der Roten Liste erwähnen entweder Integrität nicht oder fassen sie mit dem zweiten Kriterium Authentizität zusammen, sodass für diese eine differenzierte Analyse nicht möglich war. Der gewählte Zeitraum von 2005 bis 2021 ergibt sich aus der Tatsache, dass Integrität erst seit 2005 eine *Qualifying Condition* für Weltkulturerbe ist.

---

102 UNESCO 2021, § 89.
103 Ebd., § 89.

Deshalb wurden alle Statements untersucht, die seitdem für neu nominiertes Weltkulturerbe verfasst werden. Nachträglich verfasste Statements für Weltkulturerbe, das vor 2005 nominiert wurde, wurden nicht berücksichtigt. Alle untersuchten Statements sind Bestandteil der offiziellen Begründung für die Eintragung einer Welterbestätte und finden sich auf der Website der UNESCO. Somit orientiert sich die Analyse – ähnliche wie Mager vorgeht – nicht an den vieldeutigen Formulierungen in den Welterberichtlinien, sondern an tatsächlichen Eintragungen.[104] Dabei versteht sich die Analyse nicht als quantitativ, sondern als eine qualitative Interpretation, die bestimmte Formulierungs- und Bewertungslogiken aufzeigt. Nacheinander werden die Eigenschaften vorgestellt, die in den untersuchten *Statements of Integrity* dominierten.

Definition räumlicher Grenzen

Die §§ 88–89 der Welterberichtlinien nennen als Voraussetzung für das Erfüllen der Integrität, dass alle Elemente, die den OUV vermitteln, in den räumlichen Grenzen der Welterbestätte enthalten sein müssen:

»88. Integrity is a measure of the wholeness and intactness of the natural and/or cultural heritage and its attributes. Examining the conditions of integrity, therefore requires assessing the extent to which the property:
a) includes all elements necessary to express its Outstanding Universal Value;
b) is of adequate size to ensure the complete representation of the features and processes which convey the property's significance; [...]
This should be presented in a statement of integrity.«[105]
»89. [...] A significant proportion of the elements necessary to convey the totality of the value conveyed by the property should be included.«[106]

Die Angaben in §§ 88–89 sind vergleichsweise konkret. Beinahe jedes *Statement of Integrity* definiert in der Folge einen Raum, in dem der OUV eingegrenzt werden kann, wie bei diesen Beispielen:

»The areas have **adequate delimitation** in order to ensure the representation and preservation of the values as well as integrity of the site. **Each nomi-**

---

104 Mager 2016, S. 227.
105 UNESCO 2021, § 88.
106 Ebd., § 89.

nated component is located within a buffer zone; they include: [...]«[107] [Herv. D. Verf.] (The Porticoes of Bologna, Eintragung 2021)

»Within their boundaries the ancient ferrous metallurgy sites contain all the essential attributes of Outstanding Universal Value. [...] The distance at which dwellings are located, and the sacred nature of these zones, which are connected to the blacksmiths, are a guarantee of the protection of integrity. [...]«[108] [Herv. d. Verf.] (Ancient Ferrous Metallurgy Sites of Burkina Faso, Eintragung 2019)

»The property covers the area that reflects the layout of the early town and port in Bridgetown and the overall Garrison, with all its historic components. These two elements are linked by a narrow strip along Bay Street, which creates the urban relation between the garrison, the city and the port. Within Bridgetown, the early 17th century path and road network still forms the basis of the organic street layout.«[109] [Herv. d. Verf.] (Historic Bridgetown and its Garrison, Eintragung 2011)

Formulierungen wie »within their boundaries [...] contain all the essential attributes of Outstanding Universal Value« oder »covers the area that reflects [...] with all its components« markieren das Abstecken räumlicher Grenzen, um alle als wichtig definierten Elemente eines Weltkulturerbes zu umfassen. Dabei wird Raum als eine Art Container oder Behälter mit festen Umgriffen aufgefasst, in dem Elemente oder Orte angeordnet sind. Insbesondere das Benennen von Grenzen ist regelmäßiger Bestandteil der *Statements of Integrity:*

»The boundaries of the Ensemble reflect the original design of the cultural centre around the new lake and include the four main buildings and most of their surrounding landscapes, both designed and natural. Only the west part of the lake is excluded from the boundaries.«[110] [Herv. d. Verf.] (Pampulha Modern Ensemble, Eintragung 2016)

»In general, all important remaining physical structures and objects that are testimony to the industrial pioneering period of the production of artificial fertilizer for agriculture in Norway in the early 20th century are within the

---

107 UNESCO World Heritage, The Porticoes of Bologna 2021.
108 UNESCO World Heritage, Ancient Ferrous Metallurgy Sites of Burkina Faso 2019.
109 UNESCO World Heritage, Historic Bridgetown and its Garrison 2011.
110 UNESCO World Heritage 2016.

III. Integrität als Kriterium zur Bewertung von UNESCO-Welterbe   137

boundaries of the area which is of adequate size to ensure the complete representation of the features and processes which convey the property's significance.«[111] [Herv. d. Verf.] (Rjukan-Notodden Industrial Heritage Site, Eintragung 2015)

»All the old architectural elements are included **in the nominated historic zone**, which **corresponds exactly with the Renaissance boundaries of the city.**«[112] [Herv. d. Verf.] (Episcopal City of Albi, Eintragung 2007)

Demnach gibt es bei einer Welterbestätte ein definierbares Innen und Außen, also eine räumliche Zone. Es gibt zwei unterschiedliche Zonen: eine ›Kernzone‹ und eine umgebende Pufferzone:

»The site includes the entire Caliphate city, and **its buffer zone preserves the context** of the city in its natural environment, as well as the remains of the main infrastructure of roads and canals that radiated from it.«[113] [Herv. d. Verf.] (Caliphate City of Medina Azahara, Eintragung 2018)

»The property, principally consisting of the bridge, the access ramp and the two riverbanks upstream and downstream, **is protected by its buffer zone on each bank of the Drina river**. [...]«[114] [Herv. d. Verf.] (Mehmed Paša Sokolović Bridge in Višegrad, Eintragung 2007)

So geht Integrität für Weltkulturerbe grundsätzlich mit dem Abstecken räumlicher Gesamtheiten oder Zonen einher, die in verschiedener Hinsicht geschützt werden sollen. Fraglich ist, ob Integrität als *Qualifying Condition* dazu beiträgt, die räumlichen Grenzen von Welterbe immer weiter zu fassen oder nachträglich zu erweitern. In sieben *Statemtents of Integrity* wird zumindest vorgeschlagen beziehungsweise angekündigt, die Grenzen des Welterbes zu erweitern, um den OUV noch umfassender abzubilden, oder es wurde bereits eine Erweiterung zugunsten der Integrität vorgenommen.[115] Jokilehto schreibt, Integrität beziehe sich nicht nur auf den eigentlichen Bereich einer

---

111   UNESCO World Heritage, Rjukan-Notodden Industrial Heritage Site 2015.
112   UNESCO World Heritage, Episcopal City of Albi 2007.
113   UNESCO World Heritage, Caliphate City of Medina Azahara 2018.
114   UNESCO World Heritage, Mehmed Paša Sokolović Bridge in Višegrad 2007.
115   Folgende Welterbestätten sind hier von betroffen: Ḥimā Cultural Area (2021), Dilmun Burial Mound (2019), Thimlich Ohinga Archaeological Site (2018), Agave Landscape and Ancient Industrial Facilities of Tequila (2006), Qal'at al-Bahrain – Ancient Harbour and Capital of Dilmun (2005), Rock Art in the Hail Region of Saudi Arabia (2015),

Welterbestätte, sondern umfasse einen wesentlich größeren territorialen Kontext.[116] Ein quantitativer Zusammenhang zwischen der Einführung von Integrität als *Qualifying Condition* für ein Weltkulturerbe und einer zunehmenden Größe von Welterbezonen ist bisher nicht hergestellt worden.

Die Soziologin Martina Löw beschreibt als strukturprägendes Merkmal der Moderne eine Raumvorstellung, die Raum als Container betrachtet und in homogene Zonen unterteilt.[117] Vor allem § 88 begünstigt aus meiner Sicht diese moderne Vorstellung von Raum als Zone, weil das Definieren von Grenzen eingefordert wird. In den *Statements of Integrity* wird § 88 entsprochen, indem mit den immer selben Formulierungen Grenzziehungen vorgenommen werden. Demnach wird Weltkulturerbe in den Statements als eine homogene räumliche Einheit betrachtet. In *Zone Heimat* zeigt Vinken am Beispiel von Basel und Köln, dass Altstädte als räumliche Einheiten im Kontrast zur industrialisierten und modernisierten Stadt geprägt wurden. Dabei füge sich das moderne Konzept ›Altstadt‹ nahtlos in eine städtebauliche Vorstellung ein, die die Stadt in hierarchisierte und homogene Zonen untergliedert. So werde die Altstadt als Raum abgegrenzt und in die bestehende Stadt als homogene »Sonderzone« implantiert.[118] Integrität als *Qualifying Condition* für Weltkulturerbe scheint unmittelbar an dieses Konzept einer räumlichen Zonierung des Historischen anzuschließen und es nicht nur auf Städte, sondern auf jede Form des Weltkulturerbes zu übertragen.

Taxieren von Risiken und negativen Einflüssen

Neben dem Abstecken räumlicher Grenzen werden in vielen *Statements of Integrity* akute Gefahren beschrieben, der eine Weltkulturerbestätte in der Gegenwart ausgesetzt ist oder die in der Zukunft drohen könnten. Diese Passagen nehmen auf folgende Hinweise in den §§ 88 und 89 in den *Operational Guidelines* Bezug:

> »88. [...] Examining the conditions of integrity, therefore requires assessing the extent to which the property: [...]

Cultural Landscape of Bali Province: the Subak System as a Manifestation of the Tri Hita Karana Philosophy (2012).
116 Jokilehto, Considerations on Authenticity and Integrity 2006, S. 14.
117 Löw 2018, S. 48.
118 Vinken 2010, S. 112–114.

c) suffers from adverse effects of development and/or neglect. This should be presented in a statement of integrity.«[119]

»89. For properties nominated under criteria (i) to (vi), the physical fabric of the property and/or its significant features should be in good condition, and the impact of deterioration processes controlled.«[120]

Demnach bemisst Integrität, inwieweit ein Welterbe negativen Einflüssen ausgesetzt ist. § 89 spezifiziert für das Kulturerbe zusätzlich, dass die Substanz sowie die bedeutsamen Eigenschaften des Weltkulturerbes in einem guten Zustand sein sollten. Darüber hinaus müssten Verfallprozesse unter Kontrolle sein. In § 181 der Richtlinien taucht Integrität in einer ähnlichen Bedeutung noch einmal gesondert auf. Der Paragraf befindet sich im Abschnitt zu den Voraussetzungen für die Eintragung von Welterbe auf die Rote Liste des gefährdeten Welterbes:

»181. In addition, the threats and/or their detrimental impacts on the integrity of the property must be those which are amenable to correction by human action. In the case of cultural properties, both natural factors and human-made factors may be threatening, while in the case of natural properties, most threats will be human-made and only very rarely a natural factor (such as an epidemic disease) will threaten the integrity of the property. In some cases, the threats and/or their detrimental impacts on the integrity of the property may be corrected by administrative or legislative action, such as the cancelling of a major public works project or the improvement of legal status.«[121]

Es handelt sich um eine Passage, die sich in leicht abgewandelter Form bereits seit 1983 in den *Operational Guidelines* befindet (vgl. Kap. III.1).[122] Laut der Regelung könnten natur- oder menschengemachte Faktoren die Integrität eines Weltkulturerbes gefährden. Ähnlich wie §§ 88–89 beschreibt § 181 den Schutz vor Gefahren oder Bedrohungen. Tatsächlich taucht der Begriff ›Integrität‹ in Protokollen des Welterbekomitees bereits vor 2005 in Entscheidungen zur Eintragung von Weltkulturerbe auf.[123] Ein naheliegender Grund hierfür ist, dass §

---

119   UNESCO 2021, § 88.
120   Ebd., § 89.
121   Ebd., § 181
122   UNESCO 1983, § 50.
123   Ausführlich hierzu in der vorliegenden Arbeit: vgl. Die Einführung von Integrität in den Operational Guidelines. Insgesamt nehmen die Nennungen von Integrität in den

181 bereits seit 1983 in Kraft ist und Integrität auf das Vermeiden von negativen Einflüssen festlegt.

In den *Statements of Integrity* wird in unterschiedlichen Formulierungen darauf eingegangen, wie man Risiken wie Veränderungen oder Zerstörungen vorbeugen könne. So zum Beispiel im *Statement of Integrity* der *Ancient Ferrous Metallurgy Sites of Burkina Faso*, die 2019 eingetragen wurden:

»[...] Nevertheless, the conditions of integrity are vulnerable because of soil erosion by water and wind, drought cycles and in some cases desertification, the colonization of some furnaces by termites and trees, and small-scale gold mining.«[124] (Ancient Ferrous Metallurgy Sites of Burkina Faso, Eintragung 2019)

Die metaphorische Verwendung des Adjektivs »vulnerable« (»bedroht«) verweist auf das Verständnis von Integrität als fragilem Zustand. Insgesamt kommt das Adjektiv in 60 Statements der 275 untersuchten Begründungen vor. Weitere Begriffe sind »suffer« (43 Nennungen) oder »threat« (43 Nennungen), die belegen, in wie vielen Statements Bedrohungen angesprochen werden. Selbst wenn keine Beeinträchtigung vorliegt, wird noch einmal erwähnt, dass aktuell keine akuten Gefährdungen vorhanden sind, wie im Fall des Naumburger Doms, der 2018 als Weltkulturerbe nominiert wurde: »[...] The structural elements of the 13th century are intact and do not suffer from adverse effects of development or neglect.«[125] So wird Integrität teils über eine Negativität definiert, denn es wird nicht direkt benannt, was Integrität ausmacht, sondern aufgezählt, welche Einflüsse Integrität mindern. Auf diese Weise wird in den *Statements of Integrity* im Regelfall eine Einheit in ihren Grenzen bestimmt und alle Effekte aufgezählt, die dieser Einheit in ihrer Geschlossenheit schaden könnten. Pollmann nimmt an, Integrität könne als eine Art stillschweigendes Wohlergehen verstanden werden. Dieser Zustand zeichne sich zunächst durch Passivität aus und bewirke aus sich heraus nichts. In der Folge werde Integrität nicht selbst definiert, sondern die negativen Einflüsse, die der Integrität abträglich seien. Deshalb sei Integrität besonders anschlussfähig für Metaphern von Gesundheit und Krankheit.[126]

Protokollen zu den Nominierungsverfahren meiner Einschätzung nach seit Mitte der 1990er-Jahre zu.

124 UNESCO World Heritage, Ancient Ferrous Metallurgy Sites of Burkina Faso 2019.
125 UNESCO World Heritage, Naumburg Cathedral 2018.
126 Pollmann 2005, S. 73–74.

Anhand der untersuchten Statements scheint sich Pollmanns Diagnose zu bestätigen. Im Statement of Integrity zur 2021 eingetragenen Kirche Altàntida wird sogar davon gesprochen, dass das Gebäude nicht unter Krankheiten leide: »[...] Thanks to a recent conservation programme, the building does not face any risks, and the pathologies affecting it can be treated.«[127] Gleichwohl muss kritisch angemerkt werden, dass die in den Statements suggerierte Passivität – entweder es gibt äußere Einflüsse oder es gibt keine – Integrität in gewisser Weise naturalisiert. Dadurch wird der Anschein erweckt, dass das Abgrenzen einer homogenen Einheit, in die nicht eingegriffen werden darf, ein gegebener Zustand sei. Tatsächlich wird hier jedoch ein Zustand hergestellt, indem beispielsweise aktiv Grenzen gezogen werden sowie zwischen negativen und positiven Faktoren unterschieden wird.

Harrison definiert das Abwägen von Risiken und die Angst vor Verlust oder Zerstörung als konstituierend für moderne Verständnisse von Zeitlichkeit. Für die Erfahrung der Moderne sei ein permanentes Gefühl von Veränderung und Fortschritt kennzeichnend. In der Spätmoderne sei diese Erfahrung noch verstärkt worden. Im Umkehrschluss stelle sich ein Drang danach ein, Risiken und damit die Zukunft zu kontrollieren.[128] Laut Harrison schreiben sich in die Entstehung der modernen Denkmalpflege Perspektiven und Praktiken ein, die Denkmäler vor potenziellen Risiken schützen.[129] In der Spätmoderne sind im Bereich des kulturellen Erbes zahlreiche Initiativen und Programme entstanden, die gefährdetes Erbe schützen oder retten möchten. Auch im Bereich Welterbe hat sich das Management von Risiken beispielsweise über die Rote Liste des gefährdeten Welterbes etabliert.[130] Zusätzlich wird in beinah jeder Präambel oder Einleitung zu Dokumenten, Chartas oder Deklarationen eindringlich vor der Zerstörung des Welterbes gewarnt. Diese Warnungen sind ein mantraartig zitiertes Element diverser Dokumente, beispielsweise in der *Empfehlung zum Schutz von Ensembles (historischen Bereichen) und ihrer Rolle im heutigen Leben*[131], die OPG von 2017[132], die Präambel der Washingtoner Deklarati-

---

127 UNESCO World Heritage, The Work of Engineer Eladio Dieste: Church of Atlántida 2021.
128 Harrison 2013, S. 26–28.
129 Ebd., S. 46.
130 Ebd., S. 81–82.
131 Langini 2012, S. 90–108.
132 UNESCO 2017, § 4.

on[133] oder die Bonner Deklaration zum 70. Jubiläum der UNESCO[134]. Somit wird auch die allgemeine Begründung für die Notwendigkeit von Welterbe an die Erzählung von einem ständig drohenden Verlust geknüpft, der regelmäßig referenziert wird. Integrität als *Qualifying Condition* scheint gerade dieses Bedürfnis zu bedienen, Gefahren zu identifizieren und Risiken für Welterbe zu kalkulieren. Auf diese Weise wird Weltkulturerbe zu einem fragilen Gut, dessen Integrität jederzeit durch Veränderung gefährdet werden kann. Antizipierende Vorgehensweisen, um Welterbe zu schützen wie Monitoring oder Managementpläne erhalten auf diese Weise durch Integrität ein besonderes Gewicht, indem die Pläne dazu beitragen sollen, Gefahren in der Zukunft zu vermeiden und so die Integrität zu kontrollieren.

Historische Entwicklungslogiken und Kontinuitäten

Neben den räumlichen Grenzen und einem Schutz vor Gefahren wird in den *Statements of Integrity* auch die Nachvollziehbarkeit bestimmter historischer Entwicklungslogiken oder das Bewahren von Kontinuitäten angesprochen. Teilweise wird der Begriff »Kontinuität« unmittelbar genannt wie bei der 2017 eingetragenen Kulturlandschaft Taputapuātea in Französisch-Polynesien:

> »The property is a relict and associative cultural landscape with attributes that are tangible (archaeological sites, places associated with oral tradition, marae) and intangible (origin stories, ceremonies and traditional knowledge). It is an exceptional example of the juxtaposition and **continuity** of the ancient (traditional) and modern (contemporary) values of the mā'ohi people and their relationship with the natural landscape.«[135] [Herv. d. Verf.] (Taputapuātea Eintragung 2017)

Ein weiteres Beispiel ist das *Statement of Integrity* zu einem schweizerischen Weltkulturerbe, das die Stadtentwicklung zweier Uhrmacherstädte umfasst:

> »The integrity of the watchmaking vocation of the two towns of La Chaux-de-Fonds and Le Locle is total and has remained so for more than two centuries; furthermore, this vocation is still active. It is given concrete expression in the permanence of the ordered and cumulative street plans of the first half of the 19th century and the **continuity** of the basic architectonic motifs of

---

133 ICOMOS 1987.
134 UNESCO, The Bonn Declaration on World Heritage 2015, S. 1.
135 UNESCO World Heritage, Taputapuātea 2017.

III. Integrität als Kriterium zur Bewertung von UNESCO-Welterbe   143

the built structure, based on a comprehensive typology from the end of the 18th century until today [...].«[136] [Herv. d. Verf.] (La Chaux-de-Fonds/Le Locle, Watchmaking Town Planning Eintragung 2009)

In weiteren *Statements of Integrity* wird deutlich, dass Zäsuren oder Brüche in Konflikt mit der Begründung von Integrität als historischer Kontinuität stehen:

>»Within their boundaries the ancient ferrous metallurgy sites contain all the essential attributes of Outstanding Universal Value. They have all been preserved in their integrity and in their environment, with **no major disruption down the centuries.**«[137] [Herv. d. Verf.] (Ancient Ferrous Metallurgy Sites of Burkina Faso, Eintragung 2019)

In diesem Zitat, das die metallurgischen Stätten Burkina Fasos betrifft, wird vorausgesetzt, dass es keine größeren Umbrüche in der Geschichte des Weltkulturerbes gibt. Mit der Maßgabe, eine lang anhaltende Kontinuität zu repräsentieren, lassen sich auch Formulierungen verbinden, die sich auf ein organisches Wachsen eines Erbes beziehungsweise eine evolutionäre Entwicklung beziehen. Dies zeigt sich im *Statement of Integrity* zum Erzgebirge:

>»The property, an **organically evolved** mining cultural landscape, comprises 22 components that, as a whole, illustrate the process of configuration of the territory over 800 years on the basis of mining activities.«[138] [Herv. d. Verf.] (Erzgebirge/Krušnohoří Mining Region, Eintragung 2019)

Ein stetiger Verlauf der Geschichte wird in diesen Zitaten unterstrichen, um den Welterbestatus und die *Conditions of Integrity* zu rechtfertigen. Die Konstruktion solcher Kontinuitäten gewährleistet, dass Weltkulturerbestätten in der Lage sind, ein zusammenhängendes Narrativ zu entwickeln:

>»The Mozu and Furuichi groups of kofun provide a **cohesive narrative** of the kingly power expressed through the clustering of the 49 kofun, the range of types and sizes, the grave goods and haniwa, and the continuing ritual uses

---

136   UNESCO World Heritage, La Chaux-de-Fonds/Le Locle, Watchmaking Town Planning 2009.
137   UNESCO World Heritage, Ancient Ferrous Metallurgy Sites of Burkina Faso 2019.
138   UNESCO World Heritage, Erzgebirge/Krušnohoří Mining Region 2019.

and high esteem that these sites hold within Japanese society [...].«[139] [Herv. d. Verf.] (Mozu-Furuichi Kofun Group: Mounded Tombs of Ancient Japan, Eintragung 2019)

Statements of Integrity verweisen auf ein zusammenhängendes Narrativ, das eine bestimmte Kulturtechnik, Bauweise oder Struktur als Erbe definiert und bis in die Gegenwart reicht. Allerdings setzt eine solche Konstruktion von Kontinuitäten voraus, dass gezielte Perspektiven, die den ungebrochenen Verlauf der Geschichte belegen, unter Umständen bevorzugt werden. Zwar sind für Erbe als Übertragung gewisse Formen von Kontinuität notwendig, um den Übertragungsvorgang von der Vergangenheit bis in die Gegenwart verständlich zu machen. Jedoch besteht durch den Fokus auf Kontinuitäten die Gefahr, eine dominante Sicht auf ein Weltkulturerbe über andere Interpretationen zu erheben, die möglicherweise ebenso legitim wären.[140] Gleichzeitig stellt die Übertragung einer Erbschaft immer auch eine Zäsur dar, indem Erbe nur entsteht, wenn eine Form eines Endes eintritt. Dabei muss Erbe im Moment der Zäsur neu verhandelt und begründet werden.[141] Dieser Aspekt erhält in den zitierten Begründungen kaum Platz.

In den Welterberichtlinien selbst gibt es keine Passage, die als Voraussetzung für Integrität das Bewahren einer historischen Kontinuität vorsieht. Allerdings erwähnen die Bestimmungen des Wiener Memorandums[142] den Begriff »Kontinuität«:

»Taking into account the basic definition (according to Article 7 of this Memorandum), urban planning, contemporary architecture and preservation of the historic urban landscape should avoid all forms of pseudo-historical design, as they constitute a denial of both the historical and the contemporary alike. One historical view should not supplant others, as history must

---

139 UNESCO World Heritage, Mozu-Furuichi Kofun Group: Mounded Tombs of Ancient Japan 2019.
140 Willer hinterfragt Weltkulturerbe als Erbe-Konstruktion kritisch, weil es wenig Raum für Widersprüche biete (Willer 2014, S. 13–14).
141 Willer 2018, S. 291–292.
142 In der Stellungnahme wird die Vereinbarkeit von Neubauvorhaben und Weltkulturerbe verhandelt. Ausführlicher wird in Kapitel III.2 auf das Memorandum Bezug genommen.

remain readable, while continuity of culture through quality interventions is the ultimate goal.«[143]

Es wird der Anspruch erhoben, keine bestimmte Sicht auf die Geschichte dürfe eine andere überlagern. Zugleich ist jedoch Kontinuität das maßgebliche Ziel bei der Entwicklung von urbanem Welterbe. Kontinuität setzt voraus, dass eine bestimmte Interpretation des Erbes hervorgehoben wird, um den beständigen Fortgang eines Phänomens über die Zeit hinweg erzählbar zu machen. Ohne übergreifendes Narrativ beziehungsweise ohne Genealogie lassen sich historische Kontinuitäten nur schwer begründen.

Eshrati, Eshrati und Nezhad meinen, das Sichern von Kontinuitäten sei insbesondere vor dem Hintergrund sich schnell verändernder Städte zentral für das Erfüllen von Integrität als *Qualifying Condition* für Welterbe.[144] Ebenso argumentiert Jokilehto für eine Annäherung an Integrität und urbanes Welterbe über die Wahrung von Kontinuitäten. So betont Jokilehto für die Integrität historischer Stadtlandschaften die Bedeutung einer Kontinuität im Bauen und den Schutz der Architektur, die die Evolution des Orts wiedergebe.[145] Der Autor vergleicht das Bewahren von Integrität in Städten mit dem Schutz der organischen Entwicklung eines Biotops.[146] In diesem Sinne bekräftigt Integrität als historischer Wert das Konstruieren von Kontinuitäten in Narrationen von Weltkulturerbe und bedient Bedürfnisse nach einer Selbstvergewisserung – insbesondere vor dem Hintergrund sich schnell wandelnder gebauter Räume. Die Altstadt als »Zone Heimat« entsteht in der Moderne ebenso vor dem Hintergrund sich verändernder modernisierter Städte. Dabei fungiert sie auch als Gegensatz zum Wandel, indem sie das Eigene, Zeitlose und Echte einschließt.[147] Auf diese Weise reproduzieren die *Statements of Integrity* Motive, die in den Diskurs um den Gegensatz Altstadt und neue Stadt fest eingeschrieben sind.

Die Notwendigkeit, Welterbe als kontinuierliche Entwicklung der Menschheit zu begreifen, betonte der ehemalige Generaldirektor der UNESCO Amadou-Mahtar M'Bow schon 1980:

---

143 UNESCO, Fifteenth General Assembly of States Parties Concerning the World Cultural and Natural Heritage (10.–11.10.2005) 2005, Art. 21.
144 Nezhad/Eshrati/Eshrati 2016, S. 102.
145 Jokilehto 2008, S. 10.
146 Ebd., S. 17.
147 Vinken 2010, S. 113.

»The history of mankind begins to unfold from the moment that men's memories, their hopes and doubts, take shape in stone or find expression in a mask or a musical rhythm. In defiance of death the message is passed down from generation to generation, spinning the long thread of historical continuity that enables nations to perpetuate their collective identity [...].«[148]

Die Metapher des Fadens veranschaulicht noch einmal, inwiefern Kontinuitäten lineare Geschichtskonstruktionen bedingen können. Gleichzeitig verweist M'Bow darauf, dass Kontinuitäten dazu dienen, kollektive Identitäten von Nationen zu verewigen. So betont auch Glendinning, es sei eine der ersten Funktionen von Monumenten gewesen, die Kontinuität und das Erbe von Nationen zu verbürgen.[149] In der Folge scheint Integrität, wenn man sie mit dem Schutz einer historischen Kontinuität gleichsetzt, einen Wert im Welterbeprogramm darzustellen, der an die Bedeutung und Funktion nationaler Monumente anschließt. Insoweit fügt sich Integrität in eine Logik ein, die Welterbe als Eigenes vor dem Anderen schützt und der Stützung nationaler Identitäten dient.

Allgemein lässt sich argumentieren, dass das Propagieren einer nationalen Identität und der Anspruch auf die Integrität von Kulturerbe unmittelbar ineinandergreifen. Beispielsweise definiert der Politikwissenschaftler Jörn Knobloch drei Fixierungen des Sozialen, die kollektive Identitäten bedingen, zu denen er nationale Identitäten zählt:

»1. Die Fixierung in der Zeit, indem eine Geschichte erzählt wird, mit der die Existenz der Identitäten über einen bestimmten Zeitraum hinweg stabil gehalten werden soll.
2. Die Fixierung der Einheit der Mitglieder, welche sich miteinander selbst vereinheitlichen und damit von anderen unterscheidbar machen.
3. Die Fixierung des Grundes der Identität, um die Kontingenz der eigenen Existenz zu negieren.«[150]

An alle diese Fixierungen ist Integrität anschlussfähig, indem das Konzept die Vorstellung von Unversehrtheit, Ganzheit und Vollständigkeit vorsieht und somit unmittelbar auf die Abgrenzung einer unantastbaren Einheit gegenüber einem Außen bezogen werden kann. Sowohl für Knobloch als auch für die Soziologin Heike Delitz, die Knobloch ausführlich zitiert, sind kulturelle Arte-

---

148 M'Bow 1980, S. 4.
149 Glendinning 2003, S. 362.
150 Delitz 2018, S. 30; Knobloch 2020, S. 53.

fakte für kollektive Identitäten konstituierend, indem sie Identitäten manifestieren, stabilisieren und historische Kontinuität suggerieren.[151] Kulturelle Artefakte können so auch eine angestrebte nationale Identität widerspiegeln. Wenn Denkmäler Identitäten unterstützen sollen, scheint das Ergebnis laut Meier oftmals die Rekonstruktion eines homogenen Altstadtbilds zu sein und die Selektion von Geschichte, um eine ungebrochene Kontinuität zu belegen.[152] Somit scheint weniger das historische Objekt als fragmentiertes anschlussfähig für die Versinnbildlichung kollektiver Identitäten, sondern das historische Objekt, das in seiner Materialität und Ästhetik integer ist. Auf diese Weise reflektiert die Integrität des historischen Objekts die Stabilität und Eindeutigkeit der jeweiligen kollektiven Identität. Die Analyse der Statements of Integrity belegt eine an diese Überlegungen anschlussfähige Logik, die die Konstruktion von Kontinuitäten in Narrativen zur Bewertung von Weltkulturerbe privilegiert.

An dem Begriff »Kontinuität« lässt sich noch ein weiterer Aspekt aufzeigen, der inhaltliche Überschneidungen mit der zweiten *Qualifying Condition* Authentizität betrifft. In seiner Monografie zu Authentizität und Welterbe versteht Mager die »dokumentarische Glaubwürdigkeit der künstlerischen und historischen Dimension von Bauwerken« als Grundlage für Authentizität. Ferner grenzt er Rekonstruktionen als fiktionalisierte und wenig faktenorientierte Erinnerung von authentischem Erbe ab. Es sei bedenklich, Rekonstruktionen »als historisches Erbe, als Baudenkmal auszuweisen«, weil Erbe im Gegensatz zu Rekonstruktionen das Kriterium der Einzigartigkeit erfüllen müsse.[153] Dabei verwendet Mager die Begriffe »Erbe« und »Baudenkmal« in der betreffenden Passage synonym und grenzt sie nicht voneinander ab. Eine seiner abschließenden Folgerungen lautet:

> »Als sinnvolle Maxime einer globalen als auch lokalen Denkmalpflege und unabhängig von kulturellen Hintergründen muss Authentizität für eine materielle oder immaterielle, zäsurlose Kontinuität bürgen. Ihr muss darüber hinaus die jeweilige Gegenwartsbezogenheit der Bestandteile, die ein Denkmal ausmachen, zu Grunde liegen, wozu natürlich auch lebendige Traditionen zählen können. Indem Authentizität für einen Zeugniswert bürgt, der es ermöglicht, die Vergangenheit von ihrer Interpretation abzugrenzen, ist die

---

151 Knobloch 2020, S. 54.
152 Meier 2020, S. 415–417.
153 Mager 2016, S. 227–228.

Forderung nach ihr dem Erhalt der Baudenkmale dienlich, ohne sie den Bedürfnissen der Gegenwart zu entziehen und ohne künftigen Generationen zu verwehren, ihre eigenen Fragen an die Vergangenheit zu richten.«[154]

Demnach definiert Mager Authentizität als das Bewahren einer »zäsurlosen Kontinuität«, ähnlich wie es auch für Integrität in den analysierten Statements auftaucht. Mager fasst Authentizität dabei in erster Linie als Wert auf, der sich auf die materielle Beschaffenheit eines Welterbes bezieht.

Svenja Hönig skizziert in ihrem Beitrag *Das atmosphärische Ensemble*, wie das Ensemble als Konzept zu Beginn des 20. Jahrhunderts in der europäischen Denkmalpflege verankert wurde. Dabei sei der Bewertung von Ensembles ein Konflikt zwischen dem Bezug auf Stimmungswerten und einem ›objektivierten‹ Erhalt der historischen Substanz eingeschrieben.[155] Bezieht man mit ein, dass Mager Authentizität in Bezug auf Welterbe vor allem an die »dokumentarische Glaubwürdigkeit« der historischen Substanz knüpft, scheint es, als ob die Begriffe »Integrität« und »Authentizität« im Welterbeprogramm den von Hönig angesprochenen Konflikt im Ensembleschutz der Denkmalpflege widerspiegeln. So wird Authentizität mit der ›echten‹ historischen Substanz assoziiert, während Integrität die Kontinuität eines ideellen Kerns und die Schauwerte eines Welterbes schützt.

Andererseits werden in den zitieren *Statemtents of Integrity* und in der Literatur Aspekte beschrieben, die sowohl auf die Substanz bezogen sind als auch darauf, den ideellen Kern oder die Idee eines Welterbes zu bewahren. Tatsächlich wird in der Debatte um Welterbe kritisch angemerkt, dass beide Begriffe – Authentizität und Integrität – teils identisch auf Erbe angewendet werden und nicht ausreichend unterschieden würden. Beispielsweise bemerkt ICOMOS diesen Umstand 2012 auf einem Expert*innenmeeting zu Integrität.[156] Semantisch können Integrität und Authentizität als verwandt gelten, weil sich beide Begriffe auf Formen der Wahrhaftigkeit beziehen.[157]

Stovel arbeitet heraus, dass die Vorgaben für Authentizität in den Welterberichtlinien eine US-amerikanische Definition von dem Begriff »Integrität«, die seit 1953 im American National Register for Historic Places verwendet wird, zum Vorbild haben. Dieser US-amerikanische Integritätsbegriff le-

---

154 Ebd., S. 230–231.
155 Hönig 2019, S. 55–59.
156 UNESCO, International Expert Meeting on Integrity for Cultural Heritage (12.–14.03.2012) 2012, S. 11.
157 Pollmann 2005, S. 21.

ge seinen Schwerpunkt auf die Fähigkeit eines Objekts, seine Bedeutung zu vermitteln (»the ability of a property to convey its significance«).[158] Somit hängen Annahmen, die Authentizität am Erhaltungsgrad eines Originalzustands bemessen, mit der beschriebenen US-amerikanischen Definition von Integrität zusammen.[159] Wie gezeigt wurde, beurteilen *Statements of Integrity* die Integrität eines Weltkulturerbes teilweise auch anhand eines möglichst lückenlosen Originalzustands. Die inhaltlichen Überschneidungen zwischen Integrität und Authentizität leiten sich dabei möglicherweise davon ab, dass Authentizität eigentlich auf einem Integritätsbegriff beruht, nämlich dem aus dem amerikanischen American National Register for Historic Places. Kritisch sei allgemein angemerkt, dass für die Bewertung von Welterbe oftmals immer dieselben Begriffe und Formulierungen verwendet werden, sodass die Unterscheidung von Werten wie Integrität und Authentizität in manchen Fällen schwer fällt. In der Folge wirken Begründungen teilweise austauschbar und wenig differenziert.

Auf welche historischen Zeitschichten beziehen sich die Kontinuitäten in den *Statements of Integrity*? Anhand der Analyse wird deutlich, dass es sich oftmals um eine bestimmte Periode, besondere Blütezeiten einer Kultur oder Originalzustände handelt, weshalb die Bedeutung eines Weltkulturerbes in den *Statements of Integrity* an einzelnen historischen Ereignissen oder an Entstehungsmomenten veranschaulicht und verdichtet wird. In den *Operational Guidelines* könnte § 88 die Begründung für ein solches Vorgehen liefern:

> »88. Integrity is a measure of the wholeness and intactness of the natural and/or cultural heritage and its attributes. Examining the conditions of integrity, therefore requires assessing the extent to which the property:
> [...]
> b) is of adequate size to ensure the **complete representation** of the features and processes which convey the **property's significance**;
> [...]
> This should be presented in a statement of integrity.«[160] [Herv. d. Verf.]

Demnach soll die historische Bedeutung eines Welterbes eindeutig und vollständig an der Weltkulturerbestätte vermittelt werden können. Ambivalenzen, Lücken oder einzelne Spuren rücken dadurch aus dem Fokus der Begründung

---

158 Stovel 2007, S. 23.
159 Ebd., S. 28.
160 UNESCO 2021, § 88.

der Integrität. Stattdessen wird eine lineare und eindeutige Vermittlung einer lesbaren Geschichte erwartet. So weisen Formulierungen in *Statements of Integrity* auf bestimmte Zeitschichten oder Blütezeiten hin:

»All component parts consist of a combination of relict landscape layers which together illustrate the **flourishing period** of the Colony model.«[161] [Herv. D. Verf.] (Colonies of Benevolence, Eintragung 2021)

»The buildings and other urban features contained within the property include all archaeological remains since the time of Hammurabi until the Hellenistic period, **and specifically urbanistic and architectural products of the Neo-Babylonian period when the city was at the height of its power and glory**. These represent the complete range of attributes of the property as a **unique testimony to the Neo-Babylonian civilization**, and the material basis for its cultural and symbolic associations.«[162] [Herv. d. Verf.] (Babylon, Eintragung 2019)

»The remains of the walls and street fabric provide a **representative testimony to the Kingdom of Hormuz**, with the archaeological finds adding to our **understanding** of how it functioned.«[163] [Herv. d. Verf.] (Ancient City of Qalhat, Eintragung 2018)

»The property ensures the **complete representation** of the features illustrating the property as a testimony to a worshipping tradition of a sacred Island for safe navigation, **emerging in a period of intense maritime exchanges** and continuing in the form of worshipping the Three Female Deities of Munakata.«[164] [Herv. d. Verf.] (Sacred Island of Okinoshima and Associated Sites in the Munakata Region, Eintragung 2017)

Etwa das Überliefern einer Glanzzeit bestimmter Kulturen, einer vergangenen Kultur oder Phasen wirtschaftlichen Fortschritts werden in diesem Kontext genannt. Diese Nennungen hängen auch mit den Vorgaben des OUV zusammen, da für jedes Welterbe ein außergewöhnlich universeller Wert *(Outstanding Universal Value)* definiert werden muss. Fraglich ist, inwiefern die Ränder

---

161 UNESCO World Heritage, Colonies of Benevolence 2021.
162 UNESCO World Heritage, Babylon 2019.
163 UNESCO World Heritage, Ancient City of Qalhat 2018.
164 UNESCO World Heritage, Sacred Island of Okinoshima and Associated Sites in the Munakata Region 2017.

der Geschichte oder das Erbe von Minderheiten in solche Narrative miteinbezogen werden können. Zumindest sprechen die genannten Beispiele vor allem Geschichten von Herrschaft, Dominanz, Fortschritt und Erfolg an.

Andere *Statements of Integrity* konzentrieren sich darauf, dass ein Originalzustand oder ein Ursprung noch fast vollständig vorhanden ist:

»Three of the individual components, the Casino, the Ballroom and the Church are individually intact in terms of the way they reflect all their **original architectural features**, while two of them, the Casino and the Ballroom are also set in designed landscape gardens that reflect their **original designs**. For the Church, currently only part of its Burle Marx landscape has been restored, but there is a commitment for the remaining part of the landscape in Dino Barbieri Square to be re-configured to respect Burle Marx's original designs.«[165] [Herv. d. Verf.] (Pampulha Modern Ensemble, Eintragung 2016)

»The property includes the most representative and best preserved elements, **testifying to the birth, production and spread of Champagne**, through symbiotic functional and territorial organisation. The entire property has recovered from wars, the phylloxera crisis and the wine-grower's revolts. The hillside villages, limited by the topography and high value of the vineyards, remain well preserved **within their original limits**. Landscape and plots have changed very little and the built heritage is still in good condition.«[166] [Herv. d. Verf.] (Champagne Hillsides, Houses and Cellars, Eintragung 2015)

»The only missing elements of the whole original system are some of the villages, which were **originally part of the system** and of which Cumalıkızık **is the best preserved example**.«[167] [Herv. d. Verf.] (Bursa and Cumalıkızık: the Birth of the Ottoman Empire, Eintragung 2014)

Die Texte beschreiben das jeweilige Weltkulturerbe als nahezu vollständige Überlieferung eines definierten Ursprungs. Veränderungen, Altern oder Vergänglichkeit eines Erbes werden in den zitierten *Statements of Integrity*

---

165 UNESCO World Heritage 2016.
166 UNESCO World Heritage, Champagne Hillsides, Houses and Cellars 2015.
167 UNESCO World Heritage, Bursa and Cumalıkızık: the Birth of the Ottoman Empire 2014.

hingegen nicht als historischer Wert angesprochen. Im Sinne eines kontinuierlichen Fortbestands des Weltkulturerbes wird vielmehr auf seine ungebrochene Lesbarkeit und seinen original erhaltenen Zustand verwiesen:

> »The preserved forest cover, despite interventions of reforestation, the hunting roads and their mutual situation, the numbered stones, the fences and the emblematic markers **altogether give a clear understanding** of a spatial plan that focused on nature and developed in line with changes in the practical and emblematic demands of the absolute monarch.«[168] [Herv. d. Verf.] (The Par Force Hunting Landscape in North Zealand, Eintragung 2015)

> »The initial planning is well preserved and can **be clearly observed** in its road network.«[169] [Herv. d. Verf.] (At-Turaif District in ad-Dir'iyah, Eintragung 2010)

> »The boundaries of the property include the complete **original town plan** of Christiansfeld and with it all elements that were planned as part of the Moravian Church settlement. A large percentage of the **original buildings** have been preserved and the town plan **remains widely legible**.«[170] [Herv. d. Verf.] (Christiansfeld, a Moravian Church Settlement, Eintragung 2015)

Klarheit, Lesbarkeit und Eindeutigkeit sind Eigenschaften, die die historische Integrität eines Weltkulturerbes den Statements zufolge ausmachen.

Visuelle Integrität

Mit visueller Integrität wird eine ästhetische Unversehrtheit umschrieben, die mit dem Bewahren historisch überkommener Sichtachsen beziehungsweise dem Schutz besonderer Blickpunkte gleichgesetzt wird.[171] Obwohl visuelle Integrität regelmäßig in den *Statements of Integrity* vorkommt, wird der Begriff nicht unmittelbar in den Vorgaben der *Operational Guidelines* genannt. Auch in einem Meeting zur Anwendung von Integrität 2012 merken Expert*innen von

---

168 UNESCO World Heritage, The Par Force Hunting Landscape in North Zealand 2015.
169 UNESCO World Heritage, At-Turaif District in ad-Dir'iyah 2010.
170 UNESCO World Heritage, Christiansfeld, a Moravian Church Settlement 2015.
171 Vgl. hierzu auch die Literatur zu Integrität und Welterbe: Jokilehto, Considerations on Authenticity and Integrity 2006, S. 14; Nezhad/Eshrati/Eshrati 2016, 97.

ICCROM kritisch an, visuelle Integrität sei als Begriff in den *Operational Guidelines* nicht zu finden.[172] Dennoch stellen Eshrati, Eshrati und Nezrad in ihrem Beitrag zu Integrität und Welterbe sogar den Fokus des Welterbekomitees auf visuelle Integrität und den Einfluss von Neubauvorhaben fest.[173] Stovel zeigt mehrere Bereiche auf, in denen die Welterberichtlinien in Bezug auf Integrität angepasst werden sollten. Ein Aspekt sei, dass zahlreiche Städte mit Störungen der visuellen Integrität konfrontiert sind, weil Neubauten geplant seien, die Sichtachsen beeinträchtigen könnten, obwohl visuelle Integrität nicht in den Richtlinien erwähnt werde.[174] Jokilehto beschreibt visuelle Integrität als Orientierungshilfe, um die ästhetischen Eigenschaften einer Welterbestätte zu definieren.[175] Somit nennen alle Autor*innen visuelle Integrität als bedeutsam für ein Welterbe, selbst wenn bekannt ist, dass die *Operational Guidelines* keine Aussagen zu visueller Integrität formulieren.

Auch anhand der Protokolle zu den Sitzungen des Welterbekomitees lassen sich Diskussionen um die Anwendung der visuellen Integrität belegen, weil der Begriff nicht in den Richtlinien erwähnt ist und daher als willkürlich erscheint. 2007 wurde etwa der Bau eines Kricketfelds in der Umgebung der Altstadt von Galle auf Sri Lanka diskutiert, die seit 1988 als Weltkulturerbe eingetragen ist.[176] Zu der Diskussion, ob die visuelle Integrität des Objekts durch den Sportplatz eingeschränkt werde, bemerkt die kenianische Delegation: »The Delegation of Kenya asked for clarity on the exact nature of the issue. It felt that the cricket field is actually well placed at this location. It further related to the issue of visual integrity and the subjective nature of this concept.«[177] In dem Zitat wird die Subjektivität des Kriteriums »visuelle Integrität« bemängelt.

2012 kritisierte die indische Delegation die visuelle Integrität, als der Bau eines Viadukts und dessen Einfluss auf die Authentizität und Integrität auf die Welterbestätten Panamá Viejo und einem historischen Stadtteil von Panama bewertet wurden. Dabei verwies die indische Delegation nachdrücklich darauf, dass das diskutierte Areal des Welterbes bewohnt sei und die Menschen

---

172 UNESCO, International Expert Meeting on Integrity for Cultural Heritage (12.–14.03.2012) 2012, S. 21.
173 Nezhad/Eshrati/Eshrati 2016, S. 100.
174 Stovel 2007, S. 27–28.
175 Jokilehto, Considerations on Authenticity and Integrity 2006, S. 14.
176 UNESCO 2008, S. 67–68.
177 Ebd., S. 68.

einen Anspruch auf Verbesserungen durch Stadtentwicklung hätten. Weiterhin bemängelte die Delegation, dass es keine verbindlichen Vorgaben für visuelle Integrität gebe.[178] Dagegen argumentiert Meskell, dass die Delegation aus Panama den Bau des Viadukts einfach geleugnet und sogar behauptet habe, dass auf Fotografien der Baustelle keine Baustelle zu sehen sei. Negative Folgen wie Verschmutzung und Lärm habe die Regierung in Panama in Kauf genommen, um Profit zu machen.[179] In den beiden Aussagen wird die visuelle Integrität und ihre Bedeutung gegensätzlich interpretiert. Die indische Delegation ist der Auffassung, Stadtentwicklung sei notwendig und sinnvoll. Dagegen stellt Meskell den Schutz der Integrität als eine Maßnahme dar, die der Nachhaltigkeit diene. So wird das Kriterium Integrität einerseits als hinderlich für Baumaßnahmen, die den Lebensstandard der Einwohner*innen erhöhen, bewertet und dient andererseits als Schutz vor Umweltzerstörung.

Am ehesten deutet noch folgende Passage in § 89 der Welterberichtlinien auf visuelle Integrität hin:

»89. [...] A significant proportion of the elements necessary to convey the totality of the value conveyed by the property should be included. Relationships and dynamic functions present in cultural landscapes, historic towns or other living properties essential to their distinctive character should also be maintained.«[180]

Unter Beziehungen oder dynamischen Funktionen könnte man im übertragenen Sinn die ästhetische Beziehung zwischen einem Weltkulturerbe und seiner Umgebung verstehen. Viel mehr lässt sich aus den Richtlinien nicht schließen. In Zusammenhang mit visueller Integrität verweisen Eshrati, Eshrati und Nezrad auf die Ergebnisse des Wiener Memorandums, das sich 2005 mit der Vereinbarkeit von zeitgenössischer Architektur und Welterbe befasst.[181] In der Präambel des Memorandums heißt es:

»Desiring that the *Vienna Memorandum* be seen, within the continuum of these afore-mentioned documents and the current debate on the sustainable conservation of monuments and sites, as a key statement for an integrated approach linking contemporary architecture, sustainable urban de-

---

178 UNESCO, Convention Concerning the Protection of the World Cultural and Natural Heritage 2012, S. 82.
179 Meskell 2018, S. 102–106.
180 UNESCO 2021, § 89.
181 Nezhad/Eshrati/Eshrati 2016, S. 98.

velopment and landscape integrity based on existing historic patterns, building stock and context.«[182] [Herv. i. Orig.]

In diesem Punkt wird die Integrität der Stadtlandschaft zu einem Anliegen des Wiener Memorandums erklärt. Allerdings bleibt visuelle Integrität als Begriff unerwähnt. Dennoch könnte gefolgert werden, dass sich die Formulierung »historic patterns, building stock and context« auf das Bewahren einer als historisch definierten Ästhetik bezieht.

In den *Statements of Integrity* wird visuelle Integrität regelmäßig genannt, wenn es um bauliche Veränderungen innerhalb einer definierten ›Welterbezone‹ geht. Wie auch im Fall der Dilmun Burial Mounds, die 2019 als Weltkulturerbe eingetragen wurden:

> »[...] As a result of previous development activities, the setting has lost parts of its integrity. In particular the direct vicinity of residential developments affects the visual integrity of some of the property components. However, urban developments have come to a halt due to effective arrangements in the protection and management of the site. Corrective measures are underway and include the introduction of green belts around the ancient cemeteries in order to improve their visual setting.«[183] (Dilmun Burial Grounds, Eintragung 2019)

Die archäologische Stätte soll als räumliche Einheit geschützt werden, indem Grüngürtel die Stätte einfassen und von der Umgebung trennen. Aus dem Zitat geht hervor, dass es ein Effekt der visuellen Integrität sein kann, einen eindeutig gegliederten homogenen Raum zu erschaffen, um ein störungsfreies Bild von dem jeweiligen historischen Erbe zu formen und zu verstetigen.

2019 wurde außerdem das Lovell-Teleskop zum Weltkulturerbe ernannt. Im *Statement of Integrity* heißt es dazu:

> »In general, all the structures are very well preserved and the property continues to be dominated by the large scale Lovell Telescope and Mark II Telescope. However, several early wooden buildings have suffered from neglect and dis-use. Their restoration is to be undertaken. The grounds are well cared for. Recent buildings have a simple and subdued character, which do not de-

---

182 UNESCO, Fifteenth General Assembly of States Parties Concerning the World Cultural and Natural Heritage (10.–11.10.2005) 2005, Art. 5.
183 UNESCO World Heritage, Dilmun Burial Mounds 2019.

tract from the overall appreciation of the property.«[184] (Jodrell Bank Observatory, Eintragung 2019)

Das Statement unterstützt die These, dass Integrität als Wert interpretiert wird, der sich auf das Hervorbringen eines homogenen und klar hierarchisierten Raums bezieht. Dem zitierten Text zufolge soll das Teleskop als Weltkulturerbe im Zentrum der räumlichen Anordnung stehen, während die umgebende Bebauung nicht von diesem Mittelpunkt ablenken soll. Auf diese Weise soll das historische Erbe zu einem kohärenten Bild arrangiert werden.

Im *Statement of Integrity* zur 2017 eingetragenen Altstadt von Ahmadabad steht:

»[...] Its open spaces and gardens, its land use patterns and spatial organization have largely remained unchanged as the footprints of earlier times have not been changed very much, perceptions and **visual relationships** (both internal and external); building heights and massing as well as all other elements of the urban character, fabric and structure have undergone change in most cases fitting within the existing historic limits and massing although some aberrations have occurred over a process of time.«[185] [Herv. d. Verf.]

Hier wird von einem städtischen Charakter ausgegangen, innerhalb dessen sich die Ästhetik der Architektur bewegen soll. Auch in diesem Fall geht es demnach um die Herstellung eines historisch wirkenden Bilds.

In fünf *Statements of Integrity* wird sogar empfohlen, bauliche Strukturen zugunsten der visuellen Integrität abzureißen oder zu entfernen.[186] Diese Empfehlungen veranschaulichen zusätzlich, dass Integrität als Begründung für eine räumliche Homogenisierung aufgefasst werden kann. Beispielsweise

---

184   UNESCO World Heritage, Jodrell Bank Observatory 2019.
185   UNESCO World Heritage, Historic City of Ahmadabad 2017.
186   In den fünf Statements der folgenden Stätten befinden sich solche Bemerkungen: Writing-on-Stone/Áísínai'pi, Eintragung 2019 (UNESCO World Heritage, Writing-on-Stone/Áísínai'pi 2019); Crac des Chevaliers and Qal'at Salah El-Din, Eintragung 2006 (UNESCO World Heritage 2006); Mbanza Kongo, Vestiges of the Capital of the former Kingdom of Kongo, Eintragung 2017 (UNESCO World Heritage, Mbanza Kongo, Vestiges of the Capital of the former Kingdom of Kongo 2017); Sites of Japan's Meiji Industrial Revolution: Iron and Steel, Shipbuilding and Coal Mining, Eintragung 2015 (UNESCO World Heritage, Sites of Japan's Meiji Industrial Revolution: Iron and Steel, Shipbuilding and Coal Mining 2015); Historic Centre of Agadez, Eintragung 2013 (UNESCO World Heritage 2013).

wird empfohlen, die Arena für ein Rodeo entweder zu entfernen oder abzureißen, weil es die Integrität der Welterbestätte Writing-on-Stone mindere. Die kanadische Kulturlandschaft wurde 2019 als Weltkulturerbe eingetragen.[187] In der Eintragung heißt es, dass Writing-on-Stone ein heiliger Ort der Blackfoot-First Nation sei, der unangetastet von äußeren Einflüssen sei.[188] Allerdings befinde sich seit 1958 eine Rodeoarena in der Nähe.[189] In der Berichterstattung zum Rodeo wird der Cowboysport romantisiert und seine Rolle für die indigene Bevölkerung nicht kritisch hinterfragt oder miteinbezogen.[190] Dagegen stellt IUCN in der Evaluation zu der Nominierung von Writing-on-Stone infrage, ob es angebracht sei, an diesem Ort ein Rodeo stattfinden zu lassen, zumal darüber berichtet worden sei, dass das Rodeo zu Schäden an der Welterbestätte geführt habe. Genauere Angaben fehlen jedoch.[191] In der Evaluation von ICOMOS wird eine mögliche Verlegung der Arena angesprochen. Die Gründe dafür bleiben jedoch auch hier unklar. Es ist lediglich von negativen Auswirkungen (»negative impacts«) des Rodeos die Rede.[192] Es kann zumindest daraus geschlossen werden, dass Mehrdeutigkeiten, Unschärfen, ›Störungen‹ und Konflikte nicht unbedingt mit visueller Integrität vereinbar zu sein scheinen.

Für die 2008 eingetragenen syrischen Burgen Crac des Chevaliers und Qal'at Salah El-Din wird gefordert, illegal errichtete Bauten wie Hotels und Restaurants zu entfernen. Die neben den legalen Gebäuden errichteten Architekturen fügten sich nicht harmonisch in die Umgebung der Burgen ein.[193] Die Überreste von Mbanza, der Hauptstadt des ehemaligen Königreichs Kongo, wurden 2017 eingetragen und sollen die Pracht der früheren Hauptstadt repräsentieren und zugleich die Eroberung durch die portugiesischen Kolonisator*innen veranschaulichen.[194] Ein Flughafen beeinträchtige jedoch die Integrität des Weltkulturerbes:

---

187 UNESCO World Heritage, Writing-on-Stone/Áísínai'pi 2019.
188 Ebd.
189 Writing-on-Stone Rodeo 2021.
190 Drew 2019; Hennel 2019; Klinkenberg 2019.
191 IUCN 2019.
192 ICOMOS 2019.
193 UNESCO World Heritage 2006.
194 UNESCO World Heritage, Mbanza Kongo, Vestiges of the Capital of the former Kingdom of Kongo 2017.

»The conditions of visual integrity of the property are fragile, particularly because of the presence of telecommunications antennae (currently being dismantled) and the airstrip, located in the buffer zone, built by the Portuguese in the interwar years. The demolition of the airstrip, which is hardly used nowadays, has been confirmed by the State Party, and a new airport site has been chosen outside the town.«[195]

Offenbar stammt der Flughafen aus den Jahren zwischen beiden Weltkriegen und soll die Integrität vermindern, weil sich diese Zeitschicht optisch nicht in das historische Bild einfügt. Als störend wird in einem weiteren *Statement of Integrity* eine Bebauung beschrieben, die in der Umgebung der 2015 eingetragenen Stätten der industriellen Revolution Japans (*Sites of Japan's Meiji Industrial Revolution: Iron and Steel, Shipbuilding and Coal Mining*) entstanden war. Die Empfehlung lautet: ein Abbruch der Gebäude und eine gesetzliche Einschränkung jeglicher Stadtentwicklung um das Weltkulturerbe herum.[196] Auf diese Weise fokussieren sich die vorgestellten Statements auf eine störungsfreie Ästhetik der historischen Botschaft.

Insgesamt erfordert Integrität also eine visuelle Einheit des Weltkulturerbes, die eine Abweichung von einer definierten Ästhetik nur bedingt zulässt: »The nominated property has good visual unity from many observation points, and gives the visitor the sense of being in a historic town of great integrity.«[197] Die Argumentation dieses *Statements of Integrity* zum historischen Zentrum von Agadez in Niger (2013 eingetragen) illustriert, dass visuelle Integrität den Anspruch einer Einheit befördert, die eine homogene räumliche Verdichtung darstellt, um Weltkulturerbe als einen eindeutig historischen Ort auszuweisen. In dem zitierten *Statement of Integrity* zu Agadez ist nicht nur von Formen einer visuellen Einheit die Rede, sondern auch von einem spezifischen Eindruck, der Besucher*innen das Gefühl gebe, sich an einem historischen Ort zu befinden. Naheliegend scheint insofern eine Assoziation von visueller Integrität mit Bewertungsmethoden aus der europäischen Denkmalpflege, die den Ensembleschutz betreffen und erwarten, dass ein Denkmalbereich eine harmonische Ästhetik entfaltet (vgl. Kap. III.2). So beschreibt Jokilehto Integrität vor allem in Städten als einen Schutz, der

---

195   Ebd.
196   UNESCO World Heritage, Sites of Japan's Meiji Industrial Revolution: Iron and Steel, Shipbuilding and Coal Mining 2015.
197   UNESCO World Heritage 2013.

sich auf die Raumwirkung eines Weltkulturerbes beziehe und für dessen ›organische‹ Entwicklung sorge.[198]

Soziale, funktionale und strukturelle Integrität

In § 89 der Welterberichtlinien heißt es unter anderem: »89. [...] Relationships and dynamic functions present in cultural landscapes, historic towns or other living properties essential to their distinctive character should also be maintained.«[199] Die Formulierungen »Beziehungen« oder »dynamische Funktionen« könnten auch als Verweis auf soziale oder funktionale Werte ausgelegt werden. Zudem werden die Stätten als »living« beschrieben, sodass in diesem Paragrafen Welterbe als etwas Lebendiges vorgestellt wird. Das Aufrechterhalten sozialer Strukturen oder die Nutzung eines historischen Erbes könnten hier mit in die Bewertung von Integrität eingeschlossen werden. In § 88 wird außerdem festgelegt:

»88. Integrity is a measure of the wholeness and intactness of the natural and/or cultural heritage and its attributes. Examining the conditions of integrity, therefore requires assessing the extent to which the property: [...]
b) is of adequate size to ensure the complete representation of the features and processes which convey the property's significance; [...].«[200]

Die Forderung nach der hinreichenden Repräsentation aller Eigenschaften und Prozesse, um die Bedeutung eines Welterbes zu versinnbildlichen, könnte so interpretiert werden, dass Prozesse durchaus allgemein soziale Kategorien, sich wandelnde Funktionen oder der Schutz von zu definierenden Strukturen beschreiben können. In der Literatur werden diese Hinweise aufgegriffen, um Integrität als einen auf das Soziale oder auf die Funktionalität bezogenen Wert zu definieren:

»The **social-functional integrity** of a place is referred to the identification of the functions and processes on which its development over time has been based, such as those associated with interaction in society, spiritual responses, utilisation of natural resources, and movements of peoples. The spatial identification of the elements that document such functions and processes

---

198 Jokilehto 2008, 39.
199 UNESCO 2021, § 89.
200 UNESCO 2021, § 88.

helps to define the **structural integrity** of the place, referring to what has survived from its evolution over time. These elements provide testimony to the creative response and continuity in building the structures and give sense to the spatial environmental whole of the area. [...]«[201] [Herv. d. Verf.]

Als sozial-funktional nennt Jokilehto die Interaktion in der Gesellschaft, Spiritualität, Ressourcennutzung und Bewegung von Menschen. Strukturelle Integrität beschreibt seiner Definition zufolge, dass möglichst viele bauliche Strukturen einer evolutionären Entwicklung in einem gewissen Raum erhalten sein müssen. Somit greift Jokilehto als übergreifendes Anliegen die Darstellung einer Entwicklungslogik oder Kontinuität auf, die sich auch in verschiedenen sozialen, funktionalen oder strukturellen Phänomenen niederschlagen kann. Allerdings bleiben seine Formulierungen vage und sprechen beispielsweise keine konkreten sozialen Kategorien an.[202] Stovel beruft sich auf Jokilehtos Definition, daher ergeben sich bei diesem keine neuen Aspekte.[203] Eshrati, Eshrati und Nezhad zählen mit Bezug auf Jokilehto und Stovel ebenfalls sozial-funktionale und historisch-strukturelle Integrität auf.[204] In der Literatur wird somit immer wieder auf soziale oder funktionale Aspekte von Integrität eingegangen, allerdings bleibt unklar, wie sich diese Aspekte im Einzelnen definieren lassen.

In den *Statements of Integrity* taucht soziale oder funktionale Integrität in unterschiedlichen Kontexten auf:

»**Functional integrity** of all the urban roles associated with the porticoes have been maintained in most of the site components, even considering the transformations and developments of the city over the centuries. So, the selection of the components can fully represent the different **social functions**, giving a complete image of the history of Bolognese life over the centuries.«[205] [Herv. D. Verf.] (The Porticoes of Bologna, Eintragung 2021)

»[...] The urban structure of the Citadel settlement is still clearly recognizable in its blocks division and alleyways. Some demolitions made by the previous regime have opened some spaces, the building stock has suffered from decay in the past fifty years, and the **social and functional integrity** of the Cita-

---

201 Jokilehto, Considerations on Authenticity and Integrity 2006, S. 14.
202 Ebd.
203 Stovel 2007, S. 27–28.
204 Nezhad/Eshrati/Eshrati 2016, S. 102.
205 UNESCO World Heritage, The Porticoes of Bologna 2021.

del as an inhabited settlement has suffered discontinuity, but these will be carefully addressed following the recommendations of the Erbil Citadel Management Plan, in order to return the Citadel to its role as the central place for Erbil and its citizens.²⁰⁶ [Herv. d. Verf.] (Erbil Citadel, Eintragung 2014)

»The five distinct types of burial mounds reflect a **hierarchy of the ancient population** and present a **cross section of various social groups of the Early Dilmun society.**«²⁰⁷ [Herv. d. Verf.] (Dilmun Burial Mounds, Eintragung 2019)

»[...] Furthermore, Historic Jeddah, the Gate to Makkah is an urban environment boasting a strong trade-based economy intimately associated, both at the symbolic intangible level and at the architectural and urban level, with the Hajj, and a **multi-cultural social framework where Muslims from all over the world live and work together.** [...] Notwithstanding the inevitable decay of the historic structures and the overall evolution of its urban surroundings, the nominated property still possesses all the necessary attributes complying with the concept of ›intactness‹, including the commercial processes, the **social relationships** and the dynamic functions essential to define its distinctive character.«²⁰⁸ [Herv. d. Verf.] (Historic Jeddah, the Gate to Makkah, Eintragung 2014)

Laut erstem Zitat soll sichergestellt werden, dass die Zitadelle von Erbil bewohnt bleibt. Dem zweiten Zitat zufolge repräsentieren Hügelgräber einen Querschnitt durch eine antike Population. Im letzten Textausschnitt ist ein Aspekt der Integrität, dass das historische Dschidda einen multikulturellen Ort darstelle. Gemeinsam ist den Beispielen das Abbilden einer Population oder eines Milieus, das eine Rolle spielt, um eine Kontinuität aufrechtzuerhalten.

Andere Statements richten den Fokus auf die Herstellung eines Produkts und das Bewahren verschiedener Produktionszusammenhänge:

»The mining sites of Almadén and Idrija form a coherent whole with complementary components, satisfactorily **illustrating all the technical, cultural and social aspects associated with mercury extraction.** The

---

206 UNESCO World Heritage, Erbil Citadel 2014.
207 UNESCO World Heritage, Dilmun Burial Mounds 2019.
208 UNESCO World Heritage, Historic Jeddah, the Gate to Makkah 2014.

elements are present in sufficient number to enable satisfactory interpretation.«[209] [Herv. d. Verf.] (Heritage of Mercury. Almadén and Idrija, Eintragung 2012)

»The six site components of the CCLC are located in what is known as the Eje Cafetero, or coffee growing axis, a region that is **characterized by the social and cultural characteristics of the coffee landscape and production.** The site components of the property provide localized glimpses into production activities and landscape features, which equally dominate the wider setting and region. To facilitate the understanding of this exceptional landscape, **the property's elements of social adaptation to a unique use of land, and the development of highly specific cultural and social traditions** in both agricultural practices and arrangement of settlements, **contribute to the complete image of a continuing, productive and living landscape.**«[210] [Herv. d. Verf.] (Coffee Cultural Landscape of Colombia, Eintragung 2011)

»The attributes at the nucleus of the complex of the two saltpeter works still reflect the **key manufacturing processes and social structures and ways of life of these company towns.**«[211] [Herv. d. Verf.] (Humberstone and Santa Laura Saltpeter Works, Eintragung 2005)

In den Beispielen werden die Herstellung von Quecksilber, Kaffee beziehungsweise Salpeter aufgeführt und zugleich die sozialen Kontexte hervorgehoben, in denen die Rohstoffe verarbeitet werden. Integrität versteht sich in diesen Zusammenhängen als das ›Lebendighalten‹ eines technischen Prozesses oder der Methode einer Bewirtschaftung. In engem Zusammenhang steht damit, dass Integrität in einigen Statements auch als das Aufrechterhalten einer Funktion verstanden wird:

»Few pressures threaten the components and they are intact, free of major losses and alterations during the modern period, and **retain their original functions**, despite changes through history.«[212] [Herv. d. Verf.] (Sansa, Buddhist Mountain Monasteries in Korea, Eintragung 2018)

---

209 UNESCO World Heritage, Heritage of Mercury. Almadén and Idrija 2012.
210 UNESCO World Heritage, Coffee Cultural Landscape of Colombia 2011.
211 UNESCO World Heritage 2005.
212 UNESCO World Heritage, Sansa, Buddhist Mountain Monasteries in Korea 2018.

»The Assumption Monastery complex with the Cathedral and the other stone buildings is contained within its historic perimeter and **the whole complex depicts its historic political and religious functions.**«[213] [Herv. d. Verf.] (Assumption Cathedral and Monastery of the town-island of Sviyazhsk, Eintragung 2017)

»The missions as a group, and not individually, combine all functional elements needed understand their purpose and role in colonization, evangelization and eventual secularization.«[214] [Herv. d. Verf.] (San Antonio Missions, Eintragung 2015)

»The integrity of the hydraulic footprint is good, but its **functional integrity** compared with the original model is only partial and reduced, notably for the dams; it remains good for irrigation and water supply.«[215] [Herv. d. Verf.] (Shushtar Historical Hydraulic System, Eintragung 2009)

Dabei scheint sich die Intaktheit der Funktionalität darin zu bemessen, ob die originale Nutzung noch erhalten ist oder heute nachvollziehbar abgebildet werden kann. Funktionalität hängt somit auch mit der Lesbarkeit von Zeitschichten zusammen, indem die Funktionalität zum Verständnis des Originalzustands beiträgt.

Schließlich wird neben sozialen und funktionalen Eigenschaften immer wieder strukturelle Integrität als relevant genannt:

»[...] The overall size of the property provides a complete representation of all the significant surviving attributes of the mine and its water management system, supporting historical and geographical-spatial integrity as well as structural and functional integrity. The majority of the site is underground, and the small number of discrete areas delineated at surface is directly linked to it in the third dimension.«[216] [Herv. d. Verf.] (Tarnowskie Góry Lead-Silver-Zinc Mine and its Underground Water Management System, Eintragung 2017)

---

213 UNESCO World Heritage, Assumption Cathedral and Monastery of the town-island of Sviyazhsk 2017.
214 UNESCO World Heritage, San Antonio Missions 2015.
215 UNESCO World Heritage, Shushtar Historical Hydraulic System 2009.
216 UNESCO World Heritage, Tarnowskie Góry Lead-Silver-Zinc Mine and its Underground Water Management System 2017.

»The property encompass all **the key natural, structural elements** that have constrained and inspired the development of the city of Rio, stretching from the highest points of the Tijuca mountains down to the sea, and including the chain of dramatic steep green hills around the Guanabara Bay, as well as the extensive designed landscapes on reclaimed land around the Bay, that have contributed to the outdoor living culture of the city.«[217] [Herv. d. Verf.] (Rio de Janeiro: Carioca Landscapes between the Mountain and the Sea, Eintragung 2012)

» [...] The initial planning is well preserved and can be clearly observed in its road network. The **structural integrity** of the property is thus acceptable.«[218] [Herv. d. Verf.] (At-Turaif District in ad-Dir'iyah, Eintragung 2010)

»The Exhibition Grounds, together with the Centennial Hall, have retained their compositional integrity within the boundary of the property. **As a whole, they have retained their structural integrity** and views on the property. Also, the use of the grounds is compatible with the originally intended functions.«[219] [Herv. d. Verf.] (Centennial Hall in Wrocław, Eintragung 2010)

In den ersten beiden *Statements of Integrity* leitet sich die strukturelle Integrität aus dem Erhalt aller wichtigen Elemente ab. In den letzten beiden Statements wird konkreter darauf hingewiesen, dass der Grundriss des Straßennetzes noch erhalten sei beziehungsweise die Komposition des Ensembles innerhalb der Welterbegrenzen unangetastet ist. »Strukturelle Integrität« als Begriff bleibt in den Statements unscharf, scheint jedoch auf den Erhalt einer gewissen Anordnung oder Formation (baulicher) Elemente zu verweisen. In allen Beispielen wird deutlich, dass, ähnlich wie es Jokilehto vorschlägt, soziale und funktionale Integrität etwa auf das kontinuierliche Bewohnen eines Welterbes oder auf Prozesse der Ressourcennutzung bezogen wird. Darüber hinaus beschreibt funktionale Integrität teils den Erhalt einer als original wahrgenommenen Nutzung. Seltener angesprochen werden hingegen Dynamiken in sozialen Prozessen oder Funktionsänderungen, die jenseits einer linearen Kontinuität liegen.

---

217 UNESCO World Heritage, Rio de Janeiro: Carioca Landscapes between the Mountain and the Sea 2012.
218 UNESCO World Heritage, At-Turaif District in ad-Dir'iyah 2010.
219 UNESCO World Heritage, Centennial Hall in Wrocław 2010.

Die Anwendung von Integrität auf Weltkulturerbe

Die *Statements of Integrity* definieren beinahe immer die Grenzen eines Welterbes und identifizieren Gefahren, denen es ausgesetzt sein könnte. In der Folge wird Welterbe als Zone beschrieben und Wert darauf gelegt, Risiken und negative Einflüsse kontrollieren zu können. Hierzu machen die *Operational Guidelines* entsprechende Vorgaben. Außerdem wird Integrität mit der Nachvollziehbarkeit einer eindeutigen historischen Botschaft begründet, die sich zumeist auf eine als Blüte- oder Glanzzeit beschriebene Phase bezieht. Um diese Bedeutung nachvollziehbar zu machen, wird die Geschichte des Welterbes häufig als lückenlose Kontinuität dargestellt. Zu diesem Geschichtsbild gehört außerdem eine harmonisierende Sicht auf die Geschichte. Dass dieses harmonisierte Bild auch bedeuten kann, den Bestand aktiv zu kuratieren und zu bereinigen, zeigen die Hinweise in den Statements zu visueller Integrität, in denen gefordert wird, störende Elemente im Bestand sogar abzureißen.

Visuelle Integrität zeigt, wie Integrität forciert, ein Welterbe auf eine bestimmte als historisch verstandene Ästhetik zu reduzieren, um eine klar lesbare historische Botschaft zu vermitteln. Die Folge ist ein Gegensatz zur Stadtentwicklung als potenzieller Eingriff in das gewünschte historische Bild. Auch soziale, funktionale oder strukturelle Integrität werden auf das historische Bild bezogen, etwa damit eine als original betrachtete Nutzung oder eine bestimmte als historisch gekennzeichnete Bevölkerungsgruppe möglichst unverändert erhalten bleiben, um die ausgewählte historische Botschaft zu vermitteln. So ist bei jeder Anwendung oder Begründung von Integrität das fortwährende Bestreben nachvollziehbar, eine möglichst ungebrochene historische Kontinuität im Sinne einer Fortschrittsgeschichte zu konstruieren.

Daher entpuppt sich der vermeintlich neutrale Erhalt des Bestands in seiner Vollständigkeit als ein aktiver Drang nach einem störungsfreien Geschichtsbild, das sich überwiegend aus historischen Höhepunkten zusammensetzt. Im Ergebnis schließen die Statements Veränderlichkeit, Unschärfen und Vieldeutigkeit als Begründung für Integrität aus. Stattdessen wird eine räumliche und ästhetische Hermetik erwartet. Auch wenn die Realitäten vor Ort in den Welterbestätten nicht anhand der Statements beurteilt werden können, sind diese doch bedeutsam, um zu zeigen, dass es eine Bewertungspraxis gibt, die mit konkreten Aspekten verknüpft ist. Diese Auslegungen geschehen, obwohl die *Operational Guidelines* mit ihren Vorgaben zunächst vage erscheinen und es in ihnen einen Verweis darauf gibt, dass die Anwendung von Integrität auf Weltkulturerbe nicht definiert ist.

Die analysierte Bewertungspraxis führt vor Augen, dass sich die Bewertung von Welterbe in ihrer Orientierung an Kontinuität und störungsfreien historischen Bildern in den vergangenen 19 Jahren kaum verändert hat. Diese These bestätigt eine Studie von Sophia Labadi. Sie führte im Jahr 2003 eine quantitative Inhaltsanalyse von 106 Dossiers durch, die den Welterbestatus von industriellem oder religiösen Weltkulturerbe begründen: Am häufigsten werden in den Dossiers historische oder ästhetische Werte genannt, um den Wert eines Welterbes zu begründen. Meist berufen sich die Begründungen auf Leistungen von Männern aus der Mittel- oder Oberschicht.[220] Dabei griffen die Nominierungen Aspekte wie eine ungebrochene historische Kontinuität auf, um eine homogene Nationalidentität zu stärken.[221] Außerdem verträten die Dossiers eine lineare, evolutionäre und westlich geprägte Darstellung von Geschichte.[222] Labadi kritisiert insgesamt einen Gender-Bias und eine Tendenz zur Heroisierung und Überhöhung der Geschichte.[223] Die Vertragsstaaten begründen nach den getroffenen Feststellungen Integrität bis heute mit denselben Argumentationsmustern wie vor 2003, indem sie historische Kontinuitäten, Glanzzeiten oder ein ungetrübtes ästhetisches Bild hervorheben. Die Ergebnisse von Labadis Studie bildeten eine Grundlage für die Publikation *World Heritage: Challenges for the Millenium* (2007).[224] Trotz Labadis Kritik und Analysen scheinen die festgestellten Verzerrungen bei der Nominierung von Welterbe nicht abgenommen zu haben. Meiner Meinung nach ist bei der Anwendung von Integrität am problematischsten, dass dieses Kriterium systematisch zu einer homogenisierenden und purifizierenden Perspektive auf historische Räume beiträgt.

Löw erörtert in ihrer Soziologie der Städte, wie Raumvorstellungen sich aufgrund einer enormen Beschleunigung von Kommunikation, politischen wie sozialen Umbrüchen und neuen Dimensionen von Mobilität in der Spätmoderne verändern. Im Zuge dieser Re-Figuration von Räumen werden feste Hierarchien, Homogenität, Linearität und Totalität als Ansprüche der

---

220 Labadi 2007, S. 157–158.
221 Ebd., S. 160–161.
222 Ebd., S. 161.
223 Ebd., S. 161–162.
224 Ebd., S. 163.

III. Integrität als Kriterium zur Bewertung von UNESCO-Welterbe   167

Moderne infrage gestellt.²²⁵ Folgerichtig ist Integrität einer fortwährenden Kritik ausgesetzt. Insbesondere in urbanen Räumen erscheint die Forderung realitätsfern, die Umgebung einer Welterbestätte nicht zu verändern oder jegliche Veränderungen an einer definierten Ästhetik des Historischen auszurichten (vgl. Kap. III.2). Grund hierfür mag auch sein, dass Integrität an eine moderne Raumvorstellung gekoppelt ist, die Raum als Container mit genauen Abmessungen voraussetzt. Gleichzeitig fügen sich die Argumente zur visuellen Integrität in Vinkens Überlegungen über die Altstadt als Raum ein, der einer »radikalen ästhetischen Homogenisierung« entspricht.²²⁶

Vor allem die visuelle Integrität reduziert meines Erachtens die räumliche wie visuelle Komplexität von Welterbestätten, indem das integre Weltkulturerbe und seine Umgebung ein homogenes Ganzes bilden sollen. Die *Statements of Integrity* deuten zumindest darauf hin, dass räumliche Integrität eine ästhetische Verkürzung verursacht, um Geschichte zu glätten und leicht verdaulich zu machen. In diesem Sinne lässt sich Integrität nicht nur als im Widerspruch zu spätmodernen Raumvorstellungen interpretieren, sondern auch als einen Wert, der einem globalen Tourismus entgegenkommt, der auf eine unkomplizierte Konsumierbarkeit von Sehenswürdigkeiten angewiesen ist. Dies möchte ich am Beispiel von Quito erörtern.

1988 wurde ein Bereich im Zentrum der ecuadorianischen Hauptstadt Quito als Welterbe eingetragen. Alan Middleton hat analysiert, welche Auswirkungen der Welterbestatus auf Quito hatte: Zunächst habe die Eintragung zu dem Impuls geführt, einen nachhaltigen Masterplan für die Erhaltung und die Entwicklung von Quito zu verfassen, der auch positive Effekte auf die Lebensbedingungen der Einwohner*innen gehabt habe. Mit dem wachsenden Tourismus seit den 1990er-Jahren haben sich jedoch die ergriffenen Maßnahmen der Verantwortlichen vor Ort verändert.²²⁷ Denn die Stadt sollte von störender Architektur befreit werden:

»There was no doubt that views of the churches and other buildings of architectural interest were being obstructed by trading activities, and that if tourism was to be developed these buildings needed to be viewable. The area was congested, the generation and management of waste was costing the council more than they were earning in revenues from traders, buildings

---

225   Löw 2018, S. 49–52.
226   Vinken 2010, S. 208.
227   Middleton 2009, S. 201–203.

were being damaged by the nails that secured makeshift stalls, dampness was being created by stalls being pitched hard against walls, and access to formal premises was blocked off. In spatial-physical terms, there was much that needed to be done.«[228]

In der Folge sei ein weiterer Masterplan entstanden, der die Ordnung und Modernisierung des Altstadtareals vorsehe. Vor allem die lokalen Straßenhändler*innen, die größtenteils der indigenen Bevölkerung angehörten, seien dem Plan nach unerwünscht. Laut Middleton wird in Quito für den Tourismus ein Welterbe formiert, das auf ein harmonisches Zusammenwirken von kolonialen Monumenten und einzelnen Stätten der indigenen Bevölkerung ausgelegt ist. Widerständiges und konflikthaftes Erbe zur Kolonialgeschichte werde dagegen ausgeblendet. Im Ergebnis werde das indigene Erbe systematisch »trivialisiert«, um den Tourist*innen das Idealbild einer Vergangenheit zu präsentieren, die frei von kolonialer Repression sei.[229]

Quito ist nur ein Beispiel für die Entwicklung einer Welterbestätte nach ihrer Nominierung. Möglicherweise sind die Ursachen für die strukturellen sozialen Probleme nicht ausschließlich auf die Verleihung des Welterbetitels zurückzuführen. Dennoch weisen die geschilderten Maßnahmen – das Entfernen störender Bebauung und der Straßenhändler*innen aus ästhetischen Gründen – viele Parallelen mit den Forderungen in den *Statements of Integrity* auf: Auch bei Mbanza, der ehemaligen Hauptstadt des Königreichs Kongo, und Writing-On-Stone, der heiligen Stätte der Blackfoot-First Nation, handelt es sich um Welterbe mit einem Bezug zum Kolonialismus. Bei Mbanza soll ein störender Flugplatz aus der Zeit zwischen den beiden Weltkriegen entfernt werden, der nicht zum Arrangement der eroberten kongolesischen Königsstadt passt. Bei Writing-On-Stone wird das Translozieren einer Rodeoanlage gefordert, das als Symbol zugleich darauf verweist, wie Weiße die Unterdrückung der indigenen Bevölkerung romantisieren. Beide Beispiele können dahin ausgelegt werden, dass Integrität dazu beiträgt, Widersprüche und komplexe Narrative zu unterdrücken, um lineare Erzählweisen in einer ästhetisch ansprechenden Form zu präsentieren.

---

228 Ebd., S. 203.
229 Ebd., S. 204–211.

III.4 Integrität und UNESCO-Welterbe: Bedeutungen und Latenzen bei der Beurteilung von Weltkulturerbe

Bislang wurden unterschiedliche Indizien untersucht, die Bedeutungsfacetten und Interpretationsmuster im Welterbeprogramm betreffen und Bezug auf Integrität nehmen. Einerseits wird Integrität benutzt, um die Dominanz des offensichtlich europäisch geprägten Kriteriums Authentizität zu relativieren und Weltkulturerbe für vielfältige kulturelle Verständnisse von Erbe zu öffnen. Andererseits ist Integrität – mal offensichtlich, mal weniger offensichtlich – von einer in der europäischen Moderne geprägten Ideologie von Homogenität und Vollständigkeit durchwirkt.

Das zeigte etwa auch der Umstand, dass Integrität 2005 als Kriterium für Weltkulturerbe als ein Ergebnis der *Global Strategy* für eine ausgewogenere Welterbeliste eingeführt wurde. Allerdings ist das Kriterium Integrität bereits lange vor 2005 auf Weltkulturerbe angewendet worden, und zwar bezogen auf den strikten Schutz von Kulturerbe vor Übergriffen des Menschen. Somit gab es von Anfang an einen Widerspruch zwischen dem Anliegen, Grenzen aufzuweichen oder sogar aufzuheben, indem man Weltkulturerbe öffnet und weniger scharf zwischen Natur- und Kulturerbe unterscheidet, sowie der strikten Logik der Kontrolle und des Schutzes vor Veränderung. Im Gegenteil: Integrität scheint anschlussfähig für eine Tendenz im Welterbeprogramm, Welterbe als gefährdetes Gut zu begreifen, das vor Risiken und Gefahren geschützt werden muss. In den *Statement of Integrity* wurde übereinstimmend mit dieser Beobachtung festgestellt, dass der erste Schritt in der Anwendung von Integrität auf Weltkulturerbe das Definieren fester räumlicher Grenzen ist. Insofern hebt Integrität tendenziell weniger Grenzen bei der Interpretation von Erbe auf, sondern trägt als Konzept im Gegenteil dazu bei, Grenzen abzustecken.

Bei allen analysierten Begründungen, Dokumenten und politischen Einstellungen dominiert zu jeder Zeit die Erwartungshaltung, eine historische Kontinuität zu belegen, um die Integrität eines historischen Erbes zu begründen. Somit richtet sich der Fokus auf übergreifende Narrative, die den stetigen (fortschrittsorientierten) Gang der Geschichte veranschaulichen. Solche Narrative konzeptualisieren Geschichte nicht in ihrer Brüchigkeit, Kontingenz, sondern verewigen das Historische. Noch dazu handeln diese Kontinuitäten in den *Statements of Integrity* in der Regel von Glanz- oder Blütezeiten. In diesem Sinne dient die integre historische Entwicklung einer identitätsstiftenden Selbstvergewisserung und ist anschlussfähig für die kulturpolitische Privilegierung bestimmter Gruppen.

Es konnte ferner belegt werden, dass der Begriff »Integrität« seit den 1960er-Jahren in Grundsatzdokumenten zur internationalen städtebaulichen Denkmalpflege vorkommt. Viele der Konflikte um die Anwendung von Integrität auf Weltkulturerbe seit 2005 lassen sich als Ergebnis eines europäisch geprägten Ensembleschutzes lesen. Dieser beeinflusst die Beurteilung von Weltkulturerbe bis heute. So gibt es in den Welterberichtlinien zwar keine konkreten Vorgaben, die den Schutz einer visuellen Integrität vorschreiben, dennoch taucht visuelle Integrität als feststehender Begriff häufig auf. Mit visueller Integrität wird dabei der Schutz einer vorgegebenen homogenen Ästhetik umschrieben, die ein widerspruchsfreies historisches Bild vermittelt. Somit wirken sich die Vorgaben aus den Dokumenten der internationalen städtebaulichen Denkmalpflege unmittelbar bei der Anwendung von Integrität aus, indem eben auch von Weltkulturerbe die Wahrung bestimmter ästhetischer Eigenschaften erwartet wird. Dieses Argument wird noch plausibler, wenn man bedenkt, dass in den Welterberichtlinien selbst Vorgaben zur visuellen Integrität fehlen. Stattdessen werden die Dokumente der internationalen städtebaulichen Denkmalpflege wie das Wiener Memorandum herangezogen. Auch ein Vergleich von Authentizität und Integrität belegt die vielen Bezüge zwischen internationaler Denkmalpflege und Welterbe.

Neben Integrität ist Authentizität aktuell die zweite *Qualifying Condition*, die für Weltkulturerbe nachgewiesen werden muss. Dabei werden Integrität und Authentizität insbesondere in den *Statements of Integrity* nicht immer voneinander unterschieden, sondern synonym verwendet. Das zeigt einerseits die Unklarheit, die bei der Anwendung der Begriffe herrscht, und andererseits die Schwierigkeit, dass Integrität und Authentizität sich semantisch gesehen tatsächlich nahestehen. So geht laut Stovel die Definition von Authentizität in den Welterberichtlinien ursprünglich auf das Kriterium Integrität aus dem American National Register for Historic Places zurück (»the ability of a property to convey its significance«).[230] Aus meiner Sicht sollte man zugleich eine Parallele zur Restaurierungstheorie von Brandi ziehen, um das Verhältnis von Authentizität und Integrität besser zu verstehen.

---

230   Stovel 2007, S. 23.

Sowohl in den *Statements of Integrity* als auch in der Geschichte des Welterbeprogramms ließen sich latente Bezüge zu Brandis Restaurierungstheorie nachweisen. Wichtigstes Indiz hierfür war, dass Jokilehto sich bei seiner Definition für Integrität und Welterbe auf Brandis Theorie beruft.[231] Brandi unterscheidet in seiner Restaurierungstheorie zwischen einer ästhetischen und einer historischen Instanz, zwischen denen eine Restaurierung vermittelt. Die historische Instanz betrachtet ein Kunstwerk – Brandi beschäftigt sich in seiner Restaurierungstheorie nur mit Kunstwerken – als historisches Zeugnis im Kontext seiner Entstehungszeit, seiner Rezeption und seiner Veränderungsgeschichte. Dagegen betrifft die ästhetische Instanz das Kunstwerk und dessen Einheit, verstanden als die Idee des Kunstwerks. Kunst ist dabei nach Brandi nicht nur ein Abbild der Natur, sondern eine eigene Darstellungswelt mit einem eigenen erkenntnistheoretischen Potenzial. Die Einheit des Kunstwerks bleibt nach dessen Fragmentierung als ideeller Kern – also unabhängig von der Materialität – potenziell erhalten. Die Restaurierung soll sich laut Brandi nach Möglichkeit danach ausrichten, die Materie des Kunstwerks so zu restaurieren, damit die Idee, die potenzielle Einheit, herausgearbeitet wird.[232] Authentizität und Integrität könnten dementsprechend so interpretiert werden, dass sich Authentizität als historische Instanz auf das Weltkulturerbe als historisches Zeugnis bezieht, während Integrität, wie es Jokilehto nahelegt, die Idee eines Weltkulturerbes betrifft, die es herauszuarbeiten gilt. In Übereinstimmung mit dieser These schreibt Glendinning, dass ähnliche Ansätze wie Brandis schon 1998 im Welterbeprogramm diskutiert worden seien, weil ein Strategiebericht die Differenzierung zwischen einem universalen Kern und einer authentischen Rezeption vorgeschlagen habe.[233] Folgerichtig steht Integrität in den Statements mitunter für einen universalen ideellen Kern eines Welterbes und Authentizität für den substanzorientierten Erhalt des Geschichtszeugnisses. Auch in den Welterberichtlinien steht, dass Integrität die maximale Lesbarkeit der Bedeutung oder Idee eines Weltkulturerbes meint. Allerdings unterscheiden andere Statements nicht immer zwischen Authentizität und Integrität. Die Bewertung von Integrität lässt sich folglich nicht völlig auf ein einheitliches Schema reduzieren.

---

231 Jokilehto, Defining the Outstanding Universal Value 2006, S. 2–3.
232 Ausführlich zu Brandis Idee von Restaurierung, seiner Definition des konservatorischen Imperativs sowie der potenziellen Einheit in der vorliegenden Arbeit: vgl. Cesare Brandi: Teoria del Restauro (1963).
233 Glendinning 2013, S. 431.

Insgesamt zeichnen sich in der Interpretation von Integrität immer wieder mindestens latente Bezüge zu Brandi ab. Der Vergleich zwischen Weltkulturerbe und europäischen Theoretikern der Denkmalpflege wie Riegl oder Brandi steht jedoch vor der Herausforderung, dass sich nur vage Bezüge aus den Dokumenten des Welterbeprogramms wie der Welterbekonvention ableiten lassen. Für Brandis Einfluss spricht neben den unterschwelligen Bezügen zu seiner Restaurierungstheorie auch die Tatsache, dass Italien und Brandi das europäische Zentrum des aufkommenden internationalen Kulturgüterschutzes waren.[234] Brandi selbst beriet die UNESCO ebenfalls und übte maßgeblichen Einfluss auf die Carta del restauro von 1972 aus.[235] Zusätzlich sind Brandis Schüler*innen teils einflussreiche Akteur*innen im Welterbeprogramm, beispielsweise ist Paul Philippot einer der Gründer von ICCROM.[236] Somit gibt es ein ganzes Netzwerk personeller Kontinuitäten, das für die These von einem latenten Einfluss der *Teoria del Restauro* bei der Beurteilung von Integrität im Welterbeprogramm spricht.

Eine weitere Erkenntnis war, dass Integrität zunächst als neutraler Erhalt der materiellen und ästhetischen Unversehrtheit eines Weltkulturerbes erscheint. Eine genauere Analyse offenbarte jedoch, inwiefern dieser Wunsch nach Integrität mit dem Ziehen von Grenzen sowie mit der Säuberung von Räumen und dem Etablieren eines bestimmten historischen Bilds einhergeht. Dieses ist anschlussfähig für die Privilegierung einzelner Identitätskonstruktionen. Allerdings könnte Integrität gleichzeitig als ein Wert interpretiert werden, der im Kontext der anthropologischen Wende im Welterbeprogramm entstand und als Wert eine ganzheitliche und lebendige Betrachtung von Welterbe unterstützt – im Gegensatz zu einer Musealisierung lebloser Fragmente. Die Kritiker*innen des Welterbeprogramms wünschen sich unter anderem den Schutz lebendiger Kulturen im Gegensatz zur westlich geprägten Klassifikation historischer Geschichtszeugnisse.[237] Diese dichotome Betrachtung toten westlichen Welterbes gegenüber lebendigem Welterbe aus anderen Regionen der Erde lässt sich jedoch nicht uneingeschränkt aufrechterhalten, wenn man Integrität analysiert. Denn einerseits sind Begriffe wie »Ganzheitlichkeit« oder »Vollständigkeit« in europäischen Theorien durchaus verankert,

---

234 Glendinning 2013, S. 392–395.
235 Brandi, Cesare Brandi 2006, S. 201; Schädler-Saub 2006, S. 32.
236 Verbeeck 2019, S. 211.
237 Sullivan 2007, S. 161–162.

um insbesondere die Bedeutung des Fragmentarischen zu belegen, wie ausführlich in Teil II belegt. Andererseits führt die vermeintliche Lebendigkeit, die bewahrt bleiben soll, wenn ein Welterbe als integer betrachtet wird, unter Umständen zu einer Homogenisierung und Purifizierung des Welterbebereichs, die wiederum selbst als Musealisierung beschrieben werden könnten. Somit ergab die Analyse nicht das Bild von zwei dichotomen Konzepten von Erbe, sondern komplexe wechselseitige und teils widersprüchliche Verstrickungen von Erwartungshaltungen an Welterbe.

IV. Das Konzept der kulturellen Integrität und die Verhandlung von Heritage

Bisher existiert keine systematische Forschung zum Terminus ›kulturelle Integrität‹. Im Folgenden möchte ich unterschiedliche Vorstellungen und Positionen aufzeigen, die sich auf den Begriff beziehen lassen. Dabei verstehe ich – aufbauend auf Edward Said – kulturelle Integrität allgemein als die Vereinheitlichung kultureller Zusammenhänge zu privilegierten Entitäten, die gegenüber äußeren Einflüssen abgegrenzt werden. Dahingehend beschreibt kulturelle Integrität eine Form des Othering.[1] Die Frage nach den Folgen einer kulturellen Vereinheitlichung wird in Diskursen zu Erbe oder Heritage im Fachbereich der *Heritage Studies* immer wieder aufgegriffen. Insofern trifft kulturelle Integrität und deren Umschreibung eine der zentralen Fragestellungen in den *Heritage Studies*, wie ich im Folgenden belegen möchte.

Seit Längerem hat der Begriff »Heritage« eine als anhaltend wahrgenommene Konjunktur, wobei Heritage scheinbar auf alles Anwendung zu finden scheint, das in irgendeiner Form weitergegeben beziehungsweise vererbt wird – sei es Essen, Rituale, Ideen, die Natur, berühmte Persönlichkeiten oder Architektur.[2] Obwohl der Begriff in allen möglichen Kontexten auftaucht, bleibt seine eigentliche Definition unscharf. Dabei stellt MacDonald klar, es sei der spezifische englische Begriff »Heritage«, der global verbreitet werde und dass dieser in keiner anderen Sprache als Englisch eine Entsprechung fände, unabhängig davon, was damit bezeichnet werde. Im Deutschen werde in der Regel das Wort »Denkmal« als Übersetzung gebraucht, das jedoch lediglich auf den institutionalisierten Denkmalschutz verweise.[3] Aus meiner Sicht ist es für

---

1   In Kapitel IV.2 wird ausführlich auf Saids Definition eingegangen (Said 1994, S. 108–110).
2   Davison 2008, S. 31–32; Harrison 2013, S. 1; Silverman/Waterton/Watson 2017, S. 3.
3   MacDonald 2013, S. 18.

die wissenschaftlichen Debatten um Heritage charakteristisch, dass sich deren Protagonist*innen von den tradierten Konzepten der europäischen Denkmalpflege und ihrer Dominanz oftmals abgrenzen. Zusätzlich steht in Diskussionen um Heritage regelmäßig im Vordergrund, inwiefern Heritage als System von westlich geprägten Perspektiven und Strukturen durchwirkt ist, die andere Verständnisse des Begriffs unterdrücken und inwiefern diese Übermacht relativiert werden könnte.[4] Demnach sind Fragen nach kultureller Normierung und damit auch solche nach kultureller Integrität überaus relevant für die wissenschaftliche Beschäftigung mit Heritage.

In den kommenden Kapiteln werde ich die verschiedenen Positionen erläutern, um die Rolle von kultureller Integrität in verschiedenen Kontexten sichtbar zu machen, die teils über das Heritage hinausweisen. Zunächst wird auf Derridas Idee von Erbe eingegangen, der Integrität als Kategorie für Erbe für unmöglich hält (Kap. IV.1). Saids These lautet wiederum, der Westen stilisiere das kulturelle Erbe zu eben einer vorgeblichen Einheit, um andere Kulturen aktiv zu unterdrücken. Diese These wird auch in den *Heritage Studies* vertreten (Kap. IV.2). Außerdem gibt es in den *Heritage Studies* eine Debatte darüber, wie dem übermächtigen Diskurs des Westens eine andere Sicht auf Heritage gegenübergestellt werden könnte, die Heritage als hybriden und heterogenen Prozess beschreibt. In einem weiteren Kapitel werden solche Ansätze auf kulturelle Integrität befragt (Kap. IV.3). Kulturelle Integrität bedeutet in diesem Kontext, einzelne Gemeinschaften vor äußeren Übergriffen zu schützen. Problematisch erscheint, dass Integrität hier darauf verweist, einzelne Gruppen als Einheiten voneinander abzugrenzen.

Eine weitere Analyse untersucht, wie die *Heritage Studies* Heritage als eine Form der Produktion beschreiben, um sichtbar zu machen, dass Heritage sozial konstruiert ist. Hier wird danach gefragt, ob sich durch diese Perspektive nicht eine Form der kulturellen Integrität verfestigt, weil die eigene Verwobenheit der *Heritage Studies* mit dem tradierten europäischen Diskurs tendenziell durch die Betrachtung als Produktion ausgeblendet wird. In der Folge erscheint der unterdrückerische europäische Diskurs als eine (sauber) abgrenzbare Sphäre, die von der anderen Seite, den *Heritage Studies*, kritisiert wird. Durch diese Form des Othering wird möglicherweise verkannt, dass beide Diskurse – Heritage und Denkmalpflege – miteinander zusammenhängen, und dies mitunter auf widersprüchliche Art und Weise.

---

4 Spanu 2020, S. 388–389.

IV.1 Die Unmöglichkeit der Integrität von Erbe

Derrida geht wie bereits im Auftakt meiner Arbeit angesprochen, von einer radikalen Heterogenität des Erbes aus: »Ziehen wir zunächst die radikale und notwendige *Heterogenität* eines Erbes in Erwägung, die Differenz ohne Opposition, von der es gezeichnet sein muß, ein ›Disparates‹ und eine Quasi-Juxtaposition ohne Dialektik [...]. Ein Erbe versammelt sich niemals, es ist niemals eins mit sich selbst.«[5] [Herv. i. Orig.] Erbe lässt sich demnach nicht einfach als eine gegebene Tatsache festlegen. Es lässt sich in seiner Ganzheit nie an einem Ort und zu einem Zeitpunkt erschöpfend erfassen. Derrida bestreitet die Möglichkeit einer Integrität von Erbe, denn Erbe sei niemals eins oder vollständig oder ganz, sondern immer auch Differenz. Willer verweist ebenso auf das Streitpotenzial und Hadern, das in der Wissensgeschichte des Konzepts Erbe selbst und in dessen Übertragungen angelegt sei. Die Rolle von Erblasser*innen, Erb*innen und Ererbten ändere sich ständig und werde kritisch hinterfragt. Ein Erbe sei daher nie einfach gegeben, sondern müsse ständig neu be- und ergründet werden.[6] Derrida warnt sogar davor, die Integrität eines Erbes anzunehmen:

> »Seine vorgebliche Einheit, wenn sie es gibt, kann nur in der Verfügung stehen, reaffirmieren, indem man *wählt*. [...] Wenn die Lesbarkeit eines Vermächtnisses einfach gegeben wäre, natürlich, transparent, eindeutig, wenn sie nicht nach Interpretation verlangen und diese gleichzeitig herausfordern würde, dann gebe es niemals etwas zu erben. Man würde vom Erbe affiziert, wie von einer Ursache – natürlich oder genetisch. Man erbt immer ein Geheimnis – ›Lies mich!‹ sagt es, ›Wirst du jemals dazu imstande sein?‹«[7] [Herv. i. Orig.]

Derrida versteht Erbe als etwas, das in seiner ganzen Heterogenität auf uns kommt und niemals völlig zu greifen ist, sondern sich permanent verschiebt. Eine völlige Erkenntnis oder eine absolute Wahrheit eines Erbes ist seiner Logik zufolge nicht artikulierbar, Erbe sei nicht kontrollierbar. Vielmehr sei Erbe – wie ein Gespenst – in einer Interpretation greifbar und doch nicht völlig erfahrbar. Es sei weder tot noch lebendig, weder anwesend noch abwesend, sondern oszilliere zwischen allen diesen Umschreibungen. Insofern lasse sich

---

5   Derrida 2016, S. 32.
6   Willer 2014, S. 329–331.
7   Derrida 2016, S. 32.

Erbe nicht mit der Logik einer Ganzheitlichkeit, Homogenität oder linearen zeitlichen Abfolge erfassen. Derrida fasst Erbe nämlich nicht als eine Hinzufügung oder ein Erzeugnis auf, sondern als eine Aufgabe, die ohne unser Zutun auf uns kommt, wie auch Vinken schreibt.[8]

Im Auftakt wurde erläutert, dass Integrität durch seine Bedeutungen die Tendenz hat, ein Erbe als unversehrte Einheit zu beschreiben: In diesem Sinn bündelt Integrität semantisch alle Folgen, die sich daraus ergeben, wenn Erbe als eine unberührte Einheit beschrieben wird: Ganzheit, Vollständigkeit und Unversehrtheit sowie Lauterkeit, Rechtschaffenheit und Unbescholtenheit. Derrida und Willer zeigen mit ihren Überlegungen jedoch auf, dass Erbe sich nicht in sauber getrennte Einheiten fassen lässt. Denn in seiner angenommenen Heterogenität bedarf Erbe einer permanenten Auslese, die es neu zusammenfügt und begründet. In der Folge entsteht keine abgrenzbare Einheit, sondern ein fragiles System komplexer Beziehungen und Berührungen von Zusammenhängen. Folglich wird eine tatsächliche Integrität eines Erbes unmöglich und als das Etablieren einer gewaltsamen und dominanten Erblogik enttarnt, die sich nur vorgeblich als ›natürlich gegeben‹ bezeichnen kann.

Im Besonderen versteht Derrida Erbe als eine Heimsuchung oder etwas Gespenstisches. So befasst er sich 1993 ausführlich in *Marx' Gespenster* mit Erbe als Heimsuchung. Nach dem Ende des Kalten Kriegs ging es ihm darum, davor zu warnen, den Kapitalismus als alternativlos zu beschreiben und das Gespenst des Kommunismus ein für alle Mal für verschwunden zu erklären, weil diese Verdrängung des Marxismus uns früher oder später heimsuche.[9] Derrida geht es aus meiner Sicht darum, zu zeigen, dass die Idee des Kommunismus und ihr utopisches Potenzial sich nicht einfach restlos tilgen lassen, weil diese Idee immer latent vorhanden bleibt, sobald sie einmal ausgesprochen ist. Entsprechend adressiert Derrida Erbe als Heimsuchung oder Gespenst auch die Frage danach, inwiefern ein System, das in seinen Funktionsweisen die Logik des Kapitalismus voraussetzungslos einschreibt, am Ende nicht doch wieder von der Frage nach einer Alternative verfolg wird. In diesem Sinne kann ein System, das sich selbst als Einheit naturalisiert, die Widersprüchlichkeit, die zwangsläufig in dieser Allmachtsfantasie angelegt ist, nicht völlig unterdrücken, weil die Paradoxie und die Verdrängung mindestens latent immer wie-

---

8 Vinken 2015, S. 20–21.
9 Derrida 2016, S. 78–110.

der aufscheint beziehungsweise sich bemerkbar macht. In den letzten Jahren hat diese Theorie Derridas eine rege Rezeption erfahren.[10]

Ansätze, die auf der Grundlage von Phänomenen der Heimsuchung und des Gespenstischen argumentieren, möchten zeigen, dass Systeme nicht als gegeben angenommen werden sollten, weil sich in systemischen Großstrukturen Widersprüche und Herausforderungen verbergen, die der Kritik bedürfen. Integrität als Konzept für die Übertragung von Erbe verweist vor allem auf die Folgen, wenn Prozesse zu integren, homogenen und alternativlosen Einheiten stilisiert werden. Derridas Überlegungen zum Gespenst und deren Rezeption zielen insbesondere darauf, solche Starrheiten zu entlarven und zu reflektieren. Folglich ist die angebliche Integrität eines Erbes unmöglich zu akzeptieren.

IV.2 Kulturelle Integrität als Beschreibung für eine kulturelle Normierung

Insbesondere im Kontext des Postkolonialismus gibt es eine ganze Reihe von Ansätzen, die gewaltvolle und repressive Vereinnahmung der Welt durch den Westen kritisieren und belegen, dass der Westen einen determinierten und dominierenden Diskurs erschaffen hat, um seine vermeintliche Überlegenheit unantastbar zu machen. Insofern wurde eine kulturelle Integrität des westlichen Erbes künstlich erzeugt und über Jahrhunderte zementiert. Dementsprechend stelle ich im folgenden Kapitel Saids Definition von »kultureller Integrität« vor und zeige, wie er sich im Gegensatz zu Derrida weniger stark darauf konzentriert zu erörtern, inwiefern die Integrität eines Erbes unmöglich ist,

---

10   Im Jahr 2008 veröffentlicht die Soziologin Avery Gordon *Ghostly Matters – Haunting and Sociological Imagination*, in der sie anhand des Gespenster-Konzepts festgefahrene wissenschaftliche Perspektiven in der Psychoanalyse und Soziologie untersucht (Gordon 2008). Bedeutsam ist in diesem Zusammenhang außerdem die Schrift des Kulturtheoretikers Mark Fisher *Ghosts of my Life – Writing on Depression, Hauntology and Lost Futures* und dessen Theorie von einer Hauntology, in der er Derridas Gedanken aufgreift (Fisher 2012; Fisher 2014). Die Kulturwissenschaftlerin Zuzanna Dzubian spricht vor allem mit Bezug auf die *Memory Studies* von einem »Spectral Turn« (Dziuban 2019). Der Stadtplaner Nikolai Roskamm bezieht sich auf Derridas *Marx' Gespenster*, um für die Stadtforschung ein politisches Denken, das sich an den Gespenstern der Stadt orientiert, als neue Perspektive vorzuschlagen (Roskamm 2017).

sondern darauf, die Konsequenzen aufzuzeigen, wenn die Integrität eines Erbes auf unterdrückerische Art und Weise naturalisiert wird.

Kulturelle Integrität bei Edward Said

Said definiert als einflussreicher Theoretiker des Postkolonialismus kulturelle Integrität in seinem Buch *Culture and Imperialism*, das auf seinem bahnbrechenden Werk *Orientalism* aufbaut, das 1978 erschien und als herausragender Text innerhalb des *Postcolonialism* gilt. Er setzt sich in *Orientalism* mit dem Begriff »Orientalismus« auseinander. Said schildert, wie europäische Forscher*innen, Entdecker*innen und Kolonialisator*innen ein Wissenssystem etabliert haben, das die Sicht der Eroberer*innen auf ihre Kolonien zur Norm werden ließ.[11] Saids Aussagen, die viele Debatten ausgelöst haben,[12] legen auf diese Weise offen, dass der ›Orient‹ nicht einfach nur ›ist‹, sondern ein raumzeitliches Konstrukt ist. In *Culture and Imperialism* unternahm Said den Versuch, seine Thesen aus *Orientalism* zu erweitern. Wiederum geht es um europäische kolonialistische Systeme der Repräsentation, die die Darstellung außereuropäischer Regionen bestimmen.[13] Im Gegensatz zu *Orientalism* widmet sich Said jedoch in *Culture and Imperialism* auch dem Widerstand gegen die westliche Hegemonie.[14]

Ein Kapitel von *Culture and Imperialism* trägt die Überschrift *The Cultural Integrity of Empire*. Ohne den Begriff »Integrität« nochmals aufzugreifen, entwirft Said fünf Merkmale, die die kulturelle Integrität des kolonialistischen Imperiums ausmachen:

- Es gibt eine absolute Grenze zwischen dem Westen und dem Rest der Welt.
- Es gibt eine Erzählung, die einen evolutionären Verlauf der Geschichte annimmt und in der die vermeintlich zivilisierten Völker überlegen sind. Kategorien wie »natürlich« und »unnatürlich« oder auch »primitiv« markieren diese evolutionäre Unterscheidung.
- Es gibt ein universales und dominierendes Kulturverständnis des Westens, das jede Kultur einordnet und klassifiziert.

---

11 Said 2009, S. 10–15
12 Eine erhellende Zusammenfassung der Debatte um *Orientalism* und seinen möglichen Widersprüchen findet sich hier: Castro Varela/Dhawan 2015, S. 109–119.
13 Said 1994, S. xi.
14 Ebd., S. 12.

IV. Das Konzept der kulturellen Integrität und die Verhandlung von Heritage

- Der Diskurs wird durch die Übermacht der westlichen Erzählung vereinheitlicht.
- Die imperialen Einstellungen haben Umfang, Autorität und große kreative Macht.[15]

Kulturelle Integrität repräsentiert für Said nach diesen Merkmalen die Normierung der Kultur zu einer kohärenten Entität, die einer normativen Erzähllogik folgt. Folglich verweist kulturelle Integrität auf eine wirkmächtige Erzählweise, die den Diskurs uniformiert. Dabei wird die Perspektive des Westens zur hegemonialen Erzählung, zum natürlichen Überlegenen. Umgekehrt werden die übrigen Regionen zum stereotypen Unterlegenen. Said macht mit seinen schonungslosen Thesen deutlich, wie Integrität als Konzept damit zusammenhängen kann, kulturelles Erbe zu homogenisieren und nach den Maßstäben eines normativen Systems zu synthetisieren, das keine Widersprüche, Disparität oder Diskontinuität zulässt. Mitinbegriffen in diese Synthese ist immer die Ausübung von Macht. Kulturelle Integrität bedeutet in diesem Sinne systematisches Othering.

Said konzentriert sich in *Culture and Imperialism* allgemein auf die Erzählung, und dies aus einem bestimmten Grund: »The power to narrate, or to block other narratives from forming and emerging, is very important to culture and imperialism, and constitutes one of the main connections between them.«[16] Zudem kritisiert Said, Kultur werde oftmals als höherer Ort beschrieben, an dem Politik keine Rolle spiele. Dagegen sieht er Kultur als Ort, an dem Kämpfe um Deutungshoheiten ausgetragen werden und man sich von anderen abgrenze.[17] Daher favorisiert er eine Lesart, die alle Kulturen als ineinander verwoben und heterogen begreift.[18] Er argumentiert also für eine Vieldeutigkeit der kulturellen Überlieferung, um normative Deutungshoheiten zu relativieren.

Aus der Etymologie von Integrität lässt sich ableiten, dass sich ihre Wortbedeutungen auf einen passiven Zustand der Vollständigkeit, Ganzheit, moralischen Überlegenheit oder Gesundheit beziehen.[19] Übertragen auf kulturelle

---

15 Ebd., 108–110.
16 Ebd., S. 13.
17 Ebd.
18 Ebd., S. 25.
19 Zu Etymologie von Integrität: vgl. Kap. I.1.

Kontexte ziehen diese Bedeutungen unter Umständen nach sich, dass Integrität implizit eine Einteilung in eine natürliche, bevorzugte und gesunde Kultur sowie eine unnatürliche und als minderwertig wahrgenommene Kultur bewirkt. Pollmann meint, Integrität stehe in Abgrenzung zu einem kranken oder defizitären Zustand für Wohlergehen.[20] Ein solches Wohlergehen muss meiner Meinung nach nicht zwingend zu einer Pathologisierung des Anderen in Abhängigkeit zum integren Eigenen führen. Dennoch ist aufbauend auf Said zu konstatieren, dass Integrität bei der Übertragung auf kulturelles Erbe auf eine Uniformierung von Erzählungen und Interpretationen verweist, die ein Machtgefälle zwischen dem ›zivilisierten‹ Europa und der übrigen Welt markieren kann.

Anhand des Begriffs »Homogenisierung« möchte ich herausarbeiten, was die Verknüpfung von Kultur und Integrität vor allem aus einer postkolonialen Sichtweise bedeuten kann. Anil Bhatti hat sich in mehreren Beiträgen mit Homogenisierung und Postkolonialismus beschäftigt.[21] Darin skizziert er Wechselwirkungen zwischen dem Kolonialismus, europäischer Philosophie und dem Bestreben einer Homogenisierung kultureller Räume am Beispiel Indiens. Dabei bezieht sich Bhatti sowohl auf Derrida[22] als auch auf das Konzept des Palimpsests[23]. In seinen Beiträgen schreibt er gegen einen Essentialismus an, der die raumzeitliche Bedingtheit von Sprache, Kultur und Authentizität übersehe.[24]

Bhatti beschreibt Postkolonialismus nicht als eine definierte Methodik oder Theorie, sondern als eine Haltung, die reflexiv einer Homogenisierungsideologie entgegenarbeite, um Komplexität und Mehrdimensionalität aufzuwerten. Der Postkolonialismus hebt nach Bhatti die Autorität von Konzepten wie Authentizität, ethnischer Reinheit, Sprachpurismus und Bodenständigkeit auf. Stattdessen werden ihm zufolge Konzepte wie Hybridität, Migration, Zwischenräume oder Transitbereiche hervorgehoben. Dennoch gibt er zu bedenken, dass in die Aufklärung zwar ein Narrativ der linearen Weltbeherrschung eingebettet sei, aber die Aufklärung zugleich gegen Formen der Unterdrückung wirke.[25] Bhatti spricht sich also nicht für die Favorisierung

---

20 Pollmann 2005, S. 73–74.
21 Bhatti 2003; Bhatti 2005; Bhatti 1998.
22 Bhatti 2003, S. 66.
23 Bhatti 1998, S. 347.
24 Ebd., S. 345.
25 Bhatti 2003, S. 59.

IV. Das Konzept der kulturellen Integrität und die Verhandlung von Heritage   183

einer antiaufklärerischen Sichtweise oder einer rein aufklärerischen Perspektive aus, sondern tritt für eine Komplexität ein, die sowohl das eine als auch das Andere in seiner ganzen Vielgestaltigkeit und in seinen Abhängigkeiten reflektiert.[26]

Unter Homogenisierung versteht Bhatti den Aufbau einer natürlichen Ordnung, beispielsweise einer Nation, die einen Kanon oder Traditionen etabliert. Durch die Konstruktion einer natürlichen Ordnung werden ihm zufolge Mechanismen des Ein- und Ausschlusses aktiviert und gleichzeitig ein Gefälle zwischen homogener Mehrheit und exkludierter Minderheit geschaffen. Im Ergebnis entstehe eine normierende Leitkultur, etwa zugunsten einer abgegrenzten Nation.[27] Insbesondere der europäischen Moderne und dem Kolonialismus attestiert Bhatti eine »Ideologie der Homogenität«.[28] Über eine systematische Kodifizierung im Kolonialismus werde das heterogene kulturelle ›Chaos‹ zu einer Ordnung harmonisiert und kategorisiert:[29]

> »Die Wissenschaftspolitik des Kolonialismus bestand nicht zuletzt darin, eine Interpretationsmacht zu erlangen. Die Komplexität der indischen Gesellschaft zum Beispiel wurde im Rahmen der Wissensaneignung durch den Kolonialismus als Chaos empfunden. Die Beherrschung des Chaos erfolgte durch eine beispiellose Entfaltung klassifikatorischer und taxonomischer Energie im Rahmen einer kolonialen Epistemologie. Im Zusammenhang mit der Entwicklung einer kolonialen Kompetenz war die systematische Kodifizierung auch der indischen Geschichte ein wichtiges Anliegen des britischen Kolonialismus.«[30]

Dominanz entsteht nach Bhatti über Interpretationsmacht, die einen kulturellen Raum ordnet und als homogen darstellt. Diese homogene und natürliche

---

26   In eine ähnliche Richtung argumentiert auch Homi K. Bhabha: »The demand of identification – that is to be for an Other – entails the representation of the subject in the differentiating order of otherness. [...] The ›atmosphere of the certain uncertainty‹ that surrounds the body certifies its existence and threatens its dismemberment.« [Herv. i. Orig.] (Bhabha 2010, S. 64). Aus dem Zitat geht noch einmal hervor, dass sich Identitäten nicht über die Übereinstimmung mit etwas konstituieren, sondern im Sinne der *différance* über ihre Differenzen und der Verortung des Anderen.
27   Bhatti 2005, S. 115–118.
28   Bhatti 2003, S. 66–67.
29   Ebd., S. 58.
30   Bhatti 2005, S. 119.

Ordnung stellt sich als unhinterfragbare Wahrheit mit eindeutigen kulturellen Wurzeln dar. Somit bezeichnet Bhatti mit »Homogenität« genau die Mechanismen, die Said unter dem Begriff »kulturelle Integrität« erfasst. Derrida wiederum beschreibt diesen Vorgang im übertragenen Sinn mit dem Affizieren eines eindeutigen, transparenten und natürlichen Erbes.[31]

Dass die Vorstellung von einer natürlichen kulturellen Ordnung ein Konstrukt ist, das die Komplexität kultureller Zusammenhänge verschleiert, verdeutlicht Bhatti anhand des Palimpsests. Es könne keine wahre authentische Zeitschicht geben, die Ausgangspunkt für eine homogene Entwicklung sei. Vielmehr gehe es um Überlappungen, Verwobenheit und Pluralität. Indien sei beispielsweise nicht in einer »Urschicht« zu finden, sondern »in der Ganzheit und Gleichzeitigkeit des mehrschichtigen Prozesses«:[32] »Die positive Wertung der Mehrschichtigkeit bedeutet Fülle und Reichtum im historischen Prozess. Wenn die Schichtung aber als zunehmender Verlust an Authentizität aufgefasst wird, kommt es zu einer Auffassung von Geschichte als Entfernung von der Ursprungswahrheit, als Identitätsverlust.«[33] Bhatti schreibt, der Drang nach einer kulturellen Homogenität wirke in Indien nach dem Kolonialismus fort:

> »Der Hindu-Fundamentalismus geht letztendlich von einem Goldenen Zeitalter aus, welches durch den Einbruch des Islams zerstört wurde. Es gilt nun dieses Goldene Zeitalter durch die Exklusion des fremden Störfaktors zu restaurieren. Solche Denkweisen sind dem Palimpsest-Gedanken diametral entgegengesetzt. Denn streng genommen wäre die Urschicht eines solchen Palimpsests ein leeres Blatt; Tabula rasa. Der Drang nach Authentizität und Ursprungsreinheit in plurikulturellen Gesellschaften ist somit auch ein Vorgang, der kulturelle Spuren ausradiert.«[34]

Reinheit, Ursprung und Homogenität sind demnach also Wünsche, die in Zusammenhang mit Kultur und der Aneignung der Vergangenheit immer auch als ein Streben nach Überlegenheit aufgefasst werden müssten. Das Hervorheben des Eigenen und seine scharfe Abgrenzung gegenüber dem Anderen sind diesen Wünschen immanent und können in zerstörerischen Akten resultieren.

---

31 Derrida 2016, S. 32.
32 Bhatti 1998, S. 347.
33 Bhatti 2005, S. 121.
34 Ebd., S. 122.

IV. Das Konzept der kulturellen Integrität und die Verhandlung von Heritage 185

Integrität ist eng verwoben mit jenen Bestrebungen nach einer homogenen Kultur, verspricht sie doch wortwörtlich Unberührtheit und Reinheit.[35]
Verbindet man Saids kulturelle Integrität mit Bhattis Homogenisierung wird deutlich, welch schwierige und essentialistische Sichtweisen in der Vision von einer Unversehrtheit, Ganzheit oder Vollständigkeit des kulturellen Erbes verborgen sein können. In der Ethik und Philosophie ist Integrität seit Langem als zentrale Voraussetzung für ein gutes Leben verankert. Wenig überraschend dreht sich der Diskurs in der Philosophie häufig um die Problematik, dass Integrität als Maßstab für die Lebensführung zu starren Wertvorstellungen bis hin zu Fanatismus führen kann.[36] Es treten also ähnliche Herausforderungen und Konflikte auf, wie Integrität sie in Bezug auf Kultur und Erbe evoziert. So wird auch im Postkolonialismus evident, dass Integrität einen permanenten Konflikt zwischen der Umsetzung einer idealen Unversehrtheit und einer realen Heterogenität verursacht. In den *Heritage Studies* ist ein zentraler Ansatz – ähnlich wie es Said unter der Überschrift »kulturelle Integrität« beschreibt – die Hegemonie der westlichen Denkmalpflege anzuprangern und in der Folge zu relativieren. Dementsprechend ist die Auseinandersetzung mit kultureller Integrität vor allem für die *Critical Heritage Studies*, einen bestimmten Bereich der *Heritage Studies*, von großer Bedeutung.

Die kulturelle Integrität des autorisierten Heritage-Diskurses

John Carman und Marie Louise Stig Sørensen schreiben, die *Heritage Studies* formierten sich in den 1980er-Jahren vor dem Hintergrund des Postkolonialismus und einer Kritik an dominierenden Formen der Repräsentation in Gesellschaften. Gleichzeitig habe Heritage durch den Aufstieg des Welterbeprogramms sowie die zunehmende staatliche Institutionalisierung einen öffentlichkeitswirksamen Schub erhalten.[37] Außerdem hebt der Historiker Raphael Samuel in diesem Zusammenhang das europäische Denkmalschutzjahr (European Architectural Heritage Year) hervor, durch das Heritage als Begriff eine europaweite Verbreitung gefunden habe.[38] In den 2010er-Jahren etablierten sich die *Critical Heritage Studies*, die sich dezidiert einer Kritik von Paradigmen und Praktiken widmen, die die Wissenschaftler*innen der *Critical Her-

---

35 Stichwort »integritas« 2013.
36 Stanford Encyclopedia of Philosophy 2017.
37 Carman/Sørensen 2009, S. 17–19.
38 Samuel 1994, S. 244.

itage Studies als dominierend und repressiv in Heritage-Diskursen wahrnehmen.[39] Im Vordergrund steht die Kritik an einem westlichen hegemonialen System ›Denkmalpflege‹, das die westlichen Werte der Denkmalpflege globalisiert und auf diese Weise Macht ausübt. Demnach kritisieren die *Critical Heritage Studies* wie Said die kulturelle Integrität des Westens.[40]

Gleichzeitig werden dieser kulturellen Integrität marginalisierte Formen von Heritage gegenübergestellt. Allerdings ist möglicherweise fraglich, ob diese dichotome Gegenüberstellung nicht außer Acht lässt, dass Kulturen auch als ineinander verwoben und heterogen betrachtet werden können, wie es Said oder Bhatti einfordern.[41] Im Folgenden zeige ich, wie die Beschreibung der kulturellen Integrität bei den *Critical Heritage Studies* angelegt ist und dass diese auf Theorien zu Heritage in den 1980er-Jahren zurückgehen. Ebenso reicht die Kritik an der Gefahr einer radikalen dichotomen Sichtweise auf Heritage bis in die 1980er-Jahre zurück. Dabei ist mit kultureller Integrität die Frage danach gemeint, ob der hegemoniale Diskurs um Heritage ein geschlossenes und determiniertes System ist oder ob dieses System nicht auch von Widersprüchlichkeiten und Unterwanderungsmöglichkeiten durchzogen ist.

2012 wurde die Association of Critical Heritage Studies institutionalisiert, deren Gründung auf Initiativen von Wissenschaftler*innen aus Australien, Schweden und Großbritannien beruht. Auf ihrer ersten Tagung in Göteborg veröffentlichte die Präsidentin der Vereinigung Smith ein Manifest über die Ziele der Association of Critical Heritage Studies. Darin definiert Smith es als gemeinsame Mission der *Critical Heritage Studies*, die konservativen kulturellen und ökonomischen Machtverhältnisse, die veraltete Verständnisse von Heritage zementieren, infrage zu stellen und marginalisierten Gruppen bei der »Schaffung« (»creation«) von Heritage eine Stimme zu geben. Zu diesen Machtverhältnissen gehörten Nationalismus, Imperialismus, Kolonialismus, kultureller Elitismus, westlicher Triumphalismus, sozialer Ausschluss aufgrund von Klasse oder Ethnizität wie auch die Fetischisierung von Expertise. Explizit werde die Dominanz des westlichen, überwiegend europäischen Verständnisses von Heritage angesprochen. Aufgrund dieser westlichen Dominanz werde eine Expert*innenauswahl großer alter prestige-

---

39 Association of Critical Heritage Studies 2020.
40 Said 1994, 108–110.
41 Ebd., S. 25.

trächtiger Stätten privilegiert, die westliche Narrative von Nation, Klasse und Wissenschaft bediene.[42]

Somit leitet sich das Selbstverständnis der *Critical Heritage Studies* aus einer Haltung der Kritik gegenüber dem Westen ab – vor allem gegenüber der europäischen Denkmalpflege. Said beschreibt eine absolute Grenze zwischen dem Westen und der übrigen Welt, eine Evolutionsgeschichte, das universale und dominierendes Kulturverständnis des Westens, die vereinheitlichende Erzählung des Westens, die Autorität und die kreative Übermacht als Merkmale der westlichen kulturellen Integrität.[43] In diesem Sinn prangern die *Critical Heritage Studies* eine kulturelle Integrität an, indem sie die westliche Denkmalpflege als ein repressives und übermächtiges kulturelles System enttarnen, das die vielfältigen Verständnisse von Heritage uniformiert und andere Kulturen abwertet.

In den theoretischen Ansätzen von Anhänger*innen der *Critical Heritage Studies* ist die Gegenüberstellung eines dominierenden Diskurses und einer unterdrückten Alternative eine wiederkehrende Perspektive. Smith benennt in ihrem vielfach rezipierten Buch *Uses of Heritage* den dominierenden Diskurs etwa mit dem *Authorized Heritage Discourse* (AHD).[44] Andere Autor*innen unterscheiden etwa zwischen »official« und »unofficial heritage«[45] oder »orthodox practice«[46]. Allgemein zeigt Smaranda Spanu auf, dass in Debatten um die Definition von Heritage regelmäßig darauf hingewiesen werde, das Konzept Heritage sei von europäischen wie nordamerikanischen Wertvorstellungen und Narrativen durchwirkt, die die westliche Geschichte glorifizierten und einen westlich geprägten Objektkult um das Monument beziehungsweise das Denkmal pflegten. Die Folge sei die Reproduktion Weißer westlicher Perspektiven bei der Interpretation von Heritage. Diese bedinge eine permanente Selbstvergewisserung der Weißen privilegierten Bevölkerungsgruppen.[47] Den genannten Analysen des Diskurses ist gemein, dass sie zwischen einem etablierten, offiziellen oder autorisierten Diskurs und dessen unterdrücktem Gegenüber unterscheiden, als dessen Anwält*innen sich die Autor*innen teilweise positionieren. Dabei nimmt der offizielle Diskurs, geprägt in Europa und Nord-

---

42 Association of Critical Heritage Studies 2020.
43 Said 1994, S. 108–110.
44 Smith 2006, S. 29–34.
45 Harrison 2013, S. 15.
46 Wells 2017, S. 33.
47 Spanu 2020, S. 388–389.

amerika, die Rolle einer Übermacht ein. So wird Heritage als etwas dargestellt, das durch eine äußere Macht des Anderen, von dem es sich abzugrenzen gilt, kontrolliert wird.

Die geschilderte Kritik an dem übermächtigen System Heritage geht bis in die 1980er-Jahre zurück, denn in diesem Jahrzehnt bildete sich ein linkspolitischer Diskurs um Heritage heraus, der Heritage als unterdrückerisch und kapitalistisch kritisierte. Drei Autoren schrieben viel beachtete Bücher zum Thema Heritage: 1985 publizierte Patrick Wright *On living in an Old Country – The National Past in Contemporary Britain*.[48] Robert Hewison folgte 1987 mit *The Heritage Industry – Britain in a Climate of Decline*.[49] Gemeinsam mit David Lowenthals *The Past is a Foreign Country* von 1985 brachten sie durch ihre Publikationen eine systematische kritische Reflexion der Gesellschaft und ihres Umgangs mit Heritage in das öffentliche Bewusstsein.[50]

In ihren Büchern verstehen die Theoretiker Hewison und Wright Heritage als eine Art Industrie, die die Vergangenheit kommodifiziere und als monolithisches Narrativ in der Gesellschaft installiere, um die herrschende Klasse an der Macht zu halten.[51] Unter der Überschrift *Heritage Industry* schildert Hewison, wie in Großbritannien angesichts des Zerfalls der Industrie eine Art Ersatzindustrie entstanden sei, die die Vergangenheit durch die Produktion von Heritage glorifiziere und über den gegenwärtigen gesellschaftlichen Verfall hinwegtäusche. Hewison bezieht sich hierbei vor allem auf einen Boom von Museumsgründungen.[52] Wright kritisiert Tendenzen, Heritage dafür zu nutzen, starre nationale Identitäten zu erschaffen:

> »Let there be a greater expression of cultural particularity in this society, but let it be articulated according to democratic principles and let it therefore also reflect a truly heterogeneous *society* rather than the unitary image of a privileged national identity which has been raised to the level of exclusive and normative essence.«[53] [Herv. i. Orig.]

Sowohl Hewison als auch Wright verweisen auf eine kulturelle Integrität von Heritage, die eng mit dem Kapitalismus verbunden ist. Ihren Theorien zufol-

---

48 Wright 2009.
49 Hewison 1987.
50 Lowenthal 2015.
51 Hewison 1987; Samuel 1994, S. 242–243; Wright 2009.
52 Hewison 1987, S. 83–105.
53 Wright 2009, S. 236.

ge gibt es nämlich eine Übermacht, die über die ökonomische Vereinnahmung von Heritage den Diskurs uniformiert und der Gesellschaft eine homogene Identität aufzwingt. Hewison und Wright folgen einer marxistischen Tradition einer großen Erzählung vom Kapital, indem sie Heritage als ein geschlossenes kapitalistisches System beschreiben.[54] So lässt sich die Frage nach der kulturellen Integrität und der Geschlossenheit des Systems Heritage von den 1980er-Jahren bis in die Gegenwart und die *Critical Heritage Studies* zurückverfolgen.

Allerdings gab es schnell Zweifel daran, die kulturelle Integrität eines hegemonialen Systems Heritage zu verabsolutieren.[55] So interpretiert der Historiker Samuel Heritage etwas anders als Hewison und Wright. In seiner 1994 erschienenen Publikation *Theatres of Memory* imaginiert er Heritage ebenso als ein Konzept, das von einem Enthusiasmus zu einer ganzen Industrie herangewachsen sei.[56] Er beschreibt diese Industrie als »plebiszitär« geprägt, indem etwa linke Aussteiger*innen, Umweltaktivist*innen oder Bäuer*innen darin tätig seien. Allerdings hebt er nicht die schlechten Arbeitsbedingungen innerhalb der Heritage-Industrie hervor, sondern das subversive Potenzial des Wirtschaftszweigs Heritage. Heritage ist nach Samuel eine Möglichkeit, der eigenen Klasse zu entfliehen und über das Medium einer (erdachten) Familiengeschichte eine romantische Erfahrung von Anderssein zu machen.[57] Für ihn ermöglicht die Heritage-Industrie also, dass Menschen sich eine andere Vergangenheit als die eigene aneignen, indem sie sich etwa verkleiden oder die eigene Vergangenheit neu interpretieren. Auf diese Weise schafft Heritage nach Samuel Potenziale, um alteingesessene Hierarchien und Traditionen zu hinterfragen.[58]

Schon Samuel weist 1994 in Hinblick auf die Heritage-Industrie und deren Kritik auf die Gefahr hin, den Diskurs mit dem Vorwurf der Heritage-Industrie selbst zu homogenisieren: »It [heritage] is conceptualized as systemic, projecting a unified set of meanings which are impervious to challenge – what Umberto Eco calls ›hyper-reality‹.«[59] Campbell, Shackel und Smith weisen ebenso auf Hewisons und Wrights einflussreiche Kritik an der Heritage-

---

54 Frank, S. 70–71.
55 Frank 2009, S. 48–59.
56 Samuel 1994, S. 238.
57 Ebd., S. 246–247.
58 Frank 2009, S. 72.
59 Ebd., S. 243.

Industrie hin, die diese ausschließlich als eine Banalisierung des Heritage der arbeitenden Klasse beschrieben und in der Folge eine einseitige Sicht auf die Heritage-Industrie als dominante Perspektive in der Wissenschaft etabliert habe. Stattdessen schließen Campbell, Shackel und Smith sich Samuels Ansatz an, in der Heritage-Industrie eine Form des Empowerments zu sehen.[60]

Mit einer Unterteilung zwischen repressivem und unterdrücktem Diskurs umschreiben Autor*innen der *Heritage Studies* ein System der strukturellen Ungerechtigkeit. Eine entscheidende Frage ist dabei, inwiefern diese Konzeptualisierung Raum für Komplexität und Unschärfen bietet, die ein Changieren zwischen dem Eigenen und Anderem, zwischen An- und Abwesenheiten, zwischen Unterdrücker*in und Unterdrückten zulässt.

Laut Spanu wird Heritage auch als ein Prozess der Vergangenheitsverarbeitung aufgefasst, der hybrid, vieldeutig und bedeutungsoffen sei. Insofern werde in Debatten dafür plädiert, jenseits der dominierenden Diskurse die subversive Potenziale von Heritage als Prozess auszuloten.[61] Somit gehen die Autor*innen der *Heritage Studies* nicht ausschließlich von einer Gegenüberstellung des dominanten westlichen Diskurses und dessen unterdrücktem Gegenüber aus, sondern hinterfragen die kulturelle Integrität des Westens. Allerdings ergibt sich daraus die Herausforderung, inwiefern beide Perspektiven miteinander vereinbart werden können: die Annahme einer kulturellen Integrität des Westens sowie die Heterogenität und Subversivität von Heritage. Diese Frage wirft Samuel schon 1994 auf. Auch Said wird dafür kritisiert, den Westen teilweise pauschal als monolithischen Block zu schildern, der einer kontinuierlichen und linearen Entwicklung unterliege.[62] Denn damit widerspricht er in gewisser Weise seiner eigenen These von einer Heterogenität und Verwobenheit der Kulturen.[63] Gleichwohl dient die bewusste Positionierung Saids und der Autor*innen der *Heritage Studies* dazu, die Problematik der westlichen Dominanz in ihren Ausmaßen überhaupt erst sichtbar zu machen, ohne sie gleich wieder zu relativieren. Trotzdem kann die Frage nach dem methodischen Problem nicht völlig aufgelöst werden.

---

60 Campbell/Shackel/Smith 2011, S. 2–3.
61 Spanu 2020, S. 389–391.
62 Castro Varela/Dhawan 2015, S. 107–108.
63 Said 1994, S. 25.

IV.3 Kulturelle Integrität und der Schutz von Identitäten

Das vorangegangene Kapitel legte den Schwerpunkt auf die Beschreibung der kulturellen Integrität eines ganzen Systems, nämlich das des Westens, in seinen Funktionsweisen und Machtansprüchen. Im Folgenden wird die Perspektive gewechselt und dargestellt, wie kulturelle Integrität auch den Schutz einzelner Gruppen oder Communities meinen kann, um sie vor einer äußeren (Über-)Macht zu schützen. Allerdings besteht auch hier die Gefahr, ähnlich wie bei der systemischen kulturellen Integrität, zu übersehen, dass sich Gemeinschaften nicht einfach abgrenzen lassen, sondern als komplexe Beziehungsgefüge miteinander verwoben sind. Insofern versuche ich aufzuzeigen, dass es zu kurz gegriffen ist, Identitäten oder Communities als geschlossene kulturelle Einheiten zu verstehen, weil eine solche Perspektive Komplexität und Heterogenität teilweise ausblendet.

Kulturelle Integrität von Heritage Communities

Groth versteht unter (Kultur-)Erbe etwas aus der Vergangenheit, das als Gegensatz zur Gegenwart entworfen werde: Erbe als Überbleibsel einer heilen Welt aus der Vergangenheit, die nicht den Zwängen der (kapitalistischen) Gegenwart unterliege. Dabei beschreibt er die kulturelle Integrität von Erbe als eine Unversehrtheit dieser heilen Welt, die stets von äußeren (zerstörerischen) Einflussfaktoren wie Globalisierung oder Homogenisierung bedroht sei.[64] Kulturelle Integrität gewinnt in Groths Verwendung eine hermetische Bedeutung, die Erbe und Kultur beispielsweise gegenüber der Gegenwart oder dem Anderen abschirmt. Said spricht unter dem Schlagwort »kulturelle Integrität« ein ganzes System globaler kultureller Ausbeutung an, während Groth kulturelle Integrität eher auf die Frage nach dem Erbe einzelner *Heritage Communities* und deren Abschirmung gegenüber einem Äußeren bezieht.[65] Zahlreiche Studien behandeln indigene Gemeinschaften oder Minderheiten und den Schutz ihrer kulturellen Integrität. Dabei umschreibt kulturelle Integrität in diesem Zusammenhang oftmals den Schutz dieser Gemeinschaften vor Kommerzialisierung oder unsensiblen Eingriffen von außen.[66] Insofern kann man nicht generalisierend davon sprechen, Integrität beziehe

---

64 Groth 2015, S. 77.
65 Ebd.
66 Exemplarisch: Eder 2007; Heinämäki/Herrmann 2013; Pelzang/Hutchinson 2018.

sich allein auf die westliche Gesellschaft und deren normierenden Einfluss, denn kulturelle Integrität betrifft auch die Unversehrtheit anderer kultureller Kontexte.

Genauso definiert Groth vor allem kulturelle Integrität als die Wahrung vermeintlicher Heterogenität gegenüber einem vereinheitlichten Außen. Allerdings kann man kultureller Integrität zumindest in den zitierten Studien meiner Meinung nach eine Ambivalenz unterstellen, weil es darin um die Wahrung einer von außen zugeschriebenen kulturellen Reinheit oder Unbeflecktheit geht. Darin verbirgt sich die Gefahr einer Normativität und Fremdbestimmung. Groth kritisiert analytisch klug genau diese Tendenzen zur Homogenisierung von Gruppen im Kontext Heritage am Beispiel des Community-Konzepts.[67] Seine geschilderten Verwendungen thematisieren kulturelle Integrität als Schutz kultureller Zusammenhänge oder einzelner Gruppen, die homogenisierend als Einheiten entworfen werden und als Ganzes zu schützen sind. Diese Übertragung der kulturellen Integrität auf einzelne Gruppen oder Communities taucht auch in Ansätzen der *Heritage Studies* auf.

Heritage als Produktion und die Vervielfältigung kultureller Integritäten

Die vorangegangene Analyse hat aufgezeigt, dass Integrität auf der Ebene von *Heritage Communities* bedeuten kann, diese zu homogenen Entitäten zu stilisieren, die möglichst unverändert und unberührt bleiben sollen. In dieses Konzept von kultureller Integrität schreibt sich jedoch latent eine Form des Othering ein, selbst wenn es hier um einen wohlmeinenden und gut begründeten Schutz von Gemeinschaften geht. Denn Communities werden als homogene und abgrenzbare kulturelle Einheiten beschrieben, die vor einem Außen geschützt werden müssen. Im Folgenden möchte ich diskutieren, ob sich in eine Perspektive, die Heritage als eine Form der Produktion in der Gegenwart begreift, nicht auch die Gefahr birgt, Gemeinschaften als andersartig und kulturell integer zu beschreiben. Die Beschreibung von Heritage als Produktion in der Gegenwart ist eine gängige Auffassung bei der wissenschaftlichen Beschäftigung mit Heritage, wie ich noch ausführlich belegen werde. Zunächst möchte ich jedoch auf den Zusammenhang von Repräsentation und Ökonomie eingehen.

---

67   Groth 2015, S. 61–62.

Jo Littler und Roshi Naidoo vertreten in ihrem Beitrag *White Past, Multicultural Present – Heritage and National Stories* die Meinung, dass in Großbritannien Othering betrieben werde, indem die Vergangenheit als Weiß und monokulturell dargestellt und diesem Bild eine multikulturelle Gegenwart gegenübergestellt werde, um zu belegen, wie ›modern‹ und ›hip‹ die britische Nation heute sei.[68] Als Beispiel nennen die Autor*innen, dass die königliche Familie zum Thronjubiläum der Queen einzelnen sozial benachteiligten Gruppen Zugang zu den Institutionen des Königshauses gewährte. Dahinter steht Littler und Naidoo zufolge weniger eine integrative Geste als vielmehr die Absicht, die Legitimation überkommener Institutionen durch symbolische Gesten zu erneuern und zwar, indem Schwarze Personen vermeintlich an diesen Institutionen eine Teilhabe eingeräumt bekommen.[69] Zwar suggeriere die geschilderte Geste zunächst eine multikulturelle Inklusion, in Wirklichkeit aber bleibe der Kanon der Weißen Vergangenheit unangetastet. Ihr werde lediglich eine multikulturelle Gegenwart gegenübergestellt, um das Erbe der Weißen sogar noch aufzuwerten und zu aktualisieren. Eine wirkliche Verhandlung von Schuld oder Kolonialismus spiele keine Rolle.[70] Somit lässt sich aufbauend auf Littler und Naidoo folgern, dass die kulturelle Integrität der kolonialen Vergangenheit unangetastet bleibt, weil ihr eine multikulturelle Gegenwart gegenübergestellt wird, die scheinbar neben der kolonialen Vergangenheit koexistiert. In der Folge wird nicht thematisiert, wie Vergangenheit und Gegenwart miteinander zusammenhängen. Die kulturelle Übermacht und die Gewalt über das Bild der Vergangenheit aus Sicht Weißer Kolonisator*innen wird nicht zur Disposition gestellt. Speziell auf ökonomische Zusammenhänge bezogen schlussfolgern Littler und Naidoo, dass Unternehmen multikulturelle Repräsentation in ihre Strategien integrierten, um sich als kreativ, kosmopolitisch und fortschrittlich darzustellen, ohne jedoch strukturell etwas zu ändern.[71] Abschließend fordern die Autor*innen, sorgfältig die Art und Weise von Repräsentationen zu prüfen, indem kritisch hinterfragt wird, wer wen repräsentiert und mahnen zu einer sorgfältigen Reflexion akademischer Ansätze zu Heritage, weil sich hier strukturelle Rassismen einschleichen könnten.[72] Aus meiner Sicht schneiden Littler und Naidoo eine ganze Reihe von Aspekten

---

68 Littler/Naidoo 2007, S. 109.
69 Ebd., S. 108–109.
70 Ebd., S. 109–111.
71 Ebd., S. 109.
72 Ebd., S. 111–112.

an, die fruchtbar für eine Analyse von Integrität und Heritage gemacht werden können.

Heritage wird in der Literatur regelmäßig als eine Form der Kreation oder Produktion in der Gegenwart beschrieben. Diese Perspektive grenzt Ansätze der *Critical Heritage Studies* von dem dominierenden westlichen Diskurs der europäischen Denkmalpflege ab. Außerdem beanspruchen die *Critical Heritage Studies* für sich, kulturelle Diversität zu ermöglichen, indem der hegemoniale Diskurs relativiert wird. Im Umkehrschluss könnte ausgehend von Littler und Naidoo diese Frage gestellt werden: Birgt der Fokus auf die Gegenwart und die Produktion von Heritage im Hier und Jetzt nicht die Gefahr, dass die Erzählungen des hegemonialen Westens unangetastet bleiben, weil die wechselseitige Bedingtheit von Vergangenheit und Gegenwart durch einen alleinigen Fokus auf die Gegenwart ausgeblendet wird? Die kulturelle Integrität des Westens bleibt bestehen, weil Vergangenheit und Gegenwart unterschwellig als Sphären getrennt werden. Diesen Gedanken möchte ich im Folgenden näher ausführen und dafür noch einmal auf den beginnenden Diskurs um Heritage in den 1980er-Jahren eingehen.

Um ihren Standpunkt darzustellen, beschreiben Hewison und Wright Heritage in ihren Standwerken aus den 1980er-Jahren als eine Industrie, in der die Vergangenheit als Ware für die Gegenwart produziert werde.[73] Somit interpretieren die Autoren Heritage als Entsprechung einer kapitalistischen Konsummentalität, die sich am Fortschritt orientiert. Heritage wird auf diese Weise mit den Prozessen und Logiken des kapitalistischen Systems synchronisiert und zu einer schnelllebigen ästhetisierten Modeerscheinung.[74] Auch spätere Autor*innen rücken Heritage als einen ökonomischen Prozess oder Kreation in den Vordergrund: So bezeichnet Harrison Heritage als »production of the past in the present«.[75] Zwar beziehen sich Autor*innen nicht unbedingt auf Hewison oder Wright, dennoch ist in ihren Konzeptualisierungen der Gedanke von Heritage als etwas in der Gegenwart Produziertes oder Hinzugefügtes

---

73   Hewison 1987, S. 83–105; Wright 2009, S. 66–83.
74   Samuel 1994, S. 201–215.
75   Harrison 2013, S. 30. Laut Lindsay Weiss wird Heritage allgemein in der Regel als etwas Produziertes oder Konsumiertes aufgefasst (Weiss 2007, S. 422–423). Vladimir Hafstein versteht Heritage als das Begreifen von Kultur als Ressource (Hafstein 2007, S. 77). Helen Graham und Jo Vergunst und meinen mit »Heritage« die Kreation von etwas Eigenem aus der Vergangenheit (Graham/Vergunst 2019, S. 4). Silverman/Waterton/Watson urteilen, dass Heritage durch einen kontinuierlichen Konsum und eine konstante Produktion gekennzeichnet sei (Silverman/Waterton/Watson/2017, S. 4).

mitangelegt. In ihren skizzierten Perspektiven betonen die Autor*innen, Heritage sei ein sozialer Prozess, den Akteur*innen der Gegenwart steuern. In dem Erkennen von Heritage als etwas Produziertem liegt die Eröffnung einer wesentlichen Perspektive, um die Dominanz bestimmter Bewertungen, Narrative und Praktiken sichtbar zu machen und sie zu kritisieren. Gleichzeitig ist die Konzeptualisierung von Heritage als Arbeit oder Produktion nicht völlig neu, wie ein Blick in die Philosophiegeschichte und die Geschichte der Denkmalpflege zeigt.

Der deutsche Begriff ›Erbe‹ ist etymologisch eng mit ›Arbeit‹ verwandt.[76] Einleitend zu seinen *Vorlesungen über die Geschichte der Philosophie* schreibt Hegel, die Geschichte der Philosophie setze sich aus einer Genealogie großer Denker*innen zusammen. Dabei sei für den Verlauf der Geschichte umso besser, je weniger eigentümlich das Denken dieser Protagonist*innen der Philosophie sei. Das allgemeine Denken solle im Bestfall das »producierende Subjekt« sein. Ferner schreibt Hegel, dass die Menschen immer auch die Arbeit der vorhergehenden Generationen erbten.[77] Vinken weist ebenso darauf hin, der Arbeitsbegriff und Erbe seien miteinander verbunden.[78] Dabei bedeutet laut Willer die Beschreibung von Vererbung als Arbeit bei Hegel nicht unbedingt, dass die Vererbung zu einem steuerbaren Prozess werde, sondern dass die Vererbung auch von der Eigendynamik der Traditionsbildung abhängig sei.[79] Arbeit, Produktion und Erbe werden nicht nur in der Philosophie zusammen betrachtet. So unterscheidet Ruskin gute von schlechter Architektur, indem er ehrliche Handarbeit von falscher Maschinenarbeit unterscheidet. Daher lehnt er Restaurierung als Fälschung ab (vgl. John Ruskin: The Seven Lamps of Architecture (1849)). Schon John Locke schreibt in der Ökonomie, ein Erbe könne nur durch Arbeit rechtmäßig angeeignet werden.[80] Ein Diskurs um die Veränderlichkeit der Vergangenheit durch Arbeit besteht also schon seit dem 18. Jahrhundert. Zusätzlich verdeutlicht Willer, inwiefern Erbe, Arbeit und die Weitergabe von Eigentum eng miteinander verbunden sind. Diesen Diskurs um Erbe und Eigentum greifen auch Marx und Engels auf, um das Privateigentum zu kritisieren.[81] Demnach ist die Konzeptualisierung

---

76 Willer 2014, S. 54–56.
77 Hegel 1833, S. 11–12.
78 Vinken 2017, S. 163.
79 Willer 2014, S. 57–58.
80 Ebd., S. 58–59.
81 Ebd., S. 60–65.

von Heritage und Produktion aus meiner Sicht nicht unbedingt ein Zufall und setzt ein größeres ›Erbe‹ fort, das sich um Fragen nach Erbe, Fremdbestimmung, Kapitalisierung und Eigentum dreht. Ein solcher Umstand wird in den *Heritage Studies* oftmals nicht bedacht, sondern die Argumente konzentrieren sich darauf, den übermächtigen Diskurs von seiner unterdrückten Kehrseite zu unterscheiden. Denis Byrne beschreibt Heritage als soziale Handlung (»social action«) und weist darauf hin, dass die Entstehung von Heritage erst durch die Etablierung von Nationalstaaten, der Industrialisierung und dem Kapitalmarkt ermöglicht wurde. Darauf weisen etliche Autor*innen hin.[82] Byrnes These ist nicht von der Hand zu weisen. Allerdings erwähnt er nicht, dass der Fokus auf Heritage und Konsum nicht ausschließlich durch die historischen Entstehungsumstände des Themas Heritage geprägt wird, sondern gleichzeitig durch die wissenschaftliche Perspektive, mit der Heritage analysiert wird.

Außerdem wird häufig betont, dass Heritage ein Prozess in der Gegenwart sei. In der Folge wird der europäische unterdrückerische Diskurs latent als vergangen konzeptualisiert, während in der Gegenwart eine vielfältige sozial bedingte Heritage-Produktion abläuft. Die gegenseitige Bedingtheit von europäischem Diskurs und Heritage-Diskurs, die auch die wissenschaftlichen Ansätze der *Heritage Studies* betrifft, wird nicht unbedingt thematisiert. In diesem Sinne wird die kulturelle Integrität des Westens durch die Konzeptualisierung von Heritage als Produktion in der Gegenwart nicht unbedingt relativiert oder unterminiert. Es entsteht vielmehr eine Perspektive, die Heritage als das Ergebnis heterogener Produktionsprozesse begreift, die in der Gegenwart ablaufen und steuerbar sind. Auf der Mikroebene untergliedert sich Heritage in einzelne *Heritage Communities*, die Heritage in der Gegenwart produzieren. Somit bedeutet hier kulturelle Integrität eine Trennung von Gegenwart und Vergangenheit, die ebenfalls zu einer Reduzierung von Komplexität und Heterogenität führen kann, ohne dass dies gewollt ist.

Die Metapher der Produktion charakterisiert Heritage als etwas, das gegenwärtig einen »Boom« erfährt und kontinuierlich reproduziert wird.[83] Auf diese Weise wird Heritage zu einer zeitgenössischen Moderscheinung, die sozial produziert wird, um die Fehlerhaftigkeit des tradierten europäischen Diskurses zu verdeutlichen, der sich allein auf die Qualitäten von Objekten bezieht und nicht auf die soziale Bedingtheit von Heritage. Die Metapher der

---

82   Byrne 2008, S. 159.
83   Harrison 2013, S. 68–94; Macdonald 2013, S. 2.

Produktion lenkt die Aufmerksamkeit außerdem auf die Präsenz von Heritage als Ergebnis eines sozialen Prozesses in der Gegenwart – Harrison schreibt etwa von »production of the past in the present«.[84] Dabei limitiert Harrison Produktion nicht auf bestimmte Formen von Heritage, sondern geht allgemein davon aus, dass Heritage das Ergebnis unterschiedlich gearteter Produktionen sei.[85] Auch Macdonald erläutert in *Memorylands*, Heritage sei ein Prädikat für Objekte, Rituale oder Praktiken, das in sich eine Veränderung bewirke und das Ausgezeichnete überhaupt erst als Stück der Vergangenheit wahrnehmbar mache. Deshalb verfüge Heritage über eigene Präsenzeffekte und vergegenwärtige die Vergangenheit.[86] Aus dieser Perspektive betrachtet gewinnt Heritage einen performativen Aspekt, indem das ›Heritage-Werden‹ aus sich heraus wirkmächtig ist. Smith befasst sich dezidiert mit Heritage als Performance und hebt ebenso die Bedeutung der Gegenwart hervor: »As a practice, it [heritage] is the interaction of both actions and discourse that work to create or re-create heritage meanings that help validate the utility of the past for addressing the needs of the present. In short, ›heritage‹ is a continual embodied process of heritage-making.«[87] Demnach wird Heritage kontinuierlich erneuert, um den Bedürfnissen der Gegenwart zu entsprechen. Heritage wird in den Schilderungen der genannten Autor*innen zu etwas, das zwar die Vergangenheit repräsentiert, jedoch in der Gegenwart beliebig hergestellt wird und in erster Linie als etwas Gegenwärtiges und Anwesendes zu denken ist. Konzeptualisiert man Heritage darüber hinaus als ökonomischen Prozess oder als Wirtschaftsgut – etwa als Produktion oder Ressource –, wird Heritage einem kapitalistischen Denken miteinbeschrieben, das in Kategorien wie Reproduzierbarkeit, Zählbarkeit, Effizienz, Kontrollierbarkeit und Transparenz strukturiert ist.

Littler und Naidoo sehen die Gegenüberstellung einer uniformen Vergangenheit mit einer diversen Gegenwart kritisch, weil sie Vergangenheit und Gegenwart nicht in ihrer gegenseitigen Abhängigkeit berücksichtige.[88] Mit der Konzeptualisierung von Heritage als Produktion soll hingegen sichtbar gemacht werden, dass der westliche Diskurs die soziale Gemachtheit von Erbe systematisch ausblendet und andere Verständnisse von Erbe unterdrückt.

---

84 Harrison 2013, S. 30.
85 Harrison 2015, S. 28.
86 Macdonald 2013, S. 18.
87 Smith 2021, S. 26.
88 Littler/Naidoo 2007, S. 109.

Allerdings habe ich aufgezeigt, dass Heritage ebenfalls latent eine Vorstellung einbeschrieben ist, die die vielfältige Produktion in der Gegenwart von einer starren, unterdrückerischen Vergangenheit unterscheidet. Deshalb besteht eine Gefahr, durch die Konzeptualisierung von Heritage als Produktion die kulturelle Integrität des Westens nicht zu unterminieren, sondern zwei voneinander getrennte Vorstellungen von Heritage zu erschaffen, ohne möglicherweise die Verstrickungen der Diskurse untereinander und deren Widersprüchlichkeit ausreichend einzubeziehen.

IV.4 Integrität und Heritage

Bislang wurden verschiedene Zugänge zu Integrität und Heritage vorgestellt und gezeigt, inwiefern der Diskurs um Heritage eng mit Fragen nach den Möglichkeiten und Grenzen von Integrität verflochten ist. Die zunächst untersuchte Theorie Derridas sieht Erbe von vornherein als heterogen an und schließt die Möglichkeit einer Integrität eines Erbes aus, weil ein Erbe immer wieder interpretiert und neu gelesen werden muss. Somit ist Erbe niemals völlig abgeschlossen, sondern unterliegt einem Prozess der stetigen Differenzierung. Said kritisiert im Kontext des Postkolonialismus, der Westen habe einen machtvollen Diskurs über Kultur erschaffen, der andere Kulturen unterdrücke und vorgibt, der Westen sei natürlicherweise kulturell überlegen. Daher beschreibt Said mit kultureller Integrität das Homogenisieren von Diskursen, um andere Kulturen zu dominieren. Vor allem die *Critical Heritage Studies* machen auf das kritikwürdige System westlicher Dominanz im Bereich Heritage aufmerksam. Dieses System dränge andere Verständnisse von Heritage an den Rand und verstehe sich als natürlich überlegen. Insofern ist die Beanstandung der kulturellen Integrität des Westens ein zentraler Aspekt für den Heritage-Diskurs. Zur Diskussion gehört auch die Frage, ob Heritage noch als heterogen und vielschichtig bezeichnet werden kann, wenn die Grundannahme der kulturellen Integrität verabsolutiert wird. Denn dann kann der Diskurs nur noch als Gegenüberstellung von dominierender Übermacht und unterdrückter Gegenseite gedacht werden.

Eine zweite Überlegung beschäftigte sich mit der Beschreibung kultureller Integrität einzelner Gruppen. Hier stellte sich heraus, dass kulturelle Integrität auch bedeuten kann, einzelne *Heritage Communities* vor äußeren Eingriffen zu schützen. Es wurde gefragt, ob diese Übertragung von kultureller Integrität nicht zur Konsequenz hat, Heritage als die Nebeneinanderstellung einzelner

IV. Das Konzept der kulturellen Integrität und die Verhandlung von Heritage

homogener Einheiten beziehungsweise einzelner Identitäten zu betrachten. Dabei wird unter Umständen nicht ausreichend berücksichtigt, dass Identitäten aufeinander bezogen und nicht völlig voneinander abgrenzbar sind. Widersprüche, Disparität und Komplexität gehen deshalb möglicherweise verloren.

Schließlich wird Heritage häufig als eine Produktion in der Gegenwart aufgefasst, die permanent Heritage hervorbringt. Diese Perspektive dient auch der Abgrenzung gegenüber einem kritikwürdigen dominierenden System der westlichen Denkmalpflege, deren kulturelle Integrität relativiert werden soll. Fraglich ist jedoch, ob diese zeitgenössische Diskussion nicht latent eine dichotome Unterscheidung zwischen dem kritikwürdigen Diskurs der Vergangenheit und einer vielfältigen Produktion von Heritage und Identitäten in der Gegenwart voraussetzt. Deshalb wird die Verstrickung des kritischen Heritage-Diskurses mit der abgelehnten westlichen Tradition womöglich übersehen. Dabei bleibt die kulturelle Integrität des Westens in gewisser Weise unangetastet und wird keiner tiefgreifenden Revision unterzogen.

V. Schlussüberlegung: Integrität wahren und Sinn stiften

Ausgehend von einer etymologischen und begriffsgeschichtlichen Überlegung begann die vorliegende Arbeit damit, Integrität und ihren Bedeutungen für kulturelles Erbe nachzugehen. Es wurden europäische Theorien zum Umgang mit kulturellem Erbe (Teil II), das Welterbeprogramm (Teil III) und die *Heritage Studies* (Teil IV) hinsichtlich ihrer Verwobenheit mit Ansprüchen und Wünschen nach Integrität analysiert. Als Ergebnis kristallisierte sich heraus, dass Integrität als ein überaus fruchtbarer Überbegriff und semantisches Feld im Bereich des kulturellen Erbes verstanden werden kann, der für ganz unterschiedliche Bereiche sichtbar macht, wie Sehnsüchte nach Ordnung, Sicherheit, Kontrolle und Homogenität tief in Diskursen um kulturelles Erbe verankert sind.

Zunächst möchte ich noch einmal auf einen Dialog zurückkommen, der einleitend aus Wilsons Film zitiert wurde:

> John Wilson: »Why do you think people wanna keep things in perfect condition?«
> Person 1: »Who wants something beat up and destroyed? Then its meaningless. The opportunity or the ability to kind of keep it intact and in its original shape; to then pass it on to other generations.«
> Person 2: »Or to have it as a showcase. And then talk about when we have people over. And people could see it and love it. Appreciate it.«[1]

Hier steht die Integrität der Dinge dafür, dass Dinge einen Sinn haben und daher bedeutsam genug sind, um sie als Erbe weiterzugeben. Auf Varianten dieser Aussage bin ich in meiner Untersuchung immer wieder gestoßen. So

---

1   Wilson 2020, 00:11:36–00:12:08.

möchte Ruskin die Unberührtheit historischer Architektur bewahren, weil eine Restaurierung bedeutet, das Originalwerk zu verfälschen. Integrität bedeutet für ihn, das gealterte Objekt zu respektieren und seine Bedeutung als historisches Werk zu erhalten. Viollet-Le-Duc verleiht einem kulturellem Erbe Bedeutung, indem er es zu einem Idealbild vervollständigt. Dabei stilisiert er sich in seinem Artikel über Restaurierung zum eigentlichen Meister der Restaurierungskunst und zu der Person, die in der Lage ist, ein Gebäude in einen Zustand zu versetzen, den es vielleicht nie gab und der dennoch das historische Zeugnis und seine Bedeutung in klarster Form wiedergibt. Brandi ermöglicht über die potenzielle Einheit, dass ein Kunstwerk trotz Schädigungen seine Bedeutung potenziell noch in sich trägt. Alle diese Umschreibungen rekurrieren auf Integrität im Sinne einer Vorstellung von Einheit, Geschlossenheit und Unberührbarkeit, die der historischen Überlieferung eine Bedeutung und einen Sinn verleiht.

Bei Riegl ist der Fall komplizierter. Einerseits bedeutet Integrität für ihn eine materielle Vollständigkeit des Objekts. Diese Ästhetik assoziiert er mit einem Bedürfnis der anonymen Massen nach Neuwertigkeit. Andererseits ist die materielle Unversehrtheit eine Fantasie der Historiker*innen, die sich nach einer uneingeschränkt lesbaren Quelle sehnen. Insofern kann Integrität bei Riegl sowohl für eine konsumorientierte Ästhetik stehen als auch für einen Drang, der der historischen Wissenschaft immanent ist. Er selbst verfolgt in seinen Schriften das Anliegen, die Kunstgeschichte auf eine wissenschaftliche Basis zu stellen, und interessiert sich für universalhistorische Denkansätze. Im übertragenen Sinn möchte er eine Integrität der Geschichte erzeugen, indem er eine allgemeingültige Entwicklung nachweist und auf diese Weise die Geschichte zu einer lesbaren Einheit zusammenfügt. Gleichwohl schränkt er dieses Anliegen durch seine rezeptionsästhetische Herangehensweise immer wieder ein. Integrität ist nach Riegl in einem zweifachen Sinn mit Bedeutsamkeit verknüpft. Einerseits geht es ihm beim individuellen Objekt um eine möglichst lückenlose Lesbarkeit, um einen maximalen Sinngehalt ausschöpfen zu können. Andererseits strebt er selbst eine Integrität der Geschichte als Ganzes an, um der Geschichte einen Sinn zu geben.

Die Anwendung von Integrität auf Welterbe bedeutet, die historische Bedeutung einer Welterbestätte und deren historische Ästhetik möglichst lückenlos nachvollziehen zu können. Wünschenswert erscheinen aus diesem Blickwinkel eine ungebrochene Kontinuität, ein Originalzustand und eine einheitliche, als historisch definierte Ästhetik. Dabei ähnelt Integrität in ihren Interpretationen der potenziellen Einheit, die Brandi in seiner Restaurierungstheorie entwickelt. Genauso finden sich allgemein Parallelen zu europäischen Theoretiker*innen, weil die Begründungen für Integrität zwischen einer ästhetischen und einer historischen Bedeutung unterscheiden. Diese Unterscheidung findet sich auch bei Riegl oder Brandi wieder. Darüber hinaus ließen sich Methoden mit den Begründungen von Integrität verbinden, die mit der räumlichen Zonierung von Altstädten in Europa assoziiert werden können.

Im Fall der *Heritage Studies* steht die Beobachtung im Zentrum, dass Heritage ein gewaltsamer Sinn oktroyiert wird, indem der dominierende europäische und nordamerikanische Diskurs der übrigen Welt bestimmte Wertvorstellungen von Heritage aufbürdet. Demnach grenzen sich die *Heritage Studies* vor allem von dieser kulturellen Integrität ab, weil sie den repressiven Universalismus ablehnen, der den Diskurs dominiert.

Integrität ist weniger ein Konzept, das an die ›authentische‹ gealterte Substanz gebunden ist, als vielmehr ein Konzept, das von Idealen, Hoffnungen und Wünschen handelt. In diesen Visionen und Utopien handelt Integrität von der Möglichkeit, ein perfektes und widerspruchsfreies ganzheitliches System zu etablieren. Allerdings ist dieser Wunsch nach Ganzheitlichkeit nicht nur eine Utopie, sondern tendiert zu Repression und einem gewaltsamen Ordnungszwang, um Widersprüche auszublenden. So gibt es in Ruskins, Brandis, Riegls und Viollet-Le-Ducs Theorien einen gemeinsamen Drang, Erbe als etwas zu verstehen, das die Existenz einer höheren Ordnung der Dinge belegt. Gleichzeitig steht Integrität für den Schutz eines Erbes, das stets droht zu verschwinden. So wird Erbe über Integrität zu einem prekären Gut stilisiert, das vor Veränderung abgeschirmt werden muss. Zahlreiche *Statements of Integrity* benennen für Weltkulturerbe drohende Gefahren, vor die es Welterbestätten zu schützen gilt. Integrität kann deshalb auch als ein logisches Ideal verstanden werden, das auf Kohärenz, Ordnung und Geschlossenheit aufbaut, um Sicherheit und Kontrolle zu vermitteln. Integrität macht für diese Diskurse sichtbar, wie sich diese Bedürfnisse nach Ordnung leicht mit der Homogenisierung und Vereindeutigung von Erbe verbinden. Toxisch können dabei sowohl Wünsche nach einem natürlichen Verfall als auch einer Purifizierung kultureller Räume sein.

Die vorliegende Untersuchung zeigte ebenfalls, dass die Verhandlung von kulturellem Erbe ein komplexes System ist, das durch das Welterbeprogramm eine globale Vermarktung erfahren hat. Es ließ sich nachweisen, dass die Theorien einzelner Akteur*innen und deren Setzungen im 19. und 20. Jahrhundert bis heute eine erstaunliche Wirkmächtigkeit in Interpretationen von Erbe haben. Parallel dazu waren Einschnitte wie die Industrialisierung oder die Globalisierung immer wieder Ausgangspunkte dafür, Bestrebungen zu stärken, die Vergangenheit zu bewahren. Diese Zäsuren bedeuten eine Konjunktur von Integrität, die auf Erfahrungen von Desintegration folgt. Somit gehen die Konzepte Integrität und Erbe in dieser Hinsicht eine Symbiose ein.

Im Fall von Welterbe bewirkt Integrität, dass Eingriffe in die historische Architektur, die etwa Sichtachsen verändern, als negativ angesehen werden. In der Folge wird Welterbe zu einer Zone mit festen Grenzen, innerhalb derer nur geringe Veränderungen stattfinden dürfen. In diesem Sinn bedingt Integrität eine räumliche Hermetik, indem historische Architektur unantastbar für Modernisierungen wird. Gleichzeitig wirkt dieser Anspruch realitätsfern, weil sich die Umwelt permanent verändert und insbesondere in Städten ein solches Primat der Unantastbarkeit kaum umsetzbar scheint. In diesen Wünschen nach Unveränderbarkeit schwingt immer der Anspruch nach einer Kontrollierbarkeit von Verfall und Veränderung mit. Sowohl Riegl als auch Ruskin betonen zwar die ästhetischen Qualitäten eines Verfalls, doch nehmen sie gewaltsame Eingriffe oder mutwillige Zerstörungen von einem ansprechenden Erleben von Alterung aus. Vielmehr antizipieren sie einen ›natürlichen‹ Verfall, den weder Menschen noch Naturkatastrophen beeinflussen. In ähnlicher Weise soll Weltkulturerbe als integre Zone vor Mutwilligkeiten bewahrt werden. So gewinnt das Erbe, das es zu schützen gilt, die Qualität eines unantastbaren Relikts, das zumindest theoretisch von den Einschnitten ausgenommen ist, denen die Gegenwart alltäglich ausgesetzt ist. Ein integres Erbe bedeutet daher, es zu einer stabilen Insel inmitten sich wandelnder Realitäten zu machen, die Sicherheit und Kontrolle vermittelt oder auch als Zufluchtsort einer heilen Welt wahrgenommen werden kann.

Auf einer weiteren Ebene wird Integrität außerdem mit dem Bewahren einer Kontinuität des Erbes assoziiert. Dabei wird diese Kontinuität im Fall von Welterbe positiv als die Fortführung besonderer Blüte- oder Glanzzeiten beschrieben. Kulturelle Integrität kann hingegen die Kontinuität einer gewaltsamen kulturellen Hegemonie bedeuten wie etwa das Perpetuieren dominierender Wertvorstellungen aus der europäischen Denkmalpflege. So betont Integrität nicht die Brüchigkeit von Erbe, sondern erzählt Erbe als eine nahtlose kulturelle Übertragung im Sinne einer Verewigung.

Gleichzeitig werden Integrität und Erbe als etwas aufgefasst, dessen ursprünglicher Zustand möglichst unverändert erhalten bleiben soll. Hier ist Integrität gleichbedeutend mit einem scheinbar zeitlichen Stillstand und nicht einem ungestörten zeitlichen Verlauf. Diese Bedeutung fand sich auch in den

Statements of Integrity. Riegl ist der Ansicht, die Neuwertigkeit eines Objekts setze eine Geschlossenheit voraus, über die kein Denkmal verfügen kann, weil jedes Denkmal ein gealtertes historisches Objekt darstellen muss. Die uneingeschränkte Lesbarkeit einer Quelle – wie am ersten Tag ihrer Entstehung – hält Riegl für ein unerreichbares Ziel, nach dem der historische Wert strebt. Ein integres Erbe zu konstruieren, muss aus meiner Sicht nicht bedeuten, Kontinuitäten oder eine Ästhetik der Ursprünglichkeit zu bewahren. Allerdings scheinen die Denkweisen, wie sie in europäischen Denkmaltheorien zum Ausdruck kommt, auch im internationalen Diskurs so tief eingebrannt, dass die Ergebnisse die gewohnte Sprache sprechen und Alt von Neu oder auch vergänglich von ewig unterscheiden. Dabei steht Integrität in beiden zeitlichen Dimensionen (Kontinuität oder Ursprünglichkeit) dafür, dass ein Erbe vermeintlich unbeschadet bleibt, indem es entweder ewig währt oder sich nicht verändert.

Da Integrität für das Weltkulturerbe bedeutet, eine Zone räumlich abgrenzen zu müssen, besondere Sichtachsen schützen zu müssen und außerdem das Narrativ einer Blütezeit vermittelt werden muss, könnte man die Anwendung von Integrität auch mit dem Branding einer Weltkulturerbestätte vergleichen. Schließlich wird eine angenehme historische Umgebung mit einer eindeutigen Botschaft geschaffen. Solche Konstruktionen von Erbe wurden unter dem Begriff »Heritage« schon in den 1980er-Jahren kritisiert. So wurden beispielsweise die Monografien *On living in an Old Country* und *Heritage Industry* angesprochen, die eine Kapitalisierung von Erbe in England anprangern.[2] Integrität bedient als Kriterium für Welterbe eine ganze Reihe von Aspekten, die mit Konsum assoziiert werden können: Neuwertigkeit, Klarheit und Abgeschlossenheit.

Allen drei analysierten Bereichen – Denkmaltheorie, Welterbe und Heritage Studies – ist gemein, dass sie Formen von Integrität für ihre Konzeptionen von Erbe benötigen. Im Bereich der Denkmaltheorie betrifft dies einerseits den Anspruch, bestimmte Materialitäten wie Alt und Neu als gegensätzlich zu charakterisieren. Hier fungiert Integrität als Sammelbegriff für das Neue oder Abgeschlossene, das beispielsweise mit moderner Ästhetik oder der Restaurierung assoziiert wird. Auf einer abstrakten Ebene ist allen besprochenen Theorien einbeschrieben, dass sie ausgehend von einer individuellen Wahrnehmung den Schutz des Denkmals als universale Aufgabe beschreiben wollen. Das gilt unabhängig davon, ob es sich um parasitäre Erhabenheit als Wahrnehmung eines schönen Verfalls (Ruskin), den Alterswert (Riegl), Stil

---

2 Glendinning 2013, S. 264.

und Einheit (Viollet-Le-Duc) oder die potenzielle Einheit (Brandi) handelt. In diesen Vorstellungen wird auch immer verhandelt, wie man Verlust überwindet oder akzeptiert. So verstanden bedeutet Integrität für die Erbetheorie, mit Zerstörung und Veränderung zurechtkommen zu müssen. Dabei wird Integrität zu einem moralisch aufgeladenen Konzept. Ruskin beschreibt Integrität beispielsweise mit dem Umstand, dass man ein Gebäude als fragiles Werk nicht berühren darf und lädt Integrität mit dem weiblich markierten Ideal christlicher Jungfräulichkeit auf. So infiltrieren ethische und moralische Anliegen die Diskurse um die Integrität von Erbe, auch weil Integrität etymologisch gesehen selbst ein moralisch aufgeladener Begriff ist.

Indem Integrität wortwörtlich die Benennung eines Unberührten *(intactus)* einfordert, evoziert das Konzept eine Unterscheidung in ein unerreichbares ewiges Ideal und einen berührten vergänglichen Gegenpart. So kreieren beziehungsweise reproduzieren Diskurse um Integrität immer auch gesellschaftliche Machtansprüche, die durch eine Stilisierung zum integren Ideal den Anschein eines ›Gottgegebenen‹ erwecken können. Aus der Etymologie von Integrität geht hervor, dass der Begriff eng mit christlichen Vorstellungen von Jungfräulichkeit verwoben ist. Gleichzeitig wird Integrität als philosophisches Konzept unmittelbar auf Theorien der europäischen Aufklärung und Ethik bezogen, die sich mit dem Guten im Menschen und dessen vorbildhaften Tugenden befassen.[3] Integrität kann daher als ein durch die europäische Philosophie verweltlichte Version des metaphysisch aufgeladenen Gegensatzes unberührt und berührt, Himmel und Erde sowie Körper und Geist verstanden werden. Integrität säkularisiert aus dieser Perspektive als Konzept Wünsche nach einer Überwindung der Vergänglichkeit und überträgt diese Wünsche in ein Netz weltlich aufgeklärter Exegese, die von den Möglichkeiten einer Unbeflecktheit, Reinheit und Ganzheit handeln und gleichzeitig eine Überlegenheit gegenüber dem Unreinen begründen.

Im 19. und 20. Jahrhundert erlebte das Fragment und seine Ästhetik einen rasanten Aufstieg als Emblem der Moderne.[4] Zudem gewinnt aus geschichtswissenschaftlicher Perspektive die systematische Erforschung der fragmentierter Objekte als Quellen vermeintlich objektiver Erkenntnisse immer mehr Gewicht. Zusätzlich wurden Zweifel an einer Konstruktion eines übergeordneten Sinns der Geschichte laut. In der Folge stiegen die empirische Erforschung authentischer Fragmente, aber auch Mikroerzählungen zu

---

3   Grant 2008, S. 57–60; Kasulis 2002, S. 24–26.
4   Ostermann 1991, S. 1.

Garanten der Geschichtsschreibung auf. Diese verzichten auf eine verabsolutierte Welterklärung und möchten stattdessen deutungsoffene beziehungsweise heterogene Anknüpfungspunkte für eine plurale Geschichtsschreibung schaffen. Auslöser für diesen Wandel in Geschichtsvorstellungen liegen etwa im Zweiten Weltkrieg, einer Konjunktur sozialhistorischer Themen in der zweiten Hälfte des 20. Jahrhunderts, Theorien von einer Posthistoire oder einem proklamierten Ende der Großen Erzählung.[5] Lutz Raphael merkt an, dass eine soziologische Perspektive nach dem Zweiten Weltkrieg in der Geschichtswissenschaft schnell an Bedeutung gewonnen habe. Die Entwicklung einer soziologisch vergleichenden Perspektive könne auch als Reaktion auf die Gründung von UN und UNESCO verstanden werden, die eine (europäische) universalistische Perspektive auf Kultur institutionalisiert haben. Dabei verschwinden generalisierende Theorien nicht, sondern verlagerten sich zunehmend auf das Feld soziologischer Anschauungen.[6] Gleichzeitig blieben eine historische Spezialisierung und ein Fokus auf individuelle Quellenarbeit dominierend, auch wenn in den letzten Jahren die Weltgeschichte an Bedeutung gewinne.[7] So spricht Jörn Rüsen davon, dass eine geschichtsphilosophische Betrachtung üblicherweise von der historischen Forschung kritisch betrachtet werde. Allerdings sei Geschichtsphilosophie bedeutsam, weil sie Geschichte als Sinnkonzept betrachte.[8]

Aus einer von der postmodernen Theoriebildung beeinflussten Sicht, die die Probleme verallgemeinernder dominierender Erzählungen aufdeckt, wirkt es überholt, nach einer Integrität der Geschichte zu fragen. Allerdings zeigte sich in allen Teilen der Untersuchung, dass der Wunsch, einen übergeordneten Sinn in die Geschichte zu projizieren, nie verstummt,[9] sondern vor allem in den verschiedenen vorgestellten Bereichen von Erbe Konjunktur hat. Im Gegenteil: Die Zersplitterung der Geschichte und das Bekenntnis zum Fragment scheinen eine Konjunktur von Semantiken, die in Aussicht stellen, die Geschichte wieder zu einer nachvollziehbaren unangetasteten Einheit zusammenzufügen, zu bedingen. Beispielsweise publizierte Brandi 1963 seine Restaurierungstheorie und wird in der Rückschau vor allem dafür geschätzt, dass er es ermöglichte, trotz der Zerstörung des Zweiten Weltkriegs, Denkmäler

---

5   Rohbeck 2015, S. 117–118.
6   Raphael 2010, S. 202–207.
7   Ebd., S. 207–211.
8   Rüsen 2014, S. 237–240.
9   Ebd., S. 237.

und Kunstwerke wieder zu vervollständigen und zu begründen, warum diese durch eine Restaurierung wieder ihre Einheit legitim zurückerlangen können. Das in den 1970er-Jahren gegründete Welterbeprogramm betont in seinen diversen Präambeln stets, dass es trotz der drohenden Gefahren auf der Welt ein glorreiches Erbe der Menschheit gebe, auf das sich alle Menschen berufen könnten.

Nach meiner Bewertung geht es in allen Debatten über Integrität um die Möglichkeit, einen übergeordneten Zusammenhang in die Geschichte zu interpretieren, der Sinn stiftet. Und zwar nicht in Form von Typologien oder Vermessungen historischer Objekte und deren Konservierung, sondern im Sinn von Hoffnung und Trost. Integrität scheint dafür ein passender Begriff zu sein, weil er seit jeher moralisch aufgeladen ist und zudem eine religiöse Konnotation haben kann. Eine Untersuchung des Konzepts Integrität in Bezug auf Erbe zeigte jedoch, dass den hegemonialen Konstruktionen von kulturellem Erbe ein Drang nach Vollständigkeit einbeschrieben ist, der sowohl für kapitalistische Vermarktungsstrategien als auch für nationalistische Reinheitsfantasien anschlussfähig ist. Schließlich bedient Integrität Vorstellungen von Erbe, die einen hermetischen Raum vorsehen sowie Ursprünglichkeit und Kontinuität einfordern. So steht Integrität für ein paradoxes Problem: Einerseits legt sie offen, wie veraltet universalhistorische Denkweisen sind, und das Konservieren einer Integrität Gefahr läuft, sich in segregierende und hierarchisierende Logiken zu verstricken. Andererseits belegt sie, dass es ein ernstzunehmendes und allgegenwärtiges Bedürfnis danach gibt, eine Form der Integrität auf verschiedenen Ebenen zu bewahren. Daran schließt sich die grudlegende Frage an, inwiefern wir Konzepte von Erbe benötigen, die Chaos, Widersprüche und Inkonsistenz nicht abwerten oder versuchen zu ordnen, sondern diese als gegeben akzeptieren oder vielleicht sogar privilegieren.

Dank

Die Arbeit an meiner Dissertation wurde von zahlreichen Menschen unterstützt. Ich möchte mich herzlich bei der Johannes-Rau-Gesellschaft bedanken, die meine Dissertation mit einem Stipendium förderte. Gerhard Vinken möchte ich für die ausdauernde und geduldige Betreuung meiner Dissertation danken. Er hat mich immer wieder intellektuell herausgefordert und wichtige Impulse zur Weiterentwicklung meiner Arbeit gegeben. Meiner Zweitbetreuerin Stephanie Herold danke ich für die zielgenauen Hinweise zur Fertigstellung des Manuskripts und für den persönlichen Austausch, der zum Gelingen meiner Arbeit beigetragen hat. Franziska Ehrl danke ich für die gemeinsame Arbeit an der Staatsbibliothek Bamberg während meiner Promotion und ihre motivierenden Worte bei jeder kleineren und größeren Krise. Svenja Hönig, Lisa Marie Selitz, Ulla Stackmann und Rebecca Welkens danke ich für ihre liebevolle Unterstützung bei meiner Promotion und darüber hinaus. Ohne sie wäre dieses Buch nicht möglich gewesen. Genauso möchte ich Madeleine Seltmann für die genaue Durchsicht meines Manuskripts und die gemeinsame Reflexion meiner Thesen danken. Außerdem danke ich meiner Familie.

Abkürzungsverzeichnis

AHD	Authorized Heritage Discourse
DWDS	Digitalen Wörterbuch der Deutschen Sprache
HBO	Home Box Office
ICCROM	International Centre for the Study of the Preservation and Restoration of Cultural Property
ICOMOS	International Council on Monuments and Sites
IUCN	International Union for the Conservation of Nature
NGO	Nichtregierungsorganisation
OED	Oxford English Dictionary
OPG	Operational Guidelines
OUV	Outstanding Universal Value
UN	United Nations
UNESCO	United Nations Educational, Scientific and Cultural Organization

Literatur

Albert, Marie-Theres, und Birgitta Ringbeck, 40 Years World Heritage Convention. Popularizing the Protection of Cultural and Natural Heritage, Berlin/Boston 2015.

Association of Critical Heritage Studies, History. 2012 Manifesto, https://www.criticalheritagestudies.org/history (abgerufen am 10. August 2020).

Attanucci, Timothy, The Restorative Poetics of a Geological Age. Stifter, Viollet-Le-Duc and the Aesthetic Practices of Geohistoricism, Berlin/Boston 2020.

Austin, Linda M., Ruskin and the Ideal Woman, in: South Central Review, 4 (1987), Nr. 4, S. 28–39.

Bacher, Ernst, Vorwort, in: Kunstwerk oder Denkmal? Alois Riegls Schriften zur Denkmalpflege, hg. von Ernst Bacher, Wien/Köln/Weimar 1995, S. 12–48.

Ballantyne, Andrew, John Ruskin, London 2015.

Barringer, Tim, Introduction. John Ruskin: Seer of the Storm-Cloud, in: Tim Barringer u.a. (Hg.), Unto this last. Two Hundred Years of John Ruskin, London/New Haven 2019, S. 13–30.

Barringer, Tim u.a. (Hg.), Unto this last. Two Hundred Years of John Ruskin, London/New Haven 2019.

Basile, Giuseppe, Cesare Brandi, das Kunstwerk und die Restaurierung – eine Annäherung, in: Cesare Brandi, Cesare Brandi. Theorie der Restaurierung, hg. von Ursula Schädler-Saub und Dörthe Jakobs, München 2006, S. 11–15.

Basile, Giuseppe, und Silvia Cecchini (Hg.), Cesare Brandi and the Development of Modern Conservation Theory. International Symposium, New York 4. Oktober 2006, Saonara (Padua) 2011.

Basile, Giuseppe, und Lanfranco Secco Suardo, Introduction, in: Giuseppe Basile und Silvia Cecchini (Hg.), Cesare Brandi and the Development of Modern Conservation Theory. International Symposium, New York 4. Oktober 2006, Saonara (Padua) 2011, S. 13–14.

Benjamin, Martin, Splitting the Difference. Compromise and Integrity in Ethics and Politics, Lawrence (Kansas) 1990.

Bergdoll, Barry, Introduction, in: Eugène-Emmanuel Viollet-Le-Duc, The Foundations of Architecture. Selections from the Dictionnaire raisonné, hg. von Barry Bergdoll, New York City 1990, S. 1–30.

Berlin-brandenburgische Akademie der Wissenschaften, DWDS – Digitales Wörterbuch der deutschen Sprache. Verlaufskurve Integrität, Basis DWDS Referenzkorpora (1600–1999), https://www.dwds.de/r/plot?view=1&corpus=dta%2Bdwds&norm=date%2Bclass&smooth=spline&genres=0&grand=1&slice=10&prune=0&window=3&wbase=0&logavg=0&logscale=0&xrange=1600%3A2000&q1=Integrit%C3%A4t (abgerufen am 8. Oktober 2019).

Bhabha, Homi K., The Location of Culture. With a New Preface by the Author, London 2010.

Bhatti, Anil, Aspekte der Grenzziehung. Postkolonial, in: Horst Turk, Brigitte Schultze und Roberto Simanowski (Hg.), Kulturelle Grenzziehungen im Spiegel der Literaturen. Nationalismus, Regionalismus, Fundamentalismus, Göttingen 1998, S. 339–356.

Bhatti, Anil, Kulturelle Vielfalt und Homogenisierung, in: Johannes Feichtinger (Hg.), Habsburg postcolonial. Machtstrukturen und kollektives Gedächtnis, Innsbruck u.a. 2003, S. 55–69.

Bhatti, Anil, Der koloniale Diskurs und Ort des Gedächtnisses, in: Moritz Csáky (Hg.), Kulturerbe als soziokulturelle Praxis, Innsbruck/Wien/Bozen 2005, S. 115–129.

Birch, Dinah, Ruskin and his Victorian Readers, in: Journal of art historiography, 22 (2020), S. 1–12.

Borrelli Vlad, Licia, Cesare Brandi's contribution to the modern history of restoration, in: Giuseppe Basile und Silvia Cecchini (Hg.), Cesare Brandi and the Development of Modern Conservation Theory. International Symposium, New York City 4. Oktober 2006, Saonara (Padua) 2011, S. 23–28.

Brandi, Cesare, Teoria del restauro, Turin 1977.

Brandi, Cesare, Cesare Brandi. Theorie der Restaurierung, hg. von Ursula Schädler-Saub und Dörthe Jakobs, München 2006.

Brandi, Cesare, Theorie der Restaurierung, in: Cesare Brandi, Cesare Brandi. Theorie der Restaurierung, hg. von Ursula Schädler-Saub und Dörthe Jakobs, München 2006, S. 41–150.

Brandt, Sigrid, Internationale Grundsatzpapiere der städtebaulichen Denkmalpflege. Eine Analyse im Vergleich zu städtebaulichen Entwicklungen, in: Österreichische Zeitschrift für Kunst und Denkmalpflege, 69 (2015), 1/2, S. 51–59.

Braun, Nikola, Globales Erbe und regionales Ungleichgewicht: Repräsentativitätsprobleme der UNESCO-Welterbeliste, Diss. Univ. München 2006, Hamburg 2007.

Bressani, Martin, Architecture and the historical imagination. Eugène-Emmanuel Viollet-Le-Duc, 1814–1879, London/New York 2016.

Brevern, Jan von (Hg.), Blicke von Nirgendwo. Geologie in Bildern bei Ruskin, Viollet-Le-Duc und Civiale, München 2012.

Brevern, Jan von, Zeichnen, um zu wissen. Viollet-Le-Duc, die Einbildungskraft und der ›Téléiconographe‹, in: ders. (Hg.), Blicke von Nirgendwo. Geologie in Bildern bei Ruskin, Viollet-Le-Duc und Civiale, München 2012, S. 90–121.

Brumann, Christoph, Shifting Tides of World-Making in the UNESCO World Heritage Convention. Cosmopolitanisms Colliding, in: Ethnic and Racial Studies, 37 (2014), Nr. 12, S. 2176–2192.

Bundesministerium für Justiz und Verbraucherschutz, Grundgesetz für die Bundesrepublik Deutschland, https://www.gesetze-im-internet.de/gg/BJNR000010949.html (abgerufen am 14. Mai 2020).

Byrne, Denis, Heritage as Social Action, in: Graham J. Fairclough u.a. (Hg.), The Heritage Reader, London 2008, S. 149–173.

Campbell, Gary, Shackel, Paul und Smith, Laurajane, Introduction: Class Still Matters, in: dies. (Hg.), Heritage, Labour and the Working Classes. Heritage, Labour and the Working Classes 2011, S. 1–16.

Carman, John, und Marie Louise Stig Sørensen, Heritage Studies: an Outline, in: dies. (Hg.), Heritage Studies. Methods and Approaches, New York City 2009, S. 11–28.

Castro Varela, María do Mar, und Nikita Dhawan, Postkoloniale Theorie. Eine kritische Einführung, 2. Aufl., Bielefeld 2015.

Caviezel, Nott, Die erodierte Stadt. Das Wiener Memorandum und die Folgen, in: Österreichische Zeitschrift für Kunst und Denkmalpflege, 69 (2015), 1/2, S. 41–50.

Chitty, Gill, Ruskin's Architectural Heritage: The Seven Lamps of Architecture. Reception and Legacy, in: Rebecca Daniels und Geoffrey K. Brandwood (Hg.), Ruskin & Architecture, Reading 2003, S. 25–56.

D'Angelo, Paolo, Eine kurze philosophische Einleitung zur Theorie der Restaurierung von Cesare Brandi, in: Cesare Brandi, Cesare Brandi. Theorie der

Restaurierung, hg. von Ursula Schädler-Saub und Dörthe Jakobs, München 2006, S. 17–20.

Davison, Graeme, Heritage. From Patrimony to Pastiche, in: Graham J. Fairclough u.a. (Hg.), The Heritage Reader, London 2008, S. 31–41.

Delitz, Heike, Kollektive Identitäten, Bielefeld 2018.

Derrida, Jacques, Marx' Gespenster. Der Staat der Schuld, die Trauerarbeit und die neue Internationale, 5. Aufl., Frankfurt a.M. 2016.

Dolff-Bonekämper, Gabi, Gegenwartswerte. Für eine Erneuerung von Alois Riegls Denkmalwerttheorie, in: Hans-Rudolf Meier und Ingrid Scheurmann (Hg.), DENKmalWERTE. Beiträge zur Theorie und Aktualität der Denkmalpflege; Georg Mörsch zum 70. Geburtstag, unter Mitw. von Georg Mörsch, Berlin 2010, S. 27–40.

Drew, Mike, Writing-On-Stone is Alberta's hidden gem, in: Calgary Sun, https://calgarysun.com/opinion/columnists/mike-drew-writing-on-stone-is-albertas-hidden-gem (abgerufen am 21. Februar 2021).

Duedahl, Poul (Hg.), A History of UNESCO. Global Actions and Impacts, London 2016.

Dziuban, Zuzanna (Hg.), The »Spectral Turn«. Jewish Ghosts in the Polish Post-Holocaust Imaginaire, Bielefeld 2019.

Eder, Donna J., Bringing Navajo Storytelling Practices into Schools. The Importance of Maintaining Cultural Integrity, in: Anthropology & Education Quarterly, 38 (2007), Nr. 3, S. 278–296.

Emery, Elizabeth, L'Histoire d'une cathédrale: Viollet-Le-Duc's Nationalist Pedagogy, in: Stephanie Glaser (Hg.), The idea of the Gothic cathedral. Interdisciplinary perspectives on the meanings of the medieval edifice in the modern period, Turnhout 2018, S. 101–130.

Euler-Rolle, Bernd, Der »Stimmungswert« im spätmodernen Denkmalkultus. Alois Riegl und die Folgen, in: Österreichische Zeitschrift für Kunst und Denkmalpflege, 1 (2005), S. 27–34.

Fagence Cooper, Suzanne, Stones and Lilies: Ruskin's Legacy since 1969, in: Journal of art historiography, 22 (2020), S. 1–12.

Falser, Michael, Zum 100. Todesjahr von Alois Riegl 2005. Der ›Alterswert‹ und die Konstruktion staatsnationaler Identität in der Habsburg-Monarchie um 1900, Georg Dehio, europäische Gedächtnisorte und der DDR-Palast der Republik in Berlin, in: kunsttexte, 1 (2006), S. 1–15.

Feichtinger, Johannes, Wissenschaft als reflexives Projekt. Von Bolzano über Freud zu Kelsen: Österreichische Wissenschaftsgeschichte 1848–1938, Berlin 2010.

Fisher, Mark, What Is Hauntology?, in: Film Quarterly, 66 (2012), Nr. 1, S. 16–24.
Frank, Sybille, Der Mauer um die Wette gedenken. Die Formation einer Heritage-Industry am Berliner Checkpoint Charlie, Diss. TU Darmstadt 2008, Frankfurt a.M. 2008.
Fisher, Mark, Ghosts of My Life: Writings on Depression, Hauntology and Lost Futures, Winchester 2014.
Georg Dehio und Alois Riegl – Konservieren, nicht restaurieren. Streitschriften zur Denkmalpflege um 1900, hg. von Marion Wohlleben und Georg Mörsch, Basel/Berlin/Boston 1988.
Gfeller, Aurélie Elisa, Anthropologizing and Indigenizing Heritage: The Origins of the UNESCO Global Strategy for a Representative, Balanced and Credible World Heritage List, in: Journal of Social Archaeology, 15 (2015), Nr. 3, S. 366–386.
Gfeller, Aurélie Élisa, und Jaci Eisenberg, UNESCO and the Shaping of Global Heritage, in: Poul Duedahl (Hg.), A History of UNESCO. Global Actions and Impacts, London 2016, S. 279–399.
Ghabbour, Samir I., Report to the World Heritage Center: Identification of Potenzial Natural Heritage Sites in Arab Countries, o. O., 1997, http://whc.unesco.org/archive/97-gs-arab-nat.pdf (abgerufen am 4. Dezember 2017).
Glendinning, Miles, The Conservation Movement: A Cult of the Modern Age, in: Royal Historic Society, 13 (2003), S. 359–376.
Glendinning, Miles, The Conservation Movement. A History of Architectural Preservation, Antiquity to Modernity, London 2013.
Gollaher, David L., From Ritutal to Science: The Medical Transformation of Circumsision in America, in: Journal of Social History, 28 (1994), Nr. 1, S. 5–36.
Gordon, Avery, Ghostly Matters. Haunting and the Sociological Imagination, Minneapolis 2008.
Graham, Helen, und Jo Vergunst (Hg.), Heritage as Community Research. Legacies of Co-Production, Bristol (UK)/Chicago (IL) 2019.
Grant, Ruth W., Hypocrisy and Integrity. Machiavelli, Rousseau, and the Ethics of Politics, Chicago 2008.
Groth, Stefan, Between Society and Culture: Recognition in Cultural Heritage Contexts, in: Nicolas Adell u.a. (Hg.), Between Imagined Communities and Communities of Practice. Participation, Territory and the Making of Heritage, Göttingen 2015, S. 59–82.
Grunsky, Eberhard, Kunstgeschichte und die Wertung von Denkmalen bei Georg Dehio und Alois Riegl, in: Brandenburgische Denkmalpflege, 15 (2006), Nr. 1, S. 5–11.

Gubser, Mike, Time's Visible Surface. Alois Riegl and the Discourse on History and Temporality in Fin-De-Siècle Vienna, Detroit 2006.

Hafstein, Valdimar Tr., Claiming Culture: Intangible Inc., Folklore©, Traditional Knowledge™, in: Dorothee Hemme, Markus Tauschek und Regina Bendix (Hg.), Prädikat »Heritage«. Wertschöpfungen aus kulturellen Ressourcen, Berlin 2007 (Studien zur Kulturanthropologie, Europäischen Ethnologie 1), S. 75–100.

Harrison, Rodney, Heritage. Critical Approaches, London 2013.

Harrison, Rodney, Beyond »Natural« and »Cultural« Heritage: Toward an Ontological Politics of Heritage in the Age of Anthropocene, in: Heritage & Society, 8 (2015), Nr. 1, S. 24–42.

Hegel, Georg Wilhelm Friedrich, Georg Wilhelm Friedrich Hegel's Vorlesungen über die Philosophie der Geschichte, unter Mitw. von Karl Ludwig Michelet, Berlin 1833 (Georg Wilhelm Friedrich Hegel's Werke 13).

Heinämäki, Leena, und Thora Martina Herrmann, The Recognition of Sacred Natural Sites of Arctic Indigenous Peoples as a Part of Their Right to Cultural Integrity, in: Arctic Review, 4 (2013), Nr. 2, S. 207–233.

Hennel, Leah, Writing-On-Stone. The No-Frills Rodeo in a World Heritage Site, 10. August 2019, https://newsinteractives.cbc.ca/longform/writing-on-stone-the-no-frills-rodeo-in-the-heart-of-a-world-heritage-site (abgerufen am 21. Februar 2021).

Herold, Stephanie, »nicht, weil wir es für schön halten«. Zur Rolle des Schönen in der Denkmalpflege, Diss. TU Berlin 2016, Bielefeld 2018.

Hewison, Robert, The Heritage Industry. Britain in a Climate of Decline, London 1987.

Hewison, Robert, John Ruskin, Oxford 2007.

Höhle, Eva Maria, Zur Genese des »Denkmalkultus«, in: Peter Noever, Artur Rosenauer und Georg Vasold (Hg.), Alois Riegl revisited. Beiträge zu Werk und Rezeption, Wien 2010, S. 63–67.

Hönig, Svenja, Das atmosphärische Ensemble. Bauliche Objektgruppe oder stimmungshafte Erscheinung?, in: archimaera, 8 (2019), S. 49–64.

Hubel, Achim, Denkmalpflege zwischen Restaurieren und Rekonstruieren. Ein Blick zurück in ihre Geschichte, in: Johannes Habich (Hg.), Denkmalpflege statt Attrappenkult. Gegen die Rekonstruktion von Baudenkmälern – eine Anthologie, Gütersloh/Berlin/Basel 2011, S. 42–87.

Huse, Norbert, Denkmalpflege. Deutsche Texte aus drei Jahrhunderten, München 1984.

Huse, Norbert (Hg.), Denkmalpflege. Deutsche Texte aus drei Jahrhunderten, 2. Aufl., München 1996.
ICOMOS, Charter for the Conservation of Historic Towns and Urban Areas. (Washington Charter 1987), 1987, https://www.icomos.org/charters/towns_e.pdf (abgerufen am 9. Januar 2018).
ICOMOS, Writing-on-Stone/Áísínai'pi (Canada) No 1597 (Advisory Body Evalutation ICOMOS), 2019, https://whc.unesco.org/en/list/1597/documents/ (abgerufen am 30. August 2021).
Institut für Deutsche Sprache, Deutsches Fremdwörterbuch (DFWB) Neubearbeitung, https://www.ids-mannheim.de/lexik/fremdwort (abgerufen am 28. Juli 2022).
Instituto Colombianode Cultura, Colcultura, Fortificaciones del Caribe. Memorias de la Reunion de Expertos, Cartagena, 1996, http://whc.unesco.org/en/activities/502/ (abgerufen am 4. Dezember 2017).
International Council on Monuments and Sites, Charters adopted by the Generald Assembly of ICOMOS, 2021, https://www.icomos.org/en/resources/charters-and-texts (abgerufen am 23. Juni 2019).
IUCN, World Heritage Nomination. IUCN Comments to ICOMOS Wirting on Stone/Áísínai'pi(Canada), 2019, https://whc.unesco.org/en/list/1597/documents/ (abgerufen am 30. August 2021).
Iversen, Margaret, Alois Riegl. Art History and Theory, Cambridge (Mass.)/London 1993.
Janis, Katrin, Restaurierungsethik, Diss. Univ. Bamberg 2003, München 2005.
Jokilehto, Jukka, A History of Architectural Conservation. The Contribution of English, French, German and Italian Though towards an International Approach to the Conservation of Cultural Property, Diss. Univ. York 1986, 3 Bde., Bd. 2, York 1986.
Jokilehto, Jukka, A History of Architectural Conservation, Oxford u.a. 1999.
Jokilehto, Jukka, Considerations on Authenticity and Integrity in World Heritage Context, in: City & Time, 2 (2006), Nr. 1, S. 1–16.
Jokilehto, Jukka, Defining the Outstanding Universal Value, in: City & Time, 2 (2006), Nr. 2, S. 1–10.
Jokilehto, Jukka, International Charters on Urban Conservation: Some Thoughts on the Principles Expressed in Current International Doctrine, in: City & Time, 3 (2008), Nr. 2, S. 23–42.
Jokilehto, Jukka, Notes on the Definition and Safeguarding of HUL, in: City & Time, 4 (2010), Nr. 3, S. 41–51.

Journal of Art Historiography, Art for the Nation: John Ruskin, Art Education and Social Change, 2020, https://arthistoriography.wordpress.com/22-ju n20/ (abgerufen am 18. Februar 2021).

Kasulis, Thomas P., Intimacy or Integrity. Philosophy and Cultural Difference, Honolulu 2002.

Kemp, Wolfgang, John Ruskin 1819–1900. Leben und Werk, Frankfurt a.M. 1987.

Kemp, Wolfgang, Alois Riegl 1858–1905, in: Heinrich Dilly (Hg.), Altmeister moderner Kunstgeschichte, 2. Aufl., Berlin 1999.

Klein, Sonja, Denn alles, alles ist verlorne Zeit. Fragment und Erinnerung im Werk von Durs Grünbein, Diss. Univ. Düsseldorf 2007, Bielefeld 2008.

Klinkenberg, Marty, Writing-on-Stone's Next Chapter. Inside One of Alberta's Most Gorgeous Rodeos, in: The Globe and Mail, 11. August 2019, https://www.theglobeandmail.com/canada/alberta/article-writing-on-stones-next-chapter-inside-one-of-albertas-most-gorgeous/ (abgerufen am 21. Februar 2021).

Knobloch, Jörn, Zwischen Offenheit und Geschlossenheit. Politische Implikationen einer praxeologischen kulturellen Identität, in: Yves Bizeul und Dennis Bastian Rudolf (Hg.), Gibt es eine kulturelle Identität?, Baden-Baden 2020, S. 51–76.

Kunstwerk oder Denkmal? Alois Riegls Schriften zur Denkmalpflege, hg. von Ernst Bacher, Wien/Köln/Weimar 1995.

Labadi, Sophia, Representations of the Nation and Cultural Diversity in Discourses on World Heritage, in: Journal of Social Archaeology, 7 (2007), Nr. 2, S. 147–170.

Lamprakos, Michele, Riegl's »Modern Cult of Monuments« and The Problem of Value, in: Change Over Time, 4 (2014), Nr. 2, S. 418–435.

Langini, Alex (Hg.), Internationale Grundsätze Und Richtlinien Der Denkmalpflege, Stuttgart 2012.

Le Grand Robert de la langue française, Stichwort »intégrité«, http://gr.bvdep .com.grandrobert.han.ub.uni-bamberg.de/robert.asp (abgerufen am 26. Juni 2017).

Lipp, Wilfried, 50 Jahre und kein bisschen leise. Zeit- und ideengeschichtliche Betrachtungen zu einem Jubiläum, in: Österreichische Zeitschrift für Kunst und Denkmalpflege, 69 (2015), 1/2, S. 10–19.

Littler, Jo, und Roshi Naidoo, White Past, Multicultural Present. Heritage and National Stories, in: Laurajane Smith (Hg.), History and Concepts, London, S. 101–113.

Lo Zingarelli, Stichwort »integrità«, https://u-1ubidictionary-1com-1zingare
lli.han.ub.uni-bamberg.de/viewer/#/dictionary/zanichelli.lozingarelli16
(abgerufen am 7. Juni 2017).
Löw, Martina, Vom Raum aus die Stadt denken. Grundlagen einer raumtheoretischen Stadtsoziologie, Bielefeld 2018.
Lowenthal, David, The Past Is a Foreign Country – Revisited, Cambridge 2015.
Macdonald, Sharon, Memorylands. Heritage and Identity in Europe Today, London, New York 2013.
MacDonald, Graham A., John Ruskin's Politics and Natural Law. An Intellectual Biography, Cham 2018.
Mager, Tino, Schillernde Unschärfe. Der Begriff der Authentizität im architektonischen Erbe, Diss. TU Berlin 2015, Berlin/Boston 2016.
Mager, Tino, Entmaterialisierte Authentizität. Zur Novellierung der Substanzbedeutung in internationalen Grundsatzpapieren, in: Landesamt für Denkmalpflege Schleswig-Holstein (Hg.), Denkmalpflege braucht Substanz. Jahrestagung der Vereinigung der Landesdenkmalpfleger in der Bundesrepublik Deutschland und 83. Tag für Denkmalpflege, Flensburg 7.–10. Juni 2015, Kiel 2017, S. 254–260.
Matero, Frank G., Loss, Compensation, and Authenticity: the Contribution of Cesare Brandi to Architectural Conservation, in: Giuseppe Basile und Silvia Cecchini (Hg.), Cesare Brandi and the Development of Modern Conservation Theory. International Symposium, New York City 4. Oktober 2006, Saonara (Padua) 2011, S. 79–90.
M'Bow, Amadou-Mahtar, A Single Universal Heritage, in: The UNESCO Courier, 33 (1980), February-March, S. 4, https://unesdoc.unesco.org/ark:/48223/pf0000074755 (abgerufen am 3. Januar 2020).
Meier, Hans-Rudolf, Konservatorische Selektion von Denkmalschichten, in: Karen Schmitt (Hg.), Das Denkmal als Fragment – das Fragment als Denkmal. Denkmale als Attraktionen, Jahrestagung der Vereinigung der Landesdenkmalpfleger (VdL) und des Verbandes der Landesarchäologen (VLA) und 75.Tag für Denkmalpflege, Esslingen am Neckar 10. –13. Juni 2007, Stuttgart 2008, S. 355–362.
Meier, Hans-Rudolf, Identität, Schutz und Sinn – gegen die Identitären, in: Reinhard Kren, Monika Leisch-Kiesl und Wilfried Lipp (Hg.), Kultur – Erbe – Ethik. »Heritage« im Wandel gesellschaftlicher Orientierungen: Festschrift für Wilfried Lipp, Bielefeld 2020, S. 407–417.
Meraz, Fidel, Architecture and Temporality in Conservation Theory. The Modern Movement and the Restoration Attitude in Cesare Brandi, in: Dirk van

den Heuvel u.a. (Hg.), The Challenge of Change. Dealing with the Legacy of the Modern Movement, Proceedings 10th International Docomomo Conference, Amsterdam 2008, S. 23–26.

Meskell, Lynn, A Future in Ruins. UNESCO, World Heritage and the Dream of Peace, New York City 2018.

Middleton, Alan, Trivializing Culture, Social Conflict and Heritage Tourism in Quito, in: Michiel Baud und Annelou Ypeij (Hg.), Cultural tourism in Latin America. The politics of space and imagery, Leiden 2009, S. 199–216.

Miklós, Tamás, Der kalte Dämon. Versuche zur Domestizierung des Wissens, München 2016.

Mörsch, Georg, Was bleibt von Riegls Alterswert oder: Ist Riegls Alterswert noch zu retten?, in: Peter Noever, Artur Rosenauer und Georg Vasold (Hg.), Alois Riegl revisited. Beiträge zu Werk und Rezeption, Wien 2010, S. 58–62.

Muñoz Viñas, Salvador, »Who is Afraid of Cesare Brandi?« Personal Reflections on the Teoria del Restauro, in: Conservation, Exposition, Restauration d'Objets d'Art, Special Issue 2015 (2015).

Nezhad, Somayeh Fadaei, Parastoo Eshrati und Dorna Eshrati, Developing a Conceptual Framework of Integrity in Urban Heritage Conservation, in: Armanshahr Architecture & Urban Development, 9 (2016), Nr. 16, S. 95–104.

Oeter, Martina, Die Suche nach Differenz. Denkmalpflege im Spannungsfeld globaler Kulturerbepolitik, Diss. Univ. Bamberg 2020, Bielefeld 2021.

Oexle, Otto Gerhard, Geschichtswissenschaft im Zeichen des Historismus. Studien zu Problemgeschichten der Moderne, Göttingen 1996.

Ostermann, Eberhard, Der Begriff des Fragments als Leitmetapher der ästhetischen Moderne, Nr. 1, Goethezeitportal, 1991, www.goethezeitportal.de/db/wiss/epoche/ostermann_fragment.pdf (abgerufen am 19. Mai 2020).

Owings, Maria, Sayeedha Uddin und Sonja Williams, Trends in Circumcision Among Male Newborns Born in U.S. Hospitals: 1979–2010, 2013, https://www.cdc.gov/nchs/data/hestat/circumcision_2013/circumcision_2013.htm (abgerufen am 16. Februar 2021).

Oxford English Dictionary, Stichwort »integrity«, www.oed.com.oed.han.ub.uni-bamberg.de/view/Entry/97366?redirectedFrom=integrity#eid (abgerufen am 26. Juni 2017).

Pelzang, Rinchen, und Alison M. Hutchinson, Establishing Cultural Integrity in Qualitative Research, in: International Journal of Qualitative Methods, 17 (2018), Nr. 1, S. 1–9.

Petzet, Michael, Der neue Denkmalkultus am Ende des 20. Jahrhunderts, in: Wilfried Lipp und Michael Petzet (Hg.), Vom modernen zum postmodernen Denkmalkultus? Denkmalpflege am Ende des 20. Jahrhunderts, 7. Jahrestagung der Bayerischen Denkmalpflege, Passau 14. –16. Oktober 1993, München 1994, S. 13–20.

Petzet, Michael, »In full richness of their Authenticity« – The Test of Authenticity and the New Cult of Monuments, in: Knut Einar Larsen (Hg.), Proceedings Nara Conference on Authenticity in Relation to the World Heritage Convention. Nara 1. –6. November 1994, Paris 1995, S. 85–100.

Pollmann, Arnd, Integrität. Aufnahme einer sozialphilosophischen Personalie, Diss. Univ. Frankfurt a.M. 2003, Bielefeld 2005.

Rampley, Matthew, Orientalismus und Balkanismus in der Donaumonarchie. Ein kritischer Blick auf die Wiener Schule der Kunstgeschichte, in: Wojciech Bałus und Joanna Wolańska (Hg.), Die Etablierung und Entwicklung des Faches Kunstgeschichte in Deutschland, Polen und Mitteleuropa, Warschau 2010, S. 237–252.

Rampley, Matthew, The Vienna School of Art History. Empire and the Politics of Scholarship, 1847–1918, University Park, Pennsylvania 2013.

Raphael, Lutz, Geschichtswissenschaft im Zeitalter der Extreme. Theorie, Methoden, Tendenzen von 1900 bis zur Gegenwart, 2. Aufl., München 2010.

Reichenberger, Andrea, »Kunstwollen«. Riegls Plädoyer für die Freiheit der Kunst, in: Kritische Berichte, 31 (2003), Nr. 1, S. 69–85.

Reynolds, Diana, Kavaliere, Kostüme, Kunstgewerbe: Die Vorstellung Bosniens in Wien 1878–1900, in: Johannes Feichtinger (Hg.), Habsburg postcolonial. Machtstrukturen und kollektives Gedächtnis, Innsbruck u.a. 2003, S. 243–257.

Reynolds Cordileone, Diana, Alois Riegl in Vienna 1875–1905. An Institutional Biography, Florenz 2014.

Riegl, Alois, Der moderne Denkmalkultus. Sein Wesen und seine Entstehung, in: ders., Gesammelte Aufsätze, hg. von Karl M. Swoboda, Augsburg/Wien 1928, S. 144–193.

Riegl, Alois, Die Stimmung als Inhalt der modernen Kunst, in: ders., Gesammelte Aufsätze, hg. von Karl M. Swoboda, Augsburg/Wien 1928, S. 28–39.

Riegl, Alois, Gesammelte Aufsätze, hg. von Karl M. Swoboda, Augsburg/Wien 1928.

Riegl, Alois, Kunstgeschichte und Universalgeschichte, in: ders., Gesammelte Aufsätze, hg. von Karl M. Swoboda, Augsburg/Wien 1928, S. 3–9.

Riegl, Alois, Naturwerk und Kunstwerk II, in: ders., Gesammelte Aufsätze, hg. von Karl M. Swoboda, Augsburg/Wien 1928, S. 65–70.

Riegl, Alois, Entwurf einer gesetzlichen Organisation der Denkmalpflege in Österreich, in: Kunstwerk oder Denkmal? Alois Riegls Schriften zur Denkmalpflege, hg. von Ernst Bacher, Wien/Köln/Weimar 1995 (Studien zu Denkmalschutz und Denkmalpflege 15), S. 49–144.

Riegl, Alois, The Modern Cult of Monuments: its Character and its Origin, in: Laurajane Smith (Hg.), History and Concepts, London 2007 (Cultural heritage. Critical Concepts in Media and Cultural Studies 1), S. 114–142.

Rohbeck, Johannes, Geschichtsphilosophie zur Einführung, 3. Aufl., Hamburg 2015.

Rohbeck, Johannes, Theorie der Globalisierung und Philosophie der Geschichte, in: ders. (Hg.), Philosophie der Globalisierung, Dresden 2017, S. 151–176.

Roskamm, Nikolai, Die unbesetzte Stadt. Postfundamentalistisches Denken und das urbanistische Feld, Basel 2017.

Rüsen, Jörn, Universalgeschichte als Sinnkonzept, in: Günter Dux und Jörn Rüsen (Hg.), Strukturen des Denkens. Studien zur Geschichte des Geistes, Wiesbaden 2014, S. 235–250.

Ruskin, John, Die sieben Leuchter der Baukunst, aus dem Englischen von Wilhelm Schölermann, Leipzig 1900.

Ruskin, John, The Seven Lamps of Architecture, in: ders., The Complete Works of John Ruskin, 69 Bde., hg. von Edward Tyas Cook und Alexander Wedderburn, London 1903.

Ruskin, John, The Stones of Venice I, in: ders., The Complete Works of John Ruskin, 69 Bde., hg. von Alexander Wedderburn und Edward Tyas Cook, London 1903.

Said, Edward W., Culture & Imperialism, 2. Aufl., London 1994.

Said, Edward W., Orientalismus, 2. Aufl., Frankfurt a.M. 2009.

Samuel, Raphael, Theatres of memory. Past and Present in Contemporary Culture, 2 Bde., Bd. 1, London/New York 1994.

Sauerländer, Willibald, Alois Riegl und die Entstehung der autonomen Kunstgeschichte am Fin de siècle, in: Wolfgang Kemp u.a. (Hg.), Geschichte der Kunst – Gegenwart der Kritik, Köln 1999, S. 213–228.

Saunders, Andrew, Figuring Mood: The Role of Stimmung in the Formal Approach of Heinrich Wölfflin and Alois Riegl, in: Architectural Design, 86 (2016), Nr. 6, S. 34–41.

Scarrocchia, Sandro, Riegls Rezeption in Italien. Von der Charta von Venedig bis heute, in: Peter Noever, Artur Rosenauer und Georg Vasold (Hg.), Alois Riegl revisited. Beiträge zu Werk und Rezeption, Wien 2010, S. 69–83.

Schädler-Saub, Ursula, Cesare Brandis Theorie der Restaurierung, ihre Bedeutung und ihre Aktualität, in: Cesare Brandi, Cesare Brandi. Theorie der Restaurierung, hg. von Ursula Schädler-Saub und Dörthe Jakobs, München 2006, S. 21–36.

Schädler-Saub, Ursula, Teoria e metodologia del restauro. Italian Contributions to Conservation in Theory and Practice, in: Michael Falser, Wilfried Lipp und Andrzej Tomaszewski (Hg.), Conservation and Preservation: Interactions between Theory and Practice. In memoriam Alois Riegl (1858–1905), Florenz 2010, S. 81–96.

Scheurmann, Ingrid, Konturen und Konjunkturen der Denkmalpflege. Zum Umgang mit baulichen Relikten der Vergangenheit, Köln/Weimar/Wien 2018.

Scoppola, Francesco, Cesare Brandi and Restoration on a Large scale: a View of Architecture from the Context to the Lanscape, in: Giuseppe Basile und Silvia Cecchini (Hg.), Cesare Brandi and the Development of Modern Conservation Theory. International Symposium, New York City 4. Oktober 2006, Saonara (Padua) 2011, S. 67–78.

Silverman, Helaine, Waterton, Emma und Steve Watson, An Introduction to Heritage in Action, in: dies. (Hg.), Heritage in action. Making the past in the present, Cham 2017, S. 3–18.

Singh, Kavita, Museums, Heritage, Culture: Into the Conflict Zone, o.O. 2015, https://www.reinwardt.ahk.nl/media/rwa/docs/Publicaties/2015KavitaSingh_MuseumsHeritageCulture.pdf (abgerufen am 11. August 2020).

Smith, Laurajane, Uses of Heritage, London/New York City 2006.

Smith, Laurajane (Hg.), History and Concepts, London 2007 (Cultural Heritage. Critical Concepts in Media and Cultural Studies 1).

Smith, Laurajane, Emotional Heritage. Visitor Engagement at Museums and Heritage Sites, London/New York City 2021.

Spanu, Smaranda, Heterotopia and Heritage Preservation. The Heterotopic Tool as a Means of Heritage Assessment, Cham 2020.

Stackmann, Sophie, Die Kehrseite des Fragments? Überlegungen zur Integrität historischer Objekte bei John Ruskin und Alois Riegl, in: Kritische Berichte, 2 (2021), S. 35–43.

Stanford Encyclopedia of Philosophy, Stichwort »integrity«, https://plato.stanford.edu/search/searcher.py?query=integrity (abgerufen am 26. Dezember 2017).

Stichwort »integer«, in: Alois Walde und Johann Baptist Hofmann (Hg.), Lateinisches etymologisches Wörterbuch, 2 Bde., 3. Aufl., Heidelberg 1939, S. 708.

Stichwort »integritas«, in: Karl Ernst Georges, Thomas Baier und Tobias Dänzer (Hg.), Der neue Georges. Ausführliches lateinisch-deutsches Handwörterbuch aus den Quellen zusammengetragen und mit besonderer Bezugnahme auf Synonymik und Antiquitäten unter Berücksichtigung der besten Hilfsmittel, 8. Aufl., Darmstadt 2013, Sp. 2653.

Stichwort »Integrität«, in: Daniel Sanders (Hg.), Fremdwörterbuch, Leipzig 1871, S. 549.

Stichwort »Integrität«, in: Werner Scholze-Stubenrecht (Hg.), Duden Fremdwörterbuch, 6. Aufl., Mannheim/Wien/Zürich 1997, S. 368–369.

Stichworte »intakt« und »integrierend«, in: Hans Schulz und Otto Basler (Hg.), Deutsches Fremdwörterbuch, Berlin/New York City 1974, S. 300.

Stichworte »integer«, »integritas« und »integro«, in: Karl Ernst Georges, Thomas Baier und Tobias Dänzer (Hg.), Der neue Georges. Ausführliches lateinisch-deutsches Handwörterbuch aus den Quellen zusammengetragen und mit besonderer Bezugnahme auf Synonymik und Antiquitäten unter Berücksichtigung der besten Hilfsmittel, 8. Aufl., Darmstadt 2013, Sp. 2651–2653.

Stovel, Herb, Effective Use of Authenticity and Integrity as World Heritage Qualifying Conditions, in: City & Time, 2 (2007), Nr. 3, S. 21–36.

Sullivan, Sharon, Cultural Values and Cultural Imperialism, in: Laurajane Smith (Hg.), History and Concepts, London 2007 (Cultural heritage. Critical Concepts in Media and Cultural Studies 1), S. 160–171.

Svoboda, Steven J., Genital Integrity and Gender Equity, in: George C. Denniston u.a. (Hg.), Bodily Integrity and the Politics of Circumcision. Culture, Controversy, and Change, Dordrecht 2006, S. 149–164.

Tenement Museum, Ode to a Plastic Covered Couch, 2018, https://www.tenement.org/blog/ode-to-a-plastic-covered-couch/ (abgerufen am 12. Februar 2021).

UNESCO, Convention Concerning the Protection of the World Cultural and Natural Heritage, Paris, 1972, https://whc.unesco.org/archive/convention-en.pdf (abgerufen am 30. August 2021).

UNESCO, Operational Guidelines for the Implementation of the World Heritage Convention, Paris, 20. Oktober 1977, http://whc.unesco.org/archive/opguide77b.pdf (abgerufen am 4. Januar 2018).

UNESCO, Operational Guidelines for the Implementation of the World Heritage Convention. November 1983, Paris, 1983, http://whc.unesco.org/archive/opguide83.pdf (abgerufen am 4. Januar 2018).
UNESCO, Convention Concerning the Protection of the World Heritage Committee. Ninth Ordinary Session (02.–06.12.1985), Paris, 1985, http://whc.unesco.org/archive/1985/sc-85-conf008-9_e.pdf (abgerufen am 11. Februar 2018).
UNESCO, Convention Concerning the Protection of the World Heritage Committee. Sixteenth Session (07.–14.12.1992), Santa Fe, 1992, http://whc.unesco.org/archive/1992/whc-92-conf002-12e.pdf (abgerufen am 12. Februar 2018).
UNESCO, Convention Concerning the Protection of the World Heritage Committee. Eighteenth Session (12.–17.12.1994), Phuket, 1994, http://whc.unesco.org/archive/1994/whc-94-conf003-16e.pdf (abgerufen am 5. März 2018).
UNESCO, Expert Meeting on the »Global Strategy« and the Thematic Studies for a Representative World Heritage Meeting, Phuket, 1994, http://whc.unesco.org/archive/global94.htm (abgerufen am 28. November 2017).
UNESCO, Progress Report on the Preparation of Global Strategy for a Representative World Heritage List. Progress Report 1994, Phuket, 1994, http://whc.unesco.org/archive/1994/whc-94-conf003-15e.pdf (abgerufen am 3. Dezember 2017).
UNESCO, Report of the Expert Meeting on Evaluation of General Principles and Criteria for Nominations of Natural World Heritage sites. Parc national de la Vanoise, France, 22 to 24 March 1996, Paris, 1996, http://whc.unesco.org/archive/1996/whc-96-conf202-inf9e.pdf (abgerufen am 20. September 2021).
UNESCO, Report on the Expert Meeting on Evaluation of General Principles and Criteria for Nominations of Natural World Heritage Sites. Parc national de la Vanoise, France, 22–24 mars 1996, Yucatan, 1996, http://whc.unesco.org/archive/1996/whc-96-conf201-inf8e.pdf (abgerufen am 3. Dezember 2017).
UNESCO, Progress Report, Synthesis and Action Plan on the Global Strategy for a Representative and Credible World Heritage List, Kyoto, 1998, http://whc.unesco.org/archive/1998/whc-98-conf203-12e.pdf (abgerufen am 10. Januar 2018).
UNESCO, Report of the Fourth Global Strategy Meeting for West Africa, 16.–19. September 1998, Porto Novo, Republic of Benin, Kyoto, 1998, http://whc.unesco.org/archive/benin98.pdf (abgerufen am 4. Dezember 2017).

UNESCO, Report on the World Heritage Global Strategy. Natural and Cultural Heritage Expert Meeting. Amsterdam 1998, Amsterdam, 1998, http://whc.unesco.org/archive/amsterdam98.pdf (abgerufen am 10. Januar 2018).

UNESCO, Progress Report on the Implementation of the Regional Actions Described in the Global Strategy Action Plan Adopted by the Committee at its Twenty-Second Session, Marrakesch, 1999, http://whc.unesco.org/archive/1999/whc-99-conf209-8e.pdf (abgerufen am 3. Dezember 2017).

UNESCO, Report of the International Expert Meeting on the Revision of the Operational Guidelines for the Implementation of the World Heritage Convention (Canterbury, UK, 10–14 April 2000), Canterbury, 2000, http://whc.unesco.org/archive/opgu/inf10e.pdf (abgerufen am 4. Dezember 2017).

UNESCO, The Budapest Declaration on World Heritage, Budapest, 2002, http://whc.unesco.org/archive/2002/whc-02-conf202-5e.pdf (abgerufen am 8. Februar 2018).

UNESCO, Fifteenth General Assembly of States Parties Concerning the World Cultural and Natural Heritage (10.–11.10.2005). Item 7 of the Provisional Agenda: Adoption of a Declaration on the Conservation of Historic Urban Landscapes, Paris, 2005, http://whc.unesco.org/archive/2005/whc05-15ga-inf7e.pdf (abgerufen am 18. Juni 2018).

UNESCO, Operational Guidelines for the Implementation of the World Heritage Convention. Februar 2005, Paris, 2005, http://whc.unesco.org/archive/opguide05-en.pdf (abgerufen am 9. Januar 2018).

UNESCO, Convention Concerning the Protection of the World Cultural and Natural Heritage. Thirty-Second Session (02.–10.07.2008), Quebec City, 2008, https://whc.unesco.org/archive/2008/whc08-32COM-summary.pdf (abgerufen am 5. April 2018).

UNESCO, Seventeenth Session of the General Assembly of States Parties to the Convention Concerning the Protection of the World Cultural and Natural Heritage (23.–28.10.2009). Item 9 of the Provisional Agenda: Future of the World Heirtage Convention, Paris, 2009, https://whc.unesco.org/archive/2009/en-whc09-17ga-9.pdf (abgerufen am 30. Juni 2019).

UNESCO, Convention Concerning the Protection of the World Cultural and Natural Heritage. Thirty-Sixth Session (24.06.–06.07.2012), Summary Record, Sankt Petersburg, 2012, https://whc.unesco.org/archive/2012/whc12-36com-INF.19.pdf (abgerufen am 29. April 2019).

UNESCO, International Expert Meeting on Integrity for Cultural Heritage (12.–14.03.2012). Background Document on the Notion of Integrity, Al

Ain, 2012, http://whc.unesco.org/uploads/events/documents/event-833-7.pdf (abgerufen am 30. April 2019).

UNESCO, International World Heritage Expert Meeting on Visual Integrity (06.–09.03.2013). Background Document prepared by the World Heritage Centre, with inputs from ICOMOS, ICCROM and IUCN, Agra (Indien), 2013, https://whc.unesco.org/uploads/events/documents/event-992-12.pdf (abgerufen am 14. Juli 2019).

UNESCO, Abu Simbel: The Campaign that Revolutionized the International Approach to Safeguarding Heritage, 2015, https://en.unesco.org/70years/abu_simbel_safeguarding_heritage (abgerufen am 3. Januar 2020).

UNESCO, The Bonn Declaration on World Heritage, Bonn, 2015, https://whc.unesco.org/document/147735 (abgerufen am 5. Mai 2019).

UNESCO, Operational Guidelines for the Implementation of the World Heritage Convention. Juli 2017, Paris, 2017 (abgerufen am 10. Februar 2018).

UNESCO, Global Strategy, 2018, http://whc.unesco.org/en/globalstrategy/ (abgerufen am 10. Januar 2018).

UNESCO, The Operational Guidelines for the Implementation of the World Heritage Convention, 2021, https://whc.unesco.org/document/190976 (abgerufen am 12. Juni 2021).

UNESCO, States Parties Ratification Status, 2021, https://whc.unesco.org/en/statesparties/ (abgerufen am 10. Juli 2021).

UNESCO, World Heritage List Statistics, 2021, https://whc.unesco.org/en/list/stat/#s3 (abgerufen am 10. Juli 2021).

UNESCO World Heritage, Humberstone and Santa Laura Saltpeter Works, 2005, https://whc.unesco.org/en/list/1178/ (abgerufen am 21. Februar 2021).

UNESCO World Heritage, Crac des Chevaliers and Qal'at Salah El-Din, 2006, https://whc.unesco.org/en/list/1229/ (abgerufen am 21. Februar 2021).

UNESCO World Heritage, Episcopal City of Albi, 2007, https://whc.unesco.org/en/list/1337/ (abgerufen am 19. Februar 2021).

UNESCO World Heritage, Mehmed Paša Sokolović Bridge in Višegrad, 2007, https://whc.unesco.org/en/list/1260/ (abgerufen am 19. Februar 2021).

UNESCO World Heritage, La Chaux-de-Fonds/Le Locle, Watchmaking Town Planning, 2009, https://whc.unesco.org/en/list/1302/ (abgerufen am 19. Februar 2021).

UNESCO World Heritage, Shushtar Historical Hydraulic System, 2009, https://whc.unesco.org/en/list/1315/ (abgerufen am 21. Februar 2021).

UNESCO World Heritage, At-Turaif District in ad-Dir'iyah, 2010, https://whc.unesco.org/en/list/1329/ (abgerufen am 21. Februar 2021).

UNESCO World Heritage, Centennial Hall in Wrocław, 2010, https://whc.unesco.org/en/list/1165/ (abgerufen am 21. Februar 2021).

UNESCO World Heritage, Coffee Cultural Landscape of Colombia, 2011, https://whc.unesco.org/en/list/1121/ (abgerufen am 21. Februar 2021).

UNESCO World Heritage, Historic Bridgetown and its Garrison, 2011, https://whc.unesco.org/en/list/1376/ (abgerufen am 19. Februar 2021).

UNESCO World Heritage, Heritage of Mercury. Almadén and Idrija, 2012, https://whc.unesco.org/en/list/1313/ (abgerufen am 21. Februar 2021).

UNESCO World Heritage, Rio de Janeiro: Carioca Landscapes between the Mountain and the Sea, 2012, https://whc.unesco.org/en/list/1100/ (abgerufen am 21. Februar 2021).

UNESCO World Heritage, Historic Centre of Agadez, 2013, https://whc.unesco.org/en/list/1268/ (abgerufen am 21. Februar 2021).

UNESCO World Heritage, Bursa and Cumalıkızık: the Birth of the Ottoman Empire, 2014, https://whc.unesco.org/en/list/1452/ (abgerufen am 21. Februar 2021).

UNESCO World Heritage, Erbil Citadel, 2014, https://whc.unesco.org/en/list/1437/ (abgerufen am 21. Februar 2021).

UNESCO World Heritage, Historic Jeddah, the Gate to Makkah, 2014, https://whc.unesco.org/en/list/1361/ (abgerufen am 21. Februar 2021).

UNESCO World Heritage, Champagne Hillsides, Houses and Cellars, 2015, https://whc.unesco.org/en/list/1465/ (abgerufen am 21. Februar 2021).

UNESCO World Heritage, Christiansfeld, a Moravian Church Settlement, 2015, https://whc.unesco.org/en/list/1468/ (abgerufen am 21. Februar 2021).

UNESCO World Heritage, Rjukan-Notodden Industrial Heritage Site, 2015, https://whc.unesco.org/en/list/1486/ (abgerufen am 19. Februar 2021).

UNESCO World Heritage, San Antonio Missions, 2015, https://whc.unesco.org/en/list/1466/ (abgerufen am 21. Februar 2021).

UNESCO World Heritage, Sites of Japan's Meiji Industrial Revolution: Iron and Steel, Shipbuilding and Coal Mining, 2015, https://whc.unesco.org/en/list/1484/ (abgerufen am 21. Februar 2021).

UNESCO World Heritage, The Par Force Hunting Landscape in North Zealand, 2015, https://whc.unesco.org/en/list/1469/ (abgerufen am 21. Februar 2021).

UNESCO World Heritage, Pampulha Modern Ensemble, 2016, https://whc.un esco.org/en/list/1493/ (abgerufen am 19. Februar 2021).
UNESCO World Heritage, Assumption Cathedral and Monastery of the town-island of Sviyazhsk, 2017, https://whc.unesco.org/en/list/1525/ (abgerufen am 21. Februar 2021).
UNESCO World Heritage, Historic City of Ahmadabad, 2017, https://whc.une sco.org/en/list/1551/ (abgerufen am 21. Februar 2021).
UNESCO World Heritage, Mbanza Kongo, Vestiges of the Capital of the former Kingdom of Kongo, 2017, https://whc.unesco.org/en/list/1511/ (abgerufen am 21. Februar 2021).
UNESCO World Heritage, Sacred Island of Okinoshima and Associated Sites in the Munakata Region, 2017, https://whc.unesco.org/en/list/1535/ (abgerufen am 21. Februar 2021).
UNESCO World Heritage, Taputapuātea, 2017, https://whc.unesco.org/en/list /1529/ (abgerufen am 19. Februar 2021).
UNESCO World Heritage, Tarnowskie Góry Lead-Silver-Zinc Mine and its Underground Water Management System, 2017, https://whc.unesco.org/en/l ist/1539/ (abgerufen am 21. Februar 2021).
UNESCO World Heritage, Ancient City of Qalhat, 2018, https://whc.unesco.or g/en/list/1537/ (abgerufen am 21. Februar 2021).
UNESCO World Heritage, Caliphate City of Medina Azahara, 2018, https://wh c.unesco.org/en/list/1560/ (abgerufen am 19. Februar 2021).
UNESCO World Heritage, Naumburg Cathedral, 2018, https://whc.unesco.or g/en/list/1470/ (abgerufen am 19. Februar 2021).
UNESCO World Heritage, Sansa, Buddhist Mountain Monasteries in Korea, 2018, https://whc.unesco.org/en/list/1562/ (abgerufen am 21. Februar 2021).
UNESCO World Heritage, Ancient Ferrous Metallurgy Sites of Burkina Faso, 2019, https://whc.unesco.org/en/list/1602/ (abgerufen am 19. Februar 2021).
UNESCO World Heritage, Babylon, 2019, https://whc.unesco.org/en/list/278/ (abgerufen am 21. Februar 2021).
UNESCO World Heritage, Dilmun Burial Mounds, 2019, https://whc.unesco.o rg/en/list/1542/ (abgerufen am 21. Februar 2021).
UNESCO World Heritage, Erzgebirge/Krušnohoří Mining Region, 2019, https ://whc.unesco.org/en/list/1478/ (abgerufen am 19. Februar 2021).
UNESCO World Heritage, Jodrell Bank Observatory, 2019, https://whc.unesco .org/en/list/1594/ (abgerufen am 21. Februar 2021).

UNESCO World Heritage, Writing-on-Stone/Áísínai'pi, 2019, https://whc.une sco.org/en/list/1597/ (abgerufen am 21. Februar 2021).

UNESCO World Heritage, Mozu-Furuichi Kofun Group: Mounded Tombs of Ancient Japan, 2019, https://whc.unesco.org/en/list/1593/ (abgerufen am 21. Februar 2021).

UNESCO World Heritage, Colonies of Benevolence, 2021, https://whc.unesco.org/en/list/1555 (abgerufen am 12. Juni 2022).

UNESCO World Heritage, Ḥimā Cultural Area, 2021, https://whc.unesco.org/en/list/1619 (abgerufen am 12. Juni 2022).

UNESCO World Heritage, The Porticoes of Bologna, 2021, https://whc.unesco.org/en/list/1650/ (abgerufen am 12. Juni 2022).

UNESCO World Heritage, The Work of Engineer Eladio Dieste: Church of Atlántida, 2021, https://whc.unesco.org/en/list/1612 (abgerufen am 12. Juni 2022).

United Nations, Charter of the United Nations, 2015, https://www.un.org/en/sections/un-charter/chapter-i/index.html (abgerufen am 14. Mai 2020).

University of Lancaster, The Complete Works of Ruskin, 2021, https://www.lancaster.ac.uk/the-ruskin/the-complete-works-of-ruskin/ (abgerufen am 16. Januar 2021).

Velden, Manfred, Auswirkungen des III. Reiches auf die Psychologie der Wahrnehmung, Osnabrück 1983.

Verbeeck, Muriel, Brandi and the Restoration of Contemporary Art. One side and the Other the Teoria Brandi and the Restoration of Contemporary Art, in: Conversaciones. A multilingual journal on history and theory, 7 (2019), S. 211–226 (abgerufen am 26. Januar 2021).

Villari, Lucio, Cesare Brandi uomo impolitico, in: la Repubblica, 30. Mai 2007, https://ricerca.repubblica.it/repubblica/archivio/repubblica/2007/05/30/cesare-brandi-uomo-impolitico.html (abgerufen am 26. Januar 2021).

Vinken, Gerhard, Zone Heimat. Altstadt im modernen Städtebau, Habil.-Schr. Univ. Bern 2008, Berlin 2010.

Vinken, Gerhard, Der Pranger von Bahia, das Kreuz von Pommersfelden. Globalisierungsdiskurse und lokale Aushandlungsprozesse als Herausforderungen für die Denkmalwissenschaften, in: ders. (Hg.), Das Erbe der Anderen. Denkmalpflegerisches Handeln im Zeichen der Globalisierung, Bamberg 2015, S. 19–30.

Vinken, Gerhard, Erbe ist kein Dokument. Berlin zwischen Ruin und Restauration, in: Österreichische Zeitschrift für Kunst und Denkmalpflege, 21 (2017), Nr. 2, S. 158–163.

Viollet-Le-Duc, Eugène-Emmanuel, The Foundations of Architecture. Selections from the Dictionnaire raisonné, hg. von Barry Bergdoll, New York City 1990.
Viollet-Le-Duc, Eugène-Emmanuel, Definitionen. Sieben Stichworte aus dem »Dictionnaire raisonné de l'architecture française du XIe au XVIe siècle«, hg. von Mariann Uhl, Basel 1993.
Viollet-Le-Duc, Eugène-Emmanuel, Einheit, in: ders., Definitionen. Sieben Stichworte aus dem »Dictionnaire raisonné de l'architecture française du XIe au XVIe siècle«, hg. von Mariann Uhl, Basel 1993, S. 8–16.
Viollet-Le-Duc, Eugène-Emmanuel, Stil, in: ders., Definitionen. Sieben Stichworte aus dem »Dictionnaire raisonné de l'architecture française du XIe au XVIe siècle«, hg. von Mariann Uhl, Basel 1993, S. 17–45.
Viollet-Le-Duc, Eugène, Restauration, in: ders. (Hg.), Dictionnaire raisonné de l'architecture française du XIe au XVIe siècle, 9 Bde., unter Mitw. von B. Bance, Paris 1854–1868, S. 14–34.
Viollet-Le-Duc, Eugène, Style, in: ders. (Hg.), Dictionnaire raisonné de l'architecture française du XIe au XVIe siècle, 9 Bde., unter Mitw. von B. Bance, Paris 1854–1868, S. 474–497.
Viollet-Le-Duc, Eugène, Unité, in: ders. (Hg.), Dictionnaire raisonné de l'architecture française du XIe au XVIe siècle, 9 Bde., unter Mitw. von B. Bance, Paris 1854–1868, S. 339–346.
Walter, Nigel, Narrative Theory in Conservation. Change and Living Buildings, Abingdon, Oxon/New York City 2020.
Warner, Marina, Alone of all Her Sex. The Myth & th Cult of the Virgin Mary, Neuaufl., Oxford 2016.
Weiss, Lindsay, Heritage-Making and Political Identity, in: Journal of Social Archaeology, 7 (2007), Nr. 3, S. 413–431.
Wells, Jeremy C., Are We »Ensnared in the System of Heritage« Because We Don't Want to Escape?, in: Archaeologies, 13 (2017), Nr. 1, S. 26–47.
Willer, Stefan, Erbfälle. Theorie und Praxis kultureller Übertragung in der Moderne, Paderborn 2014.
Willer, Stefan, Die Welt als Erbe. Zur Problematik von »World Heritage«, in: Burkhard Pöttler und Lisa Erlenbusch (Hg.), ERBE_N. Macht – Emotion – Gedächtnis, Weitra 2018, S. 281–292.
Wilson, John, How To Cover Your Furniture with John Wilson, New York City 2020.

Wohlleben, Marion, Vorwort, in: Georg Dehio und Alois Riegl – Konservieren, nicht restaurieren. Streitschriften zur Denkmalpflege um 1900, hg. von Marion Wohlleben und Georg Mörsch, Basel/Berlin/Boston 1988, S. 7–33.

Wright, Patrick, On living in an old country, Oxford/New York City 2009.

Writing-on-Stone Rodeo, 50th Anniversary – Writing-on-Stone Rodeo, 21. Februar 2021, http://writingonstonerodeo.com/50th-anniversary/ (abgerufen am 21. Februar 2021).

Museum

Henning Mohr, Diana Modarressi-Tehrani (Hg.)
Museen der Zukunft
Trends und Herausforderungen eines
innovationsorientierten Kulturmanagements

2021, 462 S., kart., 21 SW-Abbildungen
39,00 € (DE), 978-3-8376-4896-6
E-Book:
PDF: 38,99 € (DE), ISBN 978-3-8394-4896-0

schnittpunkt, Joachim Baur (Hg.)
Das Museum der Zukunft
43 neue Beiträge zur Diskussion über die Zukunft des
Museums

2020, 320 S., kart., 2 SW-Abbildungen, 55 Farbabbildungen
29,00 € (DE), 978-3-8376-5270-3
E-Book:
PDF: 25,99 € (DE), ISBN 978-3-8394-5270-7

Sabine Maurischat
Konservierung und Pflege von Kulturgut
Ein Leitfaden für die Praxis

2020, 208 S., kart., 57 Farbabbildungen, 15 SW-Abbildungen
29,00 € (DE), 978-3-8376-4914-7
E-Book:
PDF: 21,99 € (DE), ISBN 978-3-8394-4914-1

Leseproben, weitere Informationen und Bestellmöglichkeiten
finden Sie unter www.transcript-verlag.de

Museum

Anna Greve
Koloniales Erbe in Museen
Kritische Weißseinsforschung in der praktischen Museumsarbeit

2019, 266 S., kart., 23 SW-Abbildungen, 4 Farbabbildungen
24,99 € (DE), 978-3-8376-4931-4
E-Book:
PDF: 21,99 € (DE), ISBN 978-3-8394-4931-8

Udo Andraschke, Sarah Wagner (Hg.)
Objekte im Netz
Wissenschaftliche Sammlungen im digitalen Wandel

2020, 336 S., kart.
30,00 € (DE), 978-3-8376-5571-1
E-Book: kostenlos erhältlich als Open-Access-Publikation
PDF: ISBN 978-3-8394-5571-5

Viviane Mörmann
The Corporate Art Index
Twenty-One Ways to Work With Art

2020, 224 p., pb.
35,00 € (DE), 978-3-8376-5650-3
E-Book:
PDF: 34,99 € (DE), ISBN 978-3-8394-5650-7

Leseproben, weitere Informationen und Bestellmöglichkeiten finden Sie unter www.transcript-verlag.de